Der Herr des Tanzes

Chagdud Tulku

Der Herr des Tanzes

Autobiographie eines tibetischen Lama

Aus dem Amerikanischen übersetzt
von Theo Kierdorf und Hildegard Höhr

Theseus Verlag

Die Deutsche Bibliothek – CIP-Einheitsaufnahme
Gar-gyi-dbaṅ-phyug:
Der Herr des Tanzes : Autobiographie eines tibetischen Lama /
Chagdud Tulku. Aus dem Amerikan. von Theo Kierdorf und Hildgard Höhr. –
Berlin : Theseus, 1998
Einheitssacht.: Lord of the dance <dt.>
ISBN 3-89620-120-4

ISBN 3-89620-120-4

Titel der amerikanischen Originalausgabe:
Chagdud Tulku,
Lord of the dance: The autobiography of a Tibetan lama
Published by Padma Publishing
P. O. Box 279
Junction City, CA 96048, USA

Umschlaggestaltung: Morian & Bayer-Eynck, Coesfeld
Titelphoto: © Dagyab Kyabgön Rinpoche
Lektorat: Ursula Richard
Satz: AS Satz & Grafik, Berlin
Druck: Wiener Verlag, Himberg
Printed in Austria

Gedruckt auf alterungsbeständigem Papier mit chlorfrei gebleichtem Zellstoff.

Obwohl ich keine Flügel habe, fliege ich durch den Himmel.
Obwohl mir die Macht der Magie fehlt, gleicht es Magie,
wie ich die Reiche der illusionären Erscheinungen durchreise,
hierhin und dorthin, in die neun Richtungen
die Verbindungen meines Karma erforsche.

Geschrieben in Mürren, Schweiz,
von Gargyi Wangkhyug (Chagdud Tulku),
dem der Name
»Mächtiger Herr des Tanzes«
gegeben wurde.

Inhalt

Das Buch enthält einen Fototeil, der nach Seite 144 beginnt.

Vorwort

Chagdud Tulku Rinpoche kam im Jahre 1979 nach Amerika und lebt seitdem dort. Die Geschichte seines Lebens vom Zeitpunkt seiner Geburt in Ost-Tibet im Jahre 1930 bis zu seiner Ankunft in den USA ist so interessant wie keine andere, die ich jemals gehört habe. Diese Geschichte wird hier erzählt.

Zunächst möchte ich einige Dinge zu Rinpoches Lebensgeschichte ergänzen, die er in seiner Autobiographie nicht erwähnt. Das gilt beispielsweise für sein schier grenzenloses Mitgefühl, das wir, seine Schüler, als sein überragendes Charakteristikum ansehen. Ebensowenig spricht er in diesem Buch über sein tiefes Gewahrsein der absoluten Natur des Geistes, das er 24 Stunden täglich lebt und übermittelt. Er spricht auch nicht darüber, daß er in seinem Leben für viele Tausende von Menschen Lehrer, spiritueller Meister, Arzt und Freund war und ist. Und er macht nicht die geringste Andeutung darüber, welch überragenden Ruf als Gelehrter, Künstler und Dichter er hat. Kaum etwas von den erstaunlichen Dingen, die er im Laufe der vergangenen Jahrzehnte insbesondere im Westen initiiert und realisiert hat, wird in dieser Autobiographie erwähnt. Und dem Buch ist auch nicht zu entnehmen, daß dieser Mann durch seine tiefgründigen Unterweisungen das Leben unglaublich vieler Menschen bereichert hat.

Als Rinpoche am 24. Oktober 1979 mit seiner Frau Jane in Los

Angeles ankam, ließen sie sich zunächst in San Francisco nieder. Mitte 1980 wurde er nach Eugene in Oregon eingeladen, wo er eine Gruppe amerikanischer Ärzte, die sich mit tibetischer Medizin beschäftigten, unterrichtete. Auf Bitten Seiner Heiligkeit Dudjom Rinpoche blieb er in der Nähe von Eugene als residierender Lama von Yeshe Nyingpo – das ist der Name der von Dudjom Rinpoche in den Vereinigten Staaten gegründeten Meditationszentren. Auf Bitten seiner Schüler hin, die dafür sorgen wollten, daß zukünftige Chagdud-Inkarnationen im Westen ein Zuhause haben würden, gründete er einige Jahre später die Chagdud Gonpa Foundation.

Die ursprüngliche Chagdud Gonpa, die im Jahre 1131 gegründet wurde, ist eines der wenigen Klöster in Ost-Tibet, die während der kommunistischen Invasion unbeschädigt geblieben sind. Den ersten Sitz der Chagdud Gonpa im Westen hat Chagdud Tulku Rinpoche, die 16. Inkarnation des Begründers jenes Klosters, im River House (später in Dechhen Ling umbenannt) in Cottage Grove in Oregon begründet. Dort werden ebenso wie in allen Chagdud-Gonpa-Zentren Unterweisungen in den Methoden und Lehren des tibetischen Buddhismus angeboten, unter anderem in den Künsten, der Philosophie und den Meditationspraktiken des Vajrayana-Buddhismus.

Im Herbst 1988 erwarb Rinpoche zusammen mit seinen Schülern in den Trinity Mountains in Nord-Kalifornien ein Gelände von 115 Hektar Größe, auf dem Rigdzin Ling, das Hauptzentrum der Chagdud Gonpa, entstand. Den Mittelpunkt von Rigdzin Ling wird ein traditioneller tibetisch-buddhistischer Tempel bilden, ein *Lha khang* (wörtlich: »Aufenthalt der Gottheiten«), der eine Vielzahl von Skulpturen und anderen Vajrayana-Kunstwerken enthalten soll.

Zur Zeit umfaßt die Chagdud Gonpa Foundation sieben Zentren an der amerikanischen Westküste sowie Zentren in Brasilien und in der Schweiz. Weitere Projekte, an deren Umsetzung Rinpoche arbeitet, sind die Mahakaruna-Foundation, deren Ziel es ist, arme und kranke Tibeter in den Flüchtlingsgemeinschaften in Indien und Nepal zu unterstützen, außerdem der Aufbau einer Bibliothek für tibetische

Schriften, die seltene und unersetzliche tibetische Texte kaufen, aufbewahren und erhalten soll, und schließlich der Verlag Padma Publishing, dessen Aufgabe es ist, Werke der Nyingma-Tradition in englischer Sprache zu publizieren und außerdem Rinpoches Unterweisungen zu übersetzen und zu veröffentlichen. Weiterhin hat Rinpoche in den Vereinigten Staaten eindrucksvolle buddhistische Statuen geschaffen und Menschen des Westens in der Herstellung von Kunstwerken der tibetischen Tradition unterrichtet.

Rinpoche befindet sich ständig auf Reisen, die er praktisch nur unterbricht, um Retreats zu leiten. Denjenigen, die ihn drängen, ein etwas weniger aufreibendes Leben zu führen, erklärt er: »Ich bin noch dabei, meine Schüler um mich zu sammeln. Vielleicht werden einige der Dharma-Samen, die ich jetzt aussäe, erst in zukünftigen Leben aufgehen. Die Verbindungen, die das Vajrayana schafft, sind sehr stark; sie lassen sich durch die illusionären Erscheinungen von Tod und Geburt nicht auflösen. Wir begegnen einander immer wieder, bis wir schließlich erkennen, daß wir in der erleuchteten Buddha-Natur untrennbar miteinander verbunden sind.«

Als Rinpoches Familie sowie seine Schüler und Freunde ihn baten, seine Lebensgeschichte aufzuschreiben, sagte er zunächst, er sehe keinen Grund, dies zu tun. Er wolle keine der üblichen tibetischen *Namtar* schreiben, Hagiographien, in denen die menschlichen Schwächen eines Lama unerwähnt bleiben und hauptsächlich seine spirituellen Errungenschaften lobgepriesen werden. Obgleich Rinpoche ein *Tulku* ist, die anerkannte Inkarnation eines verstorbenen Lama, der in seinem Leben einen hohen Grad der Realisation erreicht hatte, lehrt er selbst, daß sich Tulkus, die im Bereich der Menschen geboren werden, in jedem Leben neu mit den menschlichen Schwächen und Problemen auseinandersetzen müssen, weil nur dies die Kontinuität ihres spirituellen Weges von einem Leben zum nächsten gewährleistet. Zu den wichtigsten Eigenschaften eines Tulku zählen eine unbeugsame Entschlossenheit, zum Wohle aller lebenden Wesen zu wirken, sowie die meditative Realisation, die erforderlich ist, um in ihrem derzeitigen

Leben tatsächlich für das Wohl anderer zu wirken und diese Intention auch während der schwierigen Phase zwischen Tod und Wiedergeburt aufrechtzuerhalten.

Rinpoches bewegte Lebensgeschichte veranschaulicht, daß einem Tulku aufgrund des Zusammenwirkens von reiner Intention und einem hohen Grad der Realisation – seinen beiden herausragenden Eigenschaften – ein außergewöhnliches Leben sicher ist. Nach langem Zögern willigte Chagdud Tulku schließlich in die Veröffentlichung seiner Lebensgeschichte in Form einer (»westlichen«) Autobiographie ein. Dabei war ihm daran gelegen, nicht etwa seine besonderen Qualitäten in den Vordergrund zu stellen, sondern vor allem seine menschlichen Schwächen und Fehler zu beschreiben. Mit Hilfe der Geschichten über seine Schwächen und Fehler versucht er, bestimmte Dinge zu vermitteln, und es ist ihm offenbar ziemlich gleichgültig, was andere über die etwas dunkleren Punkte in seinem Leben denken könnten.

Jedem, der Rinpoche kennt, wird beim Lesen klarwerden, daß er seine Lebensgeschichte niemals auf eine andere Weise hätte schreiben können. Obwohl Chagdud Tulku zweifellos einer der größten lebenden Meister des *Dzogchen* ist, der Großen Vollkommenheit – der höchsten Lehren des tibetischen Buddhismus –, obwohl er die mutige und bahnbrechende Entscheidung traf, eine westliche Frau zum Lama zu ordinieren, obwohl er als einer der ersten tibetischen Meister Menschen des Westens sein völliges Vertrauen geschenkt und sie in den Lehren der Großen Vollkommenheit unterrichtet hat und obwohl er allen seinen Schülern uneingeschränkten Kontakt zu sich ermöglicht, und zwar buchstäblich 24 Stunden täglich, wird in diesem Buch über nichts von alldem berichtet. Zwar lehrt Rinpoche viele Spielarten des Vajrayana-Buddhismus, doch ist die Art, *wie* er alle Ebenen der Lehre vermittelt, von seiner Realisation der Großen Vollkommenheit geprägt, und diese Lehre steht bei allen seinen Dharma-Unterweisungen stets im Mittelpunkt.

Die Lehren des Buddha werden in verschiedene Kategorien unterteilt, von denen die drei wichtigsten Hinayana, Mahayana und Vajrayana sind. Im Zentrum der ersten dieser Kategorien, des Hinayana, stehen die grundlegenden Meditationspraktiken der Konzentration und der Einsicht, und ihr Ziel ist die Befreiung vom Leiden durch Entsagung und bewußtes Loslassen aller Anhaftungen. Bei den Mahayana-Lehren steht der Pfad des Mitgefühls im Vordergrund sowie die selbstlose Motivation, für das Wohl aller fühlenden Wesen zu wirken, bis sie alle die vollständige Erleuchtung erlangt haben. Im Zentrum des dritten Pfades, des Vajrayana, steht die Offenbarung der wahren Natur des Geistes, wozu viele ausgezeichnete Methoden benutzt werden, unter denen diejenigen der Großen Vollkommenheit die höchsten und direktesten sind.

Rinpoches Leben veranschaulicht, wie sich die Realisation der Großen Vollkommenheit in die alltäglichen Aktivitäten integrieren läßt. Die grenzenlose, absolute Natur des Geistes, die sich ihm schon als kleines Kind in Augenblicken visionärer Erfahrung offenbarte, wurde zum entscheidenden Antrieb für seine spätere Suche nach Lehren, die es ihm ermöglichten, jene kurzen frühen Einblicke zu stabilisieren. Während der letzten turbulenten Jahre seiner Zeit in Tibet nach der gewaltsamen Eroberung des Landes durch die chinesischen Kommunisten und in den schwierigen Jahren, die er als Flüchtling in Indien und Nepal verbrachte, war seine spirituelle Perspektive von einer tiefen Kontinuität und von einem machtvollen Strom des Mitgefühls geprägt. In einem der von ihm veröffentlichten Bücher schreibt er:

> Der Schlüssel zu allem ist Reinheit des Herzens, die eigenen selbstlosen Bestrebungen, die Reinheit der eigenen Motivation. Was ihr tut, unterscheidet sich vielleicht gar nicht so sehr von dem, was andere tun. Der Unterschied liegt im Herzen, in der Motivation, aus der heraus ihr etwas tut. Und das genau unterscheidet die Resultate eurer Handlungen in der Welt von denjenigen anderer Menschen. Euer eigenes Herz muß rein sein,

ebenso wie eure Haltung und eure Intentionen gegenüber anderen Menschen und der Welt, in der ihr lebt. Dies ist der Same allen inneren Friedens.

In Gegenwart von Chagdud Rinpoche spürt man, daß er ein großes menschliches Wesen ist, ein Mensch von überragenden Qualitäten, der über ebenso tiefen Humor wie Ernst verfügt. Einer seiner Studenten hat ihn so beschrieben:

> Manchmal sprudeln Worte nur so aus ihm heraus, und ihre überwältigende Wirkung gleicht einem Blitzschlag. Nach dem Schock breitet sich dann eine Frische aus, der reinen Luft nach einem Gewitter ähnlich, und man hat das Gefühl, bis ins tiefste Innere gereinigt worden zu sein. Rinpoche selbst bleibt bei alldem unerschütterlich. Seine Liebe ist immer noch da. Seine Güte ist stets da. Und auch die unfaßbare Weite seines Geistes, die alle Phänomene unseres eigenen Geistes umfaßt, ist immer da.

Auf die Frage, warum er seine Autobiographie nach der langjährigen Weigerung schließlich doch noch geschrieben habe, antwortete er: »Mein Leben ist eine Lektion in Vergänglichkeit, und Vergänglichkeit ist die wichtigste Lehrerin jedes spirituell Übenden.« Man kann Chagdud Tulkus Geschichte auf vielen Ebenen lesen – als farbenprächtige und oft humorvolle Abenteuergeschichte, als Beschreibung einer inneren spirituellen Reise, und als eine Unterweisung darüber, wie ein Mensch inmitten aller Ungewißheiten des Lebens die Perspektive der absoluten Wahrheit erreichen kann. Deshalb ist dieses Buch nicht nur inspirierend und ermutigend, sondern ungeheuer wichtig für alle, die in dieser Zeit entsetzlicher Prophezeiungen nach dem höchsten Sinn suchen.

Ken Wilber
Boulder, Colorado

Einleitung

Die Gespräche von Tibetern und selbst ihre Dharma-Unterweisungen sind angefüllt mit Geschichten – sie sollen die Zuhörer unterhalten und bestimmte Dinge veranschaulichen. Meine westlichen Schüler waren immer fasziniert von den Geschichten über Tibet, die ich ihnen erzählt habe, und sie drängten mich deshalb oft, diese Erlebnisse aufzuschreiben.

Nachdem mich schon viele gebeten hatten, dieses Buch zu schreiben, brachte mich Lisa Leghorn schließlich dazu, es tatsächlich zu tun. Ich ließ die Geschichten meines Lebens auf Band aufnehmen, und weil ich die englische Sprache leider immer noch nicht perfekt beherrsche, formulierte Tsering Everest, mein Übersetzer, meine mündlichen Erzählungen zunächst mündlich um. Anschließend wurden die Bandaufnahmen transkribiert, und meine Frau Jane Tromge überarbeitete die Transkriptionen. So ist aus meinen gesprochenen Erzählungen schließlich dieses Buch entstanden. Jane wurde von Lisa, Mary Racine, Bob Tajima, Linda Baer und vielen anderen bei der Arbeit an diesem Projekt unterstützt, dessen endgültige Fertigstellung insgesamt fast vier Jahre in Anspruch nahm – ursprünglich hatte ich geglaubt, wenige Monate würden reichen, um es zum Abschluß zu bringen.

Mittlerweile bereite ich mich schon auf eine zweite Reise nach Tibet vor, und wieder ist ungewiß, ob die Chinesen mir die Reiseerlaubnis geben werden und welche Umstände mich an meinem Ziel erwarten. Zu Hause – denn die Vereinigten Staaten sind mittlerweile wirklich meine Heimat geworden, und ich bin amerikanischer Bürger – habe ich zahlreiche Schüler, von denen viele in der spirituellen Praxis gut verwurzelt sind. Spirituelle Kunstwerke entstehen, Schriften werden veröffentlicht, und eine riesige Gebetsmühle in Kalifornien verbreitet den Segen von Hunderten Millionen von Mantras in alle Richtungen. Möge trotz des unablässigen Entstehens und Vergehens der Phänomene alle Tugend erhalten bleiben und für alle Zeiten wohltätig wirken.

Zentral-Tibet und Kham

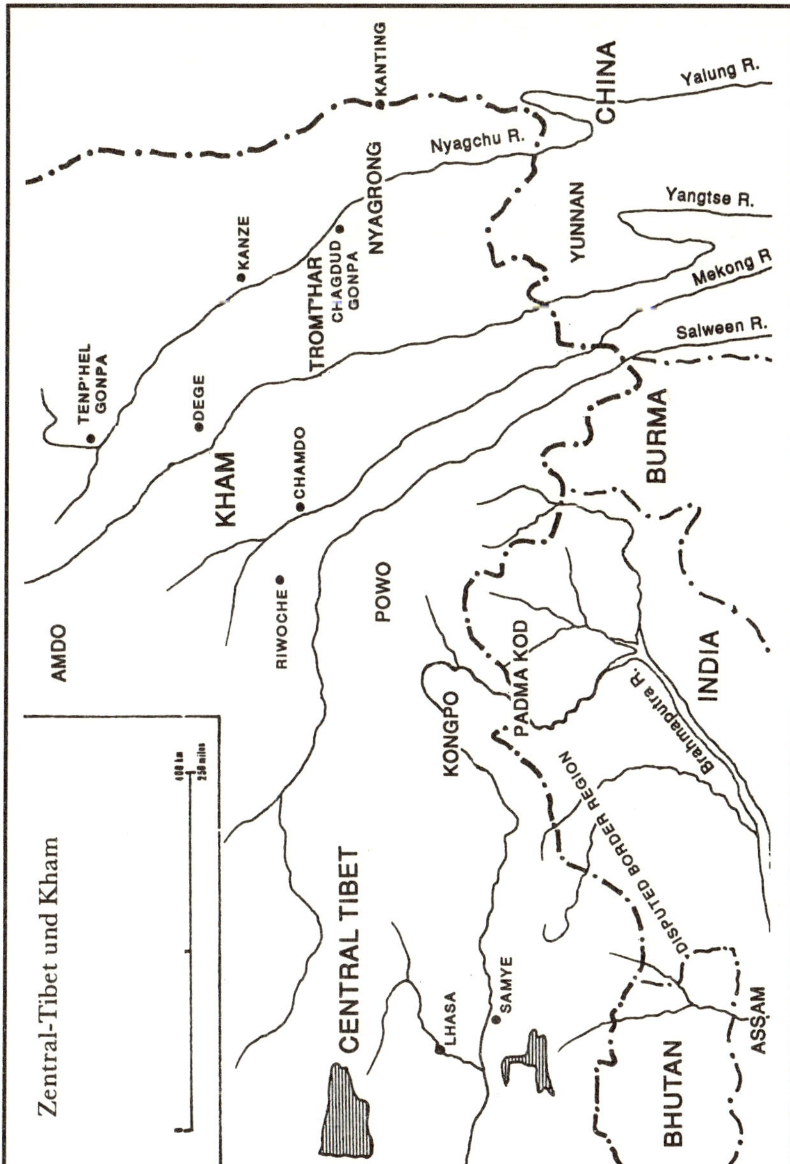

Prolog

Der Lama war von seinem Kloster aus mehrere Tage zu Pferd gereist. Er war durch das enge Nyagrong-Tal mit seinen tiefen Wäldern und dem wilden, ungestümen Fluß geritten. Er hatte zerklüftete Berge und den langen, heimtückischen, mit Findlingen übersäten Kamm überquert und schließlich dieses Hochgebirgstal erreicht und auf Ersuchen der Familie, die diese Region beherrschte, eine Reichtumszeremonie durchgeführt. Nun wollte er in sein Kloster zurückkehren, und diese Menschen würden zu ihrer gefährlichen und kostspieligen Pilgerreise nach Lhasa aufbrechen. Die Zeremonie hatte die materiellen Voraussetzungen für diese Reise verbessern sollen.

Wieder nahm er einen Schluck feurigen *Arak* und schaute sich in dem riesigen schwarzen Zelt aus Filztuch um. Mehrere hundert Menschen aßen, tranken und redeten fröhlich miteinander in jenem Zustand vollkommener Entspannung, der sich nach der Intensität einer großen Zeremonie häufig einstellt. Und wieder schaute er die junge Frau an.

Sie war wunderschön, nicht älter als siebzehn, und sie saß auf einem Thron zwischen den hohen Lamas. In der Meditation war sie ihm als Weiße Tara erschienen, mit Augen auf den Fußsohlen und Handflächen und einem weiteren Auge in der Mitte ihrer Stirn. Obwohl sein Blick nun weniger visionär war, erschien sie ihm auch jetzt nicht wie irgendeine beliebige Frau.

Er rief sie zu sich und übergab ihr unter den neugierigen Blicken der Anwesenden einen wunderschön gearbeiteten Reliquienbehälter, ein *Gau*. »Du und ich, wir hatten in diesem Leben nur eine kurze Verbindung«, sagte er zu ihr. »Doch im zukünftigen werden wir sehr tief miteinander verbunden sein. Bitte, nimm dieses *Gau* als Zeichen an.«

Der Diener des Lama, ein junger Mönch, war Zeuge dieses kurzen Austauschs. Etwa sechzig Jahre später sagte er zu den versammelten Lamas und Mönchen der Chagdud Gonpa: »Ich habe nie daran gezweifelt, daß dieser Chagdud Tulku ist, wer er ist, denn ich war in seinem vorigen Leben bei ihm, als er Delog Dawa Drolma, derjenigen, die seine Mutter wurde, dieses *Gau* aus Gold und Silber gab.«

1

Delog Dawa Drolma

MEINE MUTTER, Dawa Drolma, war von außergewöhnlicher Schönheit, temperamentvoll und über alle Maßen großzügig. Als sie noch ein Kind war, war ihre Familie über diese Großzügigkeit sehr beunruhigt. »Ehrwürdige Leute, ich bin alt, mittellos und sehr hungrig. Bitte, habt ihr etwas für einen armen Unglücklichen wie mich?« Die wehmütige Bitte eines der zahlreichen Bettler, die das Zelt der Familie aufsuchten, löste jedesmal ein emsiges Treiben aus. Jemand eilte mit *Tsampa*, ein wenig Butter und manchmal etwas Joghurt zu dem Bettler; jemand anders eilte zu Dawa Drolma, um zu verhindern, daß sie den Bettler selbst bediente. Andere stellten sich vorsichtshalber schützend vor die kostbaren Objekte auf dem Familienaltar sowie in die Nähe der verschiedenen Behältnisse, in denen die Kostbarkeiten der Familie aufbewahrt wurden.

Wenn die Verwandten und Diener Dawa Drolma nicht rechtzeitig zurückhalten konnten oder, was noch schlimmer war, wenn die Bettler kamen, während alle anderen unterwegs waren, konnte es passieren, daß sie irgendeinen wertvollen Gegenstand aus den Truhen der Familie nahm – eine silberne Opferschale, ein Stück chinesischer Seide oder den türkisenen Lieblingshaarschmuck einer Tante – und ihn dem verblüfften Bettler gab. Ihr Mitgefühl war grenzenlos, und sie weinte angesichts der erbärmlichen Lage der Bittenden. Die Schätze ihrer Familie waren ihr völlig gleichgültig. Deshalb versteckten die übrigen

Familienmitglieder sie vor ihr, obgleich sie andererseits darüber sprachen, daß die spontane Großzügigkeit des Kindes ein sicheres Zeichen für seine außergewöhnlichen Qualitäten sei. Wahrscheinlich sei das Mädchen eine Emanation der Göttin Tara selbst, einer Verkörperung von erleuchteter Weisheit und Mitgefühl.

Unsere Familie, die den Namen Tromge trägt, war ein großer Klan, der in der Region Tromt'har in Ost-Tibet lebte. Tromt'har ist eine Hochebene, wahrscheinlich höher als 4.500 Meter gelegen. Pilger, die von Tromt'har zur über 3.500 Meter hoch gelegenen tibetischen Hauptstadt Lhasa reisten, beklagten sich häufig über die schwere Luft im niedriger gelegenen Lhasa. Tromt'har ist eine Region glitzernder Seen unter einem strahlend blauen Himmel, voller alpiner Blumen und grüner Wiesen, auf denen die Tausende von Schafen und Yaks der Tromges grasten. Ebenso wie die meisten Bewohner jener Region lebte unsere Familie in Zelten aus schwarzem Yak-Haar. Unser Klan war sehr wohlhabend, und eines unserer Zelte war so groß, daß vierhundert Menschen darin Platz fanden. In ganz Ost-Tibet gab es nur noch ein zweites Zelt dieser Größe. Manchmal, wenn Lamas und Mönche sich zu großen Zeremonien versammelten, war dieses Zelt vollständig gefüllt. Die Versammelten saßen dann in langen Reihen auf tibetischen Teppichen und auf Schafsfellen, wobei die Throne der hohen Lamas am Anfang der Reihen standen. Die Anwesenden tranken gesalzenen Tee und scherzten miteinander, bis die Zeremonie begann. Wenn dann der warme Schein der Butterlampen und der Rauch des Zedern-Räucherwerks die Luft erfüllten, ertönte der tiefe liturgische Gesang, der von den Zimbeln, Trommeln, Oboen, Muschelhörnern und Tierhörnern eindrucksvoll begleitet wurde, und er hallte aus dem Zelt noch in weite Ferne, bis er sich in der Stille der dünnen Gebirgsluft verlor.

In jeder Generation der Tromge-Familie gab es mehrere Lamas, die einen hohen spirituellen Entwicklungsgrad erreichten, und meine Mutter war in ihrer Generation die berühmteste unter ihnen. Sie war eine von Tibets fünf großen Weisheits-*Dakinis*, weiblichen Emanationen, die den fühlenden Wesen durch ihre Aktivitäten spontan helfen. *Tertön* Jigmed Khakyod Wangpo hatte prophezeit, sie werde als Emanation der Weißen Tara geboren werden, einer Göttin, deren Verehrung ein langes Leben sichern sollte. Darüber hinaus sei sie auch eine Inkarnation von Yeshe Tsogyal, Tibets berühmtester buddhistischer Lehrerin und eine der spirituellen Gefährtinnen Padmasambhavas, jenes Vajrayana-Meisters, der im 8. Jahrhundert westlicher Zeitrechnung die buddhistischen Lehren in Tibet verbreitete.

Dawa Drolma war außerdem eine *Delog*, was bedeutet, daß sie die Schwelle des Todes überschritten und Existenzbereiche durchreist hatte, die Menschen normalerweise verschlossen bleiben, und sie war aus diesen Bereichen zurückgekommen und hatte über sie berichtet. Als sie ungefähr sechzehn Jahre alt war, erschien ihr eines Tages Tara, und zwar nicht in Form einer Lichtvision, sondern als Person, und sagte ihr, sie werde bald krank werden und sterben. Doch wenn sie sich an gewisse Anweisungen genau halte, könne sie ihren leblosen Körper wiederbeleben und anderen helfen, indem sie ihnen von ihrer Erfahrung berichte. Kurz darauf hatte Dawa Drolma eine Serie unglückverheißender Träume, in denen drei dämonische Schwestern auftraten, die alle Wesen ihrer Lebenskraft beraubten. Sie versuchten, Dawa Drolma mit schwarzen Seilen und Seidenbannern einzufangen. Dies verhinderte die Weiße Tara, indem sie Dawa Drolma mit einem Schutzkreis umgab. Die Bedrohung in den Träumen wurde jedoch immer stärker, und Dawa Drolma wußte, daß dies ihren bevorstehenden Tod ankündigte. Deshalb ging sie zu ihrem Onkel, dem großen Tromge Trungpa Rinpoche, und traf mit seiner Hilfe die erforderlichen Vorbereitungen, so wie Tara es ihr empfohlen hatte. Dann wurde sie sehr krank und starb trotz aller Bemühungen der herbeigerufenen Ärzte.

Wie vereinbart, wurde ihr toter Körper in Anwesenheit eines Dieners namens Drolma in geweihtem Safranwasser gewaschen und in neue Kleider gekleidet und anschließend ohne jede Nahrung und ohne Wasser sorgsam in einem Raum aufgebahrt. Die Tür zu dem Raum wurde mit blauem Tuch geschmückt, mit einem Vorhängeschloß verschlossen und mit dem Zeichen des zornigen Feuerskorpions versiegelt. Ein Mann in blauer Kleidung hielt vor dem Eingang Wache. Gewöhnliche Unterhaltungen waren in der näheren Umgebung verboten, und alle, die in die Nähe der Toten kamen, wurden aufgefordert, Gebete und Mantras zu rezitieren. Während der nächsten fünf Tage und Nächte rezitierte Tromge Trungpa gemeinsam mit mehreren anderen Lamas und Mönchen in einem angrenzenden Raum Gebete und führte Zeremonien aus. Nach Abschluß dieser Vigil betrat der Lama den Raum, in dem die Leiche noch genauso kalt und bleich lag wie zum Zeitpunkt ihrer Aufbahrung. Er rezitierte machtvolle Gebete für ein langes Leben, um Dawa Drolmas Geistesstrom wieder in ihren Körper zurückzurufen. In dem Bericht, den sie einige Tage nach ihrer Rückkehr in ihren physischen Körper diktierte, hat sie den Abschluß ihrer Reise wie folgt beschrieben:

> Als das Bewußtsein wieder in meinen physischen Körper eintrat, mußte ich heftig niesen und fühlte mich völlig orientierungslos. Kurz darauf erfaßte mich ein Zustand der Zuversicht und Freude angesichts der Visionen des Reinen Bereichs und des Schreckens angesichts der karmischen Visionen von den Höllen. Ich fühlte mich, als würde ich aus dem Schlaf erwachen. Onkel Trungpa stand mit einem Langlebenspfeil vor mir. In seinen blutunterlaufenen Augen spiegelte sich Besorgnis. Ich vermochte kein Wort zu sagen, als wäre ich ein wenig scheu. Alle Anwesenden weinten vor Freude und sagten Dinge wie: »War das alles nicht sehr schwierig? Du mußt ja hungrig sein! Und Durst haben!« Sie überschütteten mich fast mit Speisen und Getränken. Obwohl ich immer wieder beteuerte: »Ich fühle mich nicht schlecht, und ich leide weder unter Hunger noch Durst«, glaubten sie mir nicht. Alle forderten mich unablässig auf: »Iß! Trink!« Und sie empfanden eine so unermeßliche Freude, wie eine Kamelstute sie empfindet, wenn sie ihr verlorenes Kalb wiedergefunden hat. Wir feierten alle miteinander ein Fest.

Während ihrer fünftägigen Reise als *Delog* reiste das Bewußtsein meiner Mutter, befreit von den Beschränkungen eines physischen Körpers, durch die Bereiche des Geistes, von den Höllen mit ihren unerträglichen und nie endenden Leiden bis in die höchsten Reinen Länder der Weisheitswesen. Während ihres ganzen weiteren Lebens bezog sich meine Mutter, wenn sie Menschen lehrte, stets auf ihre Erfahrungen als *Delog*. Sie beschrieb das Elend in den anderen Bereichen äußerst anschaulich, und wenn sie darüber sprach, traten ihr die Tränen in die Augen. »So schwierig euer Leben im menschlichen Bereich auch sein mag«, sagte sie immer wieder, »die Schwierigkeiten, die ihr hier erlebt, sind mit denjenigen, die Wesen in den übrigen Bereichen erwarten, nicht vergleichbar.« Niemand bezweifelte, daß sie aufgrund direkter Erfahrung über diese Dinge sprach, und sie gewann noch zusätzlich an Glaubwürdigkeit, weil sie Menschen Botschaften von ihren verstorbenen Verwandten übermittelte.

Ein besonders eindrucksvolles Beispiel hierfür ist die Geschichte, die sie mit einem reichen Kaufmann namens Drilo erlebte, dessen Schwester gestorben war und der unter diesem Verlust sehr litt. Zufällig war meine Mutter auf ihrer Reise im Jenseits dieser Schwester begegnet, und diese hatte meine Mutter gebeten, Drilo mitzuteilen, wo sie bestimmte Wertgegenstände versteckt hatte. »Sag meinem Bruder, er soll diese Dinge für Zeremonien benutzen, und er soll mir die Gebete widmen, damit ich schneller von diesem schrecklichen Leiden erlöst werde.« Nachdem meine Mutter in den Bereich der Menschen zurückgekehrt war, ließ sie Drilo eine Botschaft zukommen. Doch Drilo war gerade dabei, seine Schafe zu scheren, und nahm ihre Aufforderung, sie aufzusuchen, ziemlich ungehalten auf. Daraufhin schickte meine Mutter ihm einen Brief, in dem sie ihm mitteilte, wo seine Schwester die Wertgegenstände versteckt hatte. Nachdem Drilo die Kostbarkeiten mit Hilfe der Beschreibung gefunden hatte, entschloß er sich schließlich doch, meiner Mutter einen Besuch abzustatten. Anläßlich dieses Treffens machte sie ihm eine weitere, diesmal ziemlich beunruhigende Mitteilung: »Wenn du nicht gewisse Dinge in

Angriff nimmst, wirst du dich bald bei deiner Schwester in den Höllenbereichen wiederfinden.«

Drilo antwortete: »Wenn du mir genau sagst, was ich tun soll, werde ich es tun, aber nur, wenn dadurch garantiert ist, daß ich ganz bestimmt nicht in die Höllenbereiche komme. Ich werde nichts tun, was meinen Aufenthalt in den Höllen nur abkürzt, und ich will auch nicht meditieren. Ich bin Geschäftsmann und habe keine Zeit, mich langwierigen Übungen zu widmen.«

»Dann sage ich dir jetzt klipp und klar, was deine einzige Chance ist«, antwortete sie. »Du mußt jeden Tag mindestens hundert Butterlampen opfern, jedes Jahr durch Spenden das Verlesen aller 108 Bände des buddhistischen Kanons ermöglichen und in deinem Leben die Errichtung einer *Mani*-Mauer bezahlen.« Eine *Mani*-Mauer ist eine Mauer aus Steinen, auf die das Mantra *Om Mani Padme Hung* geschrieben wird.

Da Drilo Geschäftsmann war, erschien es ihm als ein guter Handel, sich durch Ermöglichung dieser Andachtsübungen vor den Höllen retten zu können. Doch als meine Mutter fortfuhr, zusätzlich müsse er täglich das Mantra *Om Mani Padme Hung* rezitieren, erschrak er und sagte: »Das kann ich nicht. Dazu habe ich keine Zeit.« Fast alle Tibeter rezitieren dieses Mantra des Herrn des Mitgefühls, Avalokiteshvara, täglich viele Male, und besonders tugendhafte Praktizierende rezitieren es im Verlauf eines speziellen Retreats 108 Millionen Mal. Drilo weigerte sich störrisch, es auch nur 108mal täglich zu rezitieren. Erst eine weitere Demonstration der außergewöhnlichen Fähigkeiten meiner Mutter veranlaßte ihn schließlich dazu, seine Meinung zu ändern.

Meine Mutter war gebeten worden, für einen Lama namens Tonpa Tulku ein siebentägiges Langlebenszeremoniell durchzuführen. Zu Beginn der Zeremonie wurde, wie es üblich war, ein mit Seidestreifen geschmückter Pfeil auf den Altar gelegt und ein Stück Schnur von der Länge des Pfeils zugeschnitten. Wurde der Pfeil im Laufe der Zeremonie länger, so galt dies als Zeichen dafür, daß sich die Lebenszeit des Lama in dementsprechendem Maße verlängert hatte. Meine Mutter gab Drilo das Stück Schnur und forderte ihn auf, es bis zum Abschluß der Zeremonie festzuhalten.

Gewöhnlich war meine Mutter bei Ritualen in jeder Hinsicht eine Perfektionistin. Noch heute leben Mönche, die sich daran erinnern können, daß sie gelegentlich ihre Glocke quer durch den Raum warf oder jemandem mit der Knochentrompete auf den Kopf schlug, weil der Betreffende nicht aufmerksam genug gewesen war und aus Unachtsamkeit einen Fehler gemacht hatte. Doch während dieser Langlebenszeremonie wirkte sie selbst zerstreut. Am letzten Tag des Zeremoniells schlief sie sogar am Morgen während der Praxis ein. Als sie wieder aufwachte, sagte sie zu ihrem Diener, sie habe einen wundervollen Traum gehabt, in dem ein Weisheitswesen einen Segen überbracht habe. »Geh und schau auf dem Altar nach.«

Der Diener tat dies, fand aber nichts Ungewöhnliches. Da er glaubte, es sei ein sehr schlechtes Zeichen, wenn er mit leeren Händen zurückkäme, sammelte er ein paar schwarze Senfkörner auf. Als meine Mutter sie sah, war sie etwas verwirrt und sagte: »Ich glaube nicht, daß das gemeint ist. Schau noch einmal nach.«

Diesmal fand der Diener Hunderte von winzigen Kügelchen, die überall verstreut waren. Solche Kügelchen enthielten die Essenz des Langlebenssegens, und ihre spontane Manifestation galt als eindeutiges Anzeichen dafür, daß die Zeremonie ihren Zweck erfüllt hatte.

Dann rief meine Mutter Drilo, und sie verglichen die Länge der Schnur, die er aufbewahrt hatte, mit der Länge des Pfeils auf dem Altar. Der Pfeil war um einen Zoll länger als vorher, was ebenfalls den Erfolg der Zeremonie bestätigte.

Durch dieses Erlebnis wurde Drilos Vertrauen zu meiner Mutter so stark, daß er sich nun nicht mehr weigerte, täglich 108mal das Mantra *Om Mani Padme Hung* zu rezitieren. Er kaufte sich jedoch keine *Mala* (eine Art Rosenkranz), um die Rezitationen zu zählen, sondern zählte sie an den Fingern ab. Niemand hätte ihm jemals unterstellt, daß er beim Zählen einen Fehler machen und das Mantra 109mal rezitieren könnte. Immer wieder hörten die Leute ihn beim Umhergehen unablässig wiederholen: »*Delog Dawa Drolma Chhen*« – »Große Delog Dawa Drolma«. Durch seine Spenden ermöglichte Drilo vieler ihrer Dharma-Projekte, unter anderem die Konstruktion einer riesigen Gebetsmühle, die mit dem Mantra der Gottheit Vajrasattva gefüllt war.

Zeit ihres Lebens kamen Menschen aus weit entfernten Gegenden zu meiner Mutter, um ihren Segen als Heilerin zu empfangen. Sie vermischte die mitfühlende Intention ihres Geistes mit verschiedenen Stoffen, meist indem sie nach der Mantra-Rezitation in reines Wasser blies. Dieses Wasser übermittelte die Fähigkeit meiner Mutter, die reinigende Kraft von Weisheit und Mitgefühl zu aktivieren, doch hing seine Heilkraft auch vom spirituellen Vertrauen des betreffenden Kranken ab.

NICHT LANGE NACHDEM meine Mutter von ihrer Reise in die unsichtbaren Bereiche als *Delog* zurückgekehrt war, beschloß ihre Familie, eine Pilgerreise nach Lhasa anzutreten. Dies war ein aufwendiges und teures Vorhaben. Deshalb ließ die Familie eine große Reichtumszeremonie ausführen, die garantieren sollte, daß sie die für die Reise notwendigen Mittel würde aufbringen können.

Während einer Reichtumszeremonie werden Weisheitswesen angerufen und gebeten, sie mögen den Bittenden ihre Verdienste – ihre positive, tugendhafte Energie – in Form von Reichtum zurückgeben. Die Bittenden versprechen, mit dem Reichtum, den sie erhalten, großzügig umzugehen und so zum Wohle anderer beizutragen. Wird eine solche Zeremonie aus egoistischen Motiven durchgeführt, so werden die angesammelten Verdienste aufgebraucht, und der Bittsteller ist möglicherweise am Ende bedürftiger als vorher.

Dawa Drolma saß während dieser Zeremonie auf einem Ehrenplatz. Sie war zu diesem Zeitpunkt bereits als *Delog* berühmt und als *Siddha* anerkannt – als eine Person, die außerordentliche spirituelle Qualitäten entwickelt hat. Der junge Lama, der das Zeremoniell leitete, war Chagdud Tanpai Gyaltsan, der Abt der Chagdud Gonpa und meine vorherige Inkarnation.

Er war damals 27 Jahre alt und stand in dem Ruf, ein besonders wilder *Siddha* zu sein, der gewaltige Mengen *Arak* trank und gelegentlich schwere Eisenschwerter verbog. Ebenso wie die ihm vorangegangenen Inkarnationen von Chagdud hatte Chagdud Tanpai Gyaltsan in außergewöhnlichem Maße die wesenhafte Unbeständigkeit und Veränderlichkeit der Welt der Phänomene realisiert.

Er erkannte seine tiefe Verbindung zu meiner Mutter, gab ihr am Schluß der Zeremonie ein kostbares Reliquiar und sagte ihr, ihre Verbindung werde schon bald zur Blüte kommen. Kurz darauf starb er.

Nach der Zeremonie brach die Familie zu ihrer Pilgerreise nach Lhasa auf. Ihre Karawane aus Yaks und Pferden war mit Zelten, Ausrüstungsgegenständen für das Nomadenleben, Nahrungsmitteln für ein Jahr und zahlreichen Opfergaben für hohe Lamas beladen, die sie in Lhasa brauchen würde. Verwandte, Lamas, Mönche, Diener und Viehhirten begleiteten die Karawane. Wegen der ständig drohenden Gefahr von Raubüberfällen reiste meine Familie, so wie es die meisten Pilger zu tun pflegten, in einer relativ großen Gruppe und in Begleitung Bewaffneter.

Viele Monate lang zog die Pilgerkarawane über hohe, schwer zu überwindende Bergpässe und durch die langen Täler und tiefen Wälder, die den Osten Tibets von Zentral-Tibet trennen. Gelegentlich machten sie in Klöstern halt, doch meist führten sie ein Nomadenleben mit allen Freuden und Härten dieser Lebensweise.

Als die Pilger eines Tages durch ein Tal zogen, deutete meine Mutter plötzlich in eine bestimmte Richtung und rief aus: »Da drüben ist ein *Terma*, das jetzt offenbart werden muß!« Sogleich änderte die Karawane ihre Richtung und näherte sich der Felswand eines Berges. Nach den Anweisungen meiner Mutter schlug ein Mann mit einem Beil kräftig auf eine bestimmte Stelle im Fels, woraufhin ein riesiges Felsstück herabfiel und ein *P'hurba*, ein Ritualdolch, zum Vorschein kam.

Dieser *P'hurba* war ebenso wie andere heilige Objekte und Lehren, die die Tibeter *Termas* – »Schätze« – nennen, im 8. Jahrhundert von Padmasambhava, einem der in Tibet am höchsten verehrten buddhistischen Lehrer, verborgen worden. Als Padmasambhava in der damals schamanistischen tibetischen Gesellschaft die Lehren des Buddha verkündete, wurde ihm klar, daß einige Lehren erst zu einem späteren Zeitpunkt Wurzeln schlagen würden. Deshalb verbarg er sie, bis bestimmte überragende Yogis sie offenbaren und ihnen zum Erblühen verhelfen würden. Diese Übenden wurden *Tertön*, »Schatz-Entdecker« genannt.

Statt den *P'hurba* zu nehmen, wandte sich meine Mutter abrupt ihrer Schwester zu, die ihre spirituellen Qualitäten aus Eifersucht stets angezweifelt hatte. Meine Mutter sagte zu ihr: »Du zweifelst an meinen Fähigkeiten. Nun kannst du dein eigenes Können unter Beweis stellen. Zieh diesen *P'hurba* aus dem Stein.«

Ihre Schwester war zu stolz, um sich dieser Herausforderung zu entziehen und sich einen Triumph entgehen zu lassen. Sie ergriff also den *P'hurba*, ließ ihn aber sogleich mit einem Entsetzensschrei wieder los. Er war heiß wie geschmolzenes Eisen und hatte ihr die Hand versengt. Daraufhin trat meine Mutter vor und zog den *P'hurba* so leicht aus dem Felsen, wie man ein Messer aus der Butter zieht. In einer Höhlung im Zentrum des *P'hurba* befand sich eine Schriftrolle, die in der geheimen Sprache der »Himmelsgängerinnen« beschrieben war, jener Weisheitswesen, die *Dakinis* genannt werden. Solche Texte können nur von Menschen entziffert werden, die über tiefe Weisheit verfügen. Meine Mutter offenbarte ihn.

Schließlich erreichte die Karawane die halbwüstenartige Hochebene, auf der die Stadt Lhasa liegt. In der Stadt pilgerte die Familie zum Potala-Palast, zum Jokhang und zu zahlreichen anderen heiligen Orten. Die Pilger suchten die zu jener Zeit in Lhasa lebenden hohen Lamas auf, darunter Jigdral Yeshe Dorje Dudjom Rinpoche, das zukünftige Oberhaupt der Nyingma-Tradition des tibetischen Buddhismus.

Während ihres Aufenthalts in Lhasa begegnete meine Mutter Sera Kharto Tulku, einem sehr hohen Lama der Gelugpa-Tradition. Er war in seinem vorherigen Leben ein *Tertön* gewesen und in diesem ein sehr weit fortgeschrittener Meditierender und Abt eines Klosters in der Nähe von Lhasa. Die Schriften Padmasambhavas enthielten viele Prophezeiungen über ihn. Eine besagte, der Untergang Tibets sei nicht mehr fern, wenn er und sein engster Freund ins Gefängnis geworfen oder von einem vorzeitigen Tod ereilt werden würden.

Unglücklicherweise ging diese Prophezeiung viele Jahre später tatsächlich in Erfüllung. Kharto Tulkus engster Freund, ein in ganz Tibet bekannter Lama, wurde unschuldig in eine politische Intrige verwickelt und ermordet. Kharto Tulku selbst wurde wegen seiner Freundschaft zu diesem Lama zu einer zweijährigen Gefängnisstrafe verurteilt und starb kurz nach deren Ende. Im Augenblick seines Todes stand er auf, nahm die bedrohliche Haltung einer zornigen Gottheit ein und verharrte zwei Wochen lang in dieser Position. So wie die Prophezeiung es angekündigt hatte, markierten die Haft Kharto Tulkus und der Tod seines Freundes den Anfang des Niedergangs von Tibet, der letztlich die Annexion des Landes durch die Chinesen erst ermöglichte.

Obgleich Lamas der Gelugpa-Tradition des tibetischen Buddhismus nicht heiraten dürfen, sind geheime sexuelle Beziehungen auch in dieser Schule durchaus nicht unüblich. Als der Aufenthalt meiner Mutter in Lhasa seinem Ende zuging, empfing sie von Kharto Tulku ein Kind. Doch die beiden heirateten nicht, sondern sie kehrte mit ihrer Familie nach Tromt'har zurück. Seit Beginn ihrer Pilgerreise waren drei Jahre vergangen.

Kurz darauf erhielt meine Mutter einen versiegelten Brief von Dzogchen Rinpoche, einem in ganz Tibet hochangesehenen Lama. Er schrieb: »In deinem Schoß befindet sich ein großer *Tulku*, der den Namen T'hubtan Geleg Palzang tragen wird. Sei besonders sorgsam, halte dich sehr rein und iß während der gesamten Schwangerschaft nur reinste Nahrung.«

Das Wort *Tulku* hat im Tibetischen viele verschiedene Bedeutungsebenen. Meist bezeichnet es jedoch ein Wesen mit außergewöhnlichen spirituellen Errungenschaften, das sich für eine bestimmte Wiedergeburt entschieden hat, um zum Wohle anderer zu wirken. Vor ihrer Geburt leiten Tulkus ihr Bewußtsein zu einem bestimmten Elternpaar, das sich in jenem Augenblick in geschlechtlicher Vereinigung befindet. Auf diese Weise können sie die Umstände ihrer Geburt beeinflussen und dafür sorgen, daß sie in einer Umgebung aufwachsen, die ihre spätere spirituelle Aktivität in besonderem Maße begünstigt.

Noch ein zweiter Brief traf bei meiner Mutter ein, diesmal von Kharto Tulku. In ihm wurden viele Ereignisse im Leben seines Kindes, das sich noch im Schoß meiner Mutter befand, korrekt vorausgesagt. Meine Mutter nahm sich den Inhalt dieser beiden Briefe sehr zu Herzen und verhielt sich während ihrer gesamten Schwangerschaft überaus vorsichtig. Ich wurde im Jahr des Eisen-Pferds, 1930, auf einem Berggipfel mit Namen T'hurgan Lhakhang – »Aufenthalt der Götter« – geboren.

2

Tulku

OBWOHL ICH EIN *TULKU* BIN – oder vielleicht gerade deshalb –, war ich als Kind schrecklich. Tibeter sagen manchmal, Tulkus seien als Kinder wild und mutwillig, doch ermögliche gerade diese Energie es ihnen, einen hohen Grad an spiritueller Vollkommenheit zu erlangen, sofern es gelinge, ihre unbändige Energie zu nutzen. Um dieses hohen Zieles willen scheuen Tibeter keine Mühe im Gebrauch der Rute. Ich lebte zusammen mit meiner Mutter in Tromt'har, bis ich drei Jahre alt war. Noch heute kann ich mich nur bruchstückhaft an angenehme Kindheitserfahrungen aus jener Zeit erinnern: daran, wie ich es mir im Schafsfellmantel meiner Mutter gemütlich machte und wie ich mich an ihrem Rücken festhielt, während wir auf einem Pferd ritten; an die Diener meines Großvaters, denen ich oft zuschaute, wie sie Butter machten, indem sie die Milch in einer Yak-Haut heftig schüttelten; an meine wundervolle Tante mit ihren rosafarbenen Wangen, ihrem Türkisschmuck und ihrem Gürtel aus Silbermünzen. Doch diese Erinnerungen sind so schwach wie die an einen Traum, der einem Menschen nach dem Aufwachen nur noch äußerst verschwommen vor Augen steht.

Deutlicher und lebhafter sind meine Erinnerungen an die Dramen meiner Kindheit, an meinen kindlichen Kummer und an die Konflikte, die ich erlebte, jene Vorfälle, die mir halfen, mich zu entwickeln, und die sich auf meine Ausbildung auswirkten. Tibet liegt auf der

Flugroute vieler Zugvögel, und im Herbst scharen sich zahllose Arten dieser Tiere auf den Wiesen. Das faszinierte mich so, daß ich einen Vogel fangen und als Haustier halten wollte. Die anderen Kinder erklärten mir, wie man einen dieser Vögel fangen kann, und so machte ich mich mit einem Korb, einem Stock, einem Stück Schnur und einer Handvoll Gerste an die Arbeit. Nach vielen Fehlschlägen gelang es mir schließlich, eine Schwalbe in meinem Korb zu fangen. Ich griff vorsichtig hinein und nahm das Tierchen in die Hand. Ich war begeistert, sein Gefieder streicheln zu können, und brachte es dazu, ein paar Getreidekörner zu fressen. Als ich jedoch den Erwachsenen mein neues »Haustier« zeigte, verdarb ihre Reaktion mir die Freude.

»Du mußt das Tier fliegen lassen, T'hubga. Ein wildlebender Vogel kann nicht überleben, wenn er nicht frei fliegen kann. Das ist anders als bei einem Hund oder bei einem Lamm. Du kannst den Vogel nicht zum Haustier machen.« Doch die Ermahnungen der Erwachsenen bewirkten nur, daß ich noch störrischer bei meinem Vorhaben blieb. Ich liebte meinen kleinen Vogel. Er gehörte mir, und ich würde für ihn sorgen. Nichts von alldem, was die Erwachsenen zu mir gesagt hatten, würde mich dazu bringen, ihn wieder freizulassen. Statt dessen steckte ich ihn unter meine *Chuba*, jenes Wickelgewand, das Tibeter als äußeres Kleidungsstück tragen. Vor dem Einschlafen am Abend dieses Tages nahm ich die Schwalbe noch einmal in die Hand, streichelte sie und steckte sie anschließend wieder sanft unter meine Kleidung. Am Morgen war das Tierchen tot. Ich weinte bitterlich und war untröstlich. Dies war der erste große Verlust, den ich erlebte.

Ich habe in meiner Kindheit andere Kinder, die kleiner oder jünger waren als ich, immer beschützt, mich mit allen anderen jedoch angelegt. Deshalb war ich häufig in Schlägereien verwickelt. Eines Tages intervenierte meine Großmutter mütterlicherseits, als es zwischen mir und einem anderen Kind zu einer Schlägerei gekommen war. Sie hielt meine Arme fest und forderte die anderen Kinder auf: »Jetzt bringt ihm alle bei, daß er sich nicht mehr prügeln soll!« Sie hielt mich fest, während fünf oder sechs Kinder auf mich losgingen und mich mit ihren Fäusten bearbeiteten. Ich schluchzte vor Wut und hatte das Gefühl, von den Kindern, die auf mich einschlugen, erstickt zu werden. Plötzlich fand meine Hand mein kleines Messer. Ich zog es aus der Scheide und stach blind drauflos. Eine meiner Kusinen, ein älteres Mädchen, stieß einen durchdringenden Schrei aus. Die Kinder lösten sich von mir und starrten schweigend und wie betäubt auf meine Kusine, die vor Schmerz und Empörung wimmerte und ihre Verletzung zeigte. Da sie wie wir alle eine grobe Chuba aus Schafsfell trug, hatte mein Messer nicht viel Schaden angerichtet. Doch hatte die Spitze sie in der Seite getroffen, und aus der Wunde war so viel Blut ausgetreten, daß alle schockiert waren. Danach spielten die anderen Kinder nie mehr mit mir, und sie machten sich einen Spaß daraus, auseinanderzustieben und ängstliche Schreie auszustoßen, wenn ich in ihre Nähe kam. Dadurch wurde ich sehr einsam. Doch unmittelbar nachdem ich mit dem Messer zugestochen hatte, war ich verstockt und widerspenstig, weil ich eine unbarmherzige Prügelstrafe erwartete.

Die Prügel bekam ich nie, wahrscheinlich weil die Mutter des Mädchens, meine wundervolle Tante, dies verhinderte, denn sie war immer sehr sanft und ruhig. Meine Mutter war wohl nicht zu Hause, denn ich kann mir nicht vorstellen, daß sie mich ungestraft hätte davonkommen lassen. Es gab Tage, an denen sie mich nicht einmal, sondern drei- oder viermal schlug. Jedesmal wurde meine Wut dann stärker, und ich schrie immer lauter, während sie auf mich einschlug. Wenn sie mich schließlich in Ruhe ließ, tat ich das, weswegen ich bestraft worden war, sofort wieder, und ich tat es mit noch größerer Leidenschaft. Die heftigen Zusammenstöße unserer unterschiedlichen Ansichten waren für uns beide ungeheuer erschöpfend, doch ist mir natürlich heute klar, daß meine Mutter mich in ihrem allumfassenden Mitgefühl nicht wild und zügellos aufwachsen lassen konnte. Später empfand ich große Reue darüber, daß ich ihr, einer Emanation von Tara, so viel Kummer bereitet habe. Dennoch blieb nie Bitterkeit zwischen uns zurück. Wenn sie mich bestraft hatte, umarmten wir uns manchmal, und damit war der Konflikt beigelegt. Gegenüber meiner

Großmutter jedoch hegte ich fast zwei Jahrzehnte lang einen tiefen Groll, und zwar nicht, weil sie es den anderen Kindern ermöglicht hatte, mich gründlich zu verprügeln, sondern weil sie mir einen Wurstzipfel nicht gegeben hatte.

Eines Tages war ich mit ein paar anderen Kindern in unserem Familienzelt, als meine Großmutter eine große Wurst aß. Am Ende dieser Wurst befand sich eine Blase, weil sich an dieser Stelle die Wurstpelle im heißen Fett ausgedehnt hatte. Jedes Kind wollte dieses Endstück haben, und alle bettelten darum. »Bitte, Ama-la, bitte, gib es mir!«

»Nein! Mir!«

»Mir! Mir!«

»Bitte, Ama-la ...«

Weil wir alle unbedingt diesen kleinen Wurstzipfel haben wollten, fühlten sich wahrscheinlich alle Kinder ebenso verstoßen und ungeliebt wie ich, als meine Großmutter ihn schließlich ihrem Lieblingskind gab. Später, als meine Mutter und ich in einer anderen Gegend wohnten, machte ich mich bei ihr noch unbeliebter, indem ich schreckliche Dinge zu ihr sagte oder am Weg auf sie wartete und mit Steinen nach ihr warf, wenn sie auf ihrem Pferd zu meiner Mutter zu Besuch kam.

Die besondere Zuneigung, die Kinder gewöhnlich ihren Großeltern gegenüber empfinden, reservierte ich für meine Großtante. Sie widmete sich mit ungeheurer Hingabe der Meditation und schlief nur ganz selten. Ich ging oft zu ihr, kuschelte mich an sie und schlummerte selig auf ihrem Schoß ein, während sie ihre Mantras murmelte. Sie strahlte Wärme, Frieden und jene tiefe Zufriedenheit aus, nach der ich mich so sehr sehnte, während ich mich mit den Hindernissen in meinem kindlichen Geist herumplagte. Wenn uns das Essen gebracht wurde, fütterte ich sie aus meiner Schale, und sie fütterte mich aus der ihren und streichelte mir den Kopf.

ALS ICH DREI JAHRE ALT WAR, kamen Mönche von der Chagdud Gonpa nach Tromt'har, um nach der Reinkarnation von Tanpai Gyaltsan, dem letzten Chagdud Tulku, zu suchen. Sie hatten verschiedene hohe Lamas um Rat gefragt, und diese hatten angedeutet, seine Inkarnation werde im Tromge-Klan als Sohn von Dawa Drolma geboren werden.

Außerdem war da der Mönch aus der Chagdud Gonpa, der das kurze, ungewöhnliche Gespräch zwischen Dawa Drolma und Tanpai Gyaltsan sowie die Übergabe des Reliquiars miterlebt hatte. Deshalb gab es beim Eintreffen der Delegation kaum Zweifel daran, wo nach dem Kind gesucht werden mußte. Fraglich war nur, ob das Kind – also ich – die strengen Prüfungen bestehen würde, durch die festgestellt werden sollte, ob ich tatsächlich die Inkarnation – der *Tulku* – des verstorbenen Abts der Chagdud Gonpa war. Ohne zu zögern, erkannte ich einige Gegenstände, die zuvor Tanpai Gyaltsan gehört hatten, und als ein Mönch in den Raum trat, der Tanpai Gyaltsan besonders nahegestanden hatte, begrüßte ich ihn mit seinem Namen. Allerdings tauchte ein Problem auf. Weil meine Mutter nicht zu Hause war, hatte mein Großvater die Delegation empfangen, und nun wurde von ihm auch erwartet, daß er meine Identifizierung als Chagdud Tulku anerkannte. Verweigerte er sie, so hätte er dadurch nach tibetischen Vorstellungen die Schuld auf sich geladen, mich an der Erfüllung meiner Lebensaufgabe gehindert zu haben. Akzeptierte er sie jedoch, so mußte ich nach der Tradition in mein Kloster gebracht werden, um dort meine Ausbildung zu erhalten. Mein Großvater entschied sich für einen Mittelweg, indem er zwar die Mönchskleidung annahm, die die Delegation für mich mitgebracht hatte, jedoch bezüglich meiner Rückkehr in die Chagdud Gonpa keine Entscheidung traf.

Meine Tromge-Verwandten waren hocherfreut darüber, daß ich formell als Chagdud Tulku erkannt worden war, und obwohl es einigen unter ihnen sicherlich am liebsten gewesen wäre, wenn ich gleich zum Kloster abgereist wäre, hielten sie die Art, wie mein Großvater sich in der Situation verhalten hatte, doch für sehr geschickt. Deshalb waren alle bestürzt, als meine Mutter nach ihrer Rückkehr und nachdem sie gehört hatte, was inzwischen geschehen war, auf der Stelle wütend wurde und ihrem Vater heftige Vorwürfe machte: »Hast du etwa keine Lust mehr, meinen Sohn und mich zu ernähren? Bist du es leid, uns Kleider geben zu müssen? Oder ist in deinem Haus nun kein Platz mehr für uns? Mach dir keine Sorgen! Wir werden dir bald nicht mehr zur Last fallen.«

Sie fing sogleich an, Vorbereitungen für die Abreise zu treffen. Mein Großvater war ein edler und sehr verständiger Mann, und ihm war klar, daß es sinnlos war, ihren Argumenten etwas entgegenzuhalten, weil diese aus der Perspektive des gesunden Menschenverstands betrachtet irrational waren. Mit Tränen in den Augen kam er zu mir und beteuerte: »Ihr seid bei mir immer gern gesehen und habt hier euer Zuhause, und solange ich noch ein einziges Silberstück habe, braucht ihr euch wegen Nahrung und Kleidung keine Sorgen zu machen.« Mir war klar, daß er das, was er sagte, wirklich ernst meinte, und deshalb liebte ich ihn sehr.

Obgleich das Verhalten meiner Mutter mit normalen Maßstäben gemessen unverständlich und irrational war, war es alles andere als egoistisch oder falsch. Ihr Gewahrsein war nicht an die Grenzen von Zeit, Raum und illusionären äußeren Umständen gebunden, und was sie tat, manifestierte sich spontan aus Weisheit. Später wurde ihrer Familie klar, daß sie in jener Situation hatte fortgehen müssen, um eine bestimmte Aufgabe erfüllen zu können, die ihr vor langer Zeit prophezeit worden war: Sie war dazu bestimmt, die Gesundheit von Tulku Gyurmed Namchag Dorje zu stabilisieren und so das Leben dieses sehr alten und gebrechlichen Lamas, der Abt der Tenp'hel Gonpa war, zu verlängern. Dies hatte Padmasambhava selbst vorausgesagt. Was auch immer sonst noch ihre Wut darüber hervorgerufen haben mag, daß ich als Tulku erkannt worden war, der Grund für ihren Bruch mit Tromt'har und für ihren Umzug in die Region der Tenp'hel Gonpa läßt sich heute, mehr als fünfzig Jahre danach, nicht mehr völlig nachvollziehen. Vielleicht wollte sie ihrem Vater Kummer über die Trennung ersparen, indem sie ihn in einem heftigen Streit verließ; vielleicht war der Konflikt auch aus dem Bedürfnis heraus entstanden, mich zu schützen. Jedenfalls besuchte uns mein Großvater schon bald nach unserem Umzug in die Region der Tenp'hel Gonpa, und meine Mutter söhnte sich völlig mit ihm aus.

Für mich brachte der Umzug zur Tenp'hel Gonpa, die eine Wochenreise zu Pferd von unserem bisherigen Wohnort entfernt lag, den Anfang meiner formellen Lama-Ausbildung mit sich. Während der nächsten sieben Jahre, bis ich im Alter von elf Jahren mit meinem ersten Drei-Jahres-Retreat begann, bestand mein Leben aus Perioden strenger Disziplin, in denen meine Lehrer jede meiner Bewegungen beaufsichtigten, und zwischenzeitlichen heftigen Explosionen meiner unterdrückten Energie. Während dieser gesamten Zeit hatte ich viele Visionen, viele Erlebnisse von Hellsichtigkeit und viele höchst ungewöhnliche Träume, in denen mir zuweilen kurze Einblicke in das absolute offene Gewahrsein gewährt wurden. Meine Mutter und meine Lehrer, die dies bemerkten, sahen es als Zeichen dafür an, daß ich in früheren Leben spezielle Fähigkeiten entwickelt hatte. Doch brachte sie dies nicht einen Augenblick davon ab, mich in meinem derzeitigen Leben mit allen Härten der traditionellen buddhistischen Ausbildung bekanntzumachen. Sie waren offenbar der Überzeugung, daß es mir nur durch große Anstrengung gelingen werde, wieder jene mühelose Realisation zu erreichen, die sich mir in meinen früheren Leben bereits erschlossen hatte.

In einem Traum spielte ich innerhalb der Umfriedung aus Stein, die das Haus meiner Mutter umgab. Da tauchte ein Hund auf, der sich allmählich in ein Reh verwandelte. Das Reh verwandelte sich in einen Lama und der Lama in einen Drachen. Verwundert betrachtete ich den Drachen, der sich erhob, zu fliegen begann und in den Wolken verschwand. Ich hörte, wie sein Gebrüll im Himmelsgewölbe widerhallte. Als ich einen Lama nach der Bedeutung dieses Traums fragte, sagte er: »Ich glaube, es war ein Traum über dein eigenes Leben, das du als ein sehr ungezogenes Kind begonnen hast.«

Die Tenp'hel Gonpa liegt nordwestlich von Tromt'har, auf der anderen Seite einer hoch emporragenden Gebirgskette. In diesem Gebiet hatte einst Gesar, der sagenhafte Kriegerkönig Tibets, sein Reich, und es ist völlig klar, warum Gesar dieses Land mit seinen mächtigen Bergen, seinen fruchtbaren Wiesen und seinen tosenden Flüssen so sehr liebte, daß er es eroberte und verteidigte. Obwohl diese Landschaft mehr als 4.000 Meter hoch liegt, wirkt sie doch sanft und ist von einer ganz besonderen Weite geprägt.

Die Tenp'hel Gonpa selbst war von Häusern für die Mönche umgeben. Die Mönchsgemeinschaft hatte sich an einem Fluß angesiedelt, an dessen anderem Ufer die Nomaden ihr Lager aufzuschlagen pflegten. Manchmal ließen diese nur ihre Herden dort grasen. Zu anderen Zeiten versammelten sie sich, um an einem Fest im Kloster teilzunehmen. In der näheren Umgebung gab es noch mehrere andere Klöster, von denen das nächste eine Stunde zu Pferd entfernt lag. Neuigkeiten verbreiteten sich ziemlich schnell, und sie wurden wie eine Währung gehandelt, wobei Anekdoten über die Lamas der höchste Wert beigemessen wurde. Das Haus meiner Mutter lag wunderschön auf einem hohen Felsvorsprung. Dieser Fels überragte ein Tal, das an das Tal, in dem die Tenp'hel Gonpa lag, angrenzte. Von unserem Haus aus erreichte man das Kloster zu Fuß in einer halben Stunde.

Eines Tages, ich war ungefähr vier Jahre alt, kam eine Nonne zu unserem Haus. Sie war auf die Bitte meines Vaters Sera Kharto Tulku hin den langen Weg von Lhasa zu uns gekommen, um mich in der Meditation zu unterrichten. Sie erklärte mir nicht, worauf ich mich bei der Kontemplation konzentrieren oder was ich mit meinem Geist machen sollte, sondern sie brachte mir mit ungeheurem Eifer die richtige Meditationshaltung bei. Sie lehrte mich, meinen Rücken aufrecht und ruhig zu halten, gleichzeitig die Hände auf den Knien ruhen zu lassen, die Beine übereinanderzuschlagen, die Füße mit den Fußsohlen nach oben auf die Oberschenkel zu legen, das Kinn leicht zurückzuziehen und die Zunge zurückzurollen und gegen den Gaumen zu drücken. An manchen Tagen ließ sie mich die Augen schließen, und wenn ich sie öffnete, schlug sie mir auf die Stirn und fuhr mich an: »Meditiere!« An anderen Tagen mußte ich die Augen offenhalten und regungslos vor mich hinschauen. Wenn ich eindöste, schlug sie mich und ermahnte mich unwirsch: »Meditiere!« So ging es den ganzen Tag, vom Augenblick des Aufwachens bis zur Schlafenszeit, und zwar über Wochen und Monate. Wegen der quälenden Schmerzen und der schrecklichen Langeweile, die ich empfand, verlor ich jedes Zeitgefühl. Pausen gab es nicht; die Mahlzeiten wurden uns gebracht. Meine einzigen Verschnaufpausen hatte ich, wenn ich zum Urinieren hinausgehen mußte. Deshalb gewöhnte ich mir an, dies im Laufe eines Tages viele Male zu tun. Als die Nonne merkte, daß ich dieses Privileg mißbrauchte, weigerte sie sich, mich überhaupt noch gehen zu lassen. So kam es zu »Unfällen«, und wenn das passierte, schlug sie mich wegen meines »schlechten Benehmens«.

Eines Tages war es absolut unaufschiebbar für mich hinauszugehen. Weil mir klar war, daß die Nonne mich nicht gehen lassen würde, sprang ich einfach auf und rannte an ihr vorbei. Sie schlug mit ihrer *Mala*, die aus sehr großen und harten Perlen bestand, nach mir, und durch den Aufprall der Perlen auf meinem geschorenen Mönchsschädel entstanden einige Beulen. Heulend vor Schmerz rannte ich zu meiner Mutter, fiel ihr in die Arme und schluchzte hemmungslos. Nachdem meine Mutter mich getröstet hatte, rief sie die Nonne zu sich. »Dies ist mein einziger Sohn«, sagte sie. »Vielleicht lernt er nicht so gut, aber das ist kein Grund, ihn umzubringen. Solange er noch lebt, kann er sich immer noch bessern.« Dann schickte sie die Nonne fort.

KURZ NACH DER ABREISE der Nonne bat meine Mutter den Schatzmeister unserer Familie, mich täglich zu unterrichten. Lama Tse Gon hatte völlig andere Ausbildungsmethoden als die Nonne. Wenn ich bestimmte Zeilen lesen oder bestimmte Passagen auswendig aufsagen konnte, ließ er mich zur Belohnung eine kurze Zeit spielen. Meist durfte ich zwar nicht nach draußen zu den anderen Kindern, aber immerhin konnte ich meine Bücher beiseite legen und eine Weile in seiner Nähe spielen. Er setzte dieses Mittel systematisch ein, um mich zu schnellerem Lernen anzuspornen. Wenn ich etwas besonders gut gemacht hatte, belohnte er mich mit einem selbstgemachten Spielzeug. Aus ein wenig Stoff, ein paar Holzstückchen und einer Schnur konnte er ein winziges Zelt mit Zeltstangen, Schnüren und Zeltpflöcken bauen. Er schnitzte auch kleine Figuren und Tiere für mich und brachte mir später selbst das Schnitzen bei. Er war handwerklich sehr geschickt, und ich verdanke ihm die Entwicklung meiner künstlerischen Fähigkeiten in späteren Jahren. In dieser Zeit hatte ich immer wieder einen Traum über einen Topf mit geschmolzener Butter, die zusammen mit frisch gemahlenem Quarzstaub kochte. Diese etwas sandige Mixtur aß ich in jenem Traum ganz selbstverständlich. Lama Tse Gon sagte, der Traum zeige, daß ich das Gelernte allmählich zu verdauen beginne. Lama Tse Gons Güte und Wärme wirkten sich sehr positiv auf meine Entwicklung aus, und ich gewöhnte mich allmählich daran, ihn als meinen *Gegan* anzusehen, als den Lehrer, zu dem ich eine tiefe Verbindung hatte. Liebevoll nannte ich ihn *Gegan-la*.

ICH WAR SEHR KRANK, hatte fünf Tage im Bett gelegen, mich erbrochen und unter starken Kopfschmerzen gelitten. In der fünften Nacht erschien mir in einem Zustand zwischen Wachen und Schlafen im Wirbel eines gewaltigen Tornados eine Vision. Ich sah ein monströses Wesen, das den Körper eines Menschen und den Kopf eines Vogels hatte. In der einen Hand hielt es ein Lasso aus Gedärmen, in der anderen einen riesigen aufgeblähten Magen, den das Ungeheuer wie einen Blitz schleuderte. Nachdem das Monster einen letzten Blick auf mich geworfen hatte, wirbelte es davon. Gleich danach erschien eine Frau, die mir zurief: »Sohn! Sohn! Sei auf der Hut!« Ihre Haut war von bläßlich blauer Farbe, ihr langes blaues Haar hing fast bis zu ihren Füßen hinab, und sie ritt auf einem tanzenden blauen Löwen. Um sie herum waren Blumen verstreut. Sie übergab mir einen Bogen und einen Pfeil und sagte: »O Sohn! Nun mache deine Sache gut!«

Aus dem Magen trat ein violetter Strom aus, der an Weihrauch erinnerte. Dieser Rauch schwebte über zwei Menschen aus unserer Gegend, einem Mönch namens Norgay und einer jungen Frau namens Yungdrung. Als ich Pfeil und Bogen ergriff, sang ich spontan:

> Ich ziehe den Bogen des von niemandem ersonnenen Ungeborenen.
> Ich ziehe den Pfeil des nie endenden, angeborenen, großherzigen Mitgefühls.
> Ich schicke ihn aus mit der Macht ungehinderter erleuchteter Aktivität.
> Mein Ziel sind jene ohne Realisation, die in die Irre führen.

In diesem Augenblick schoß ich den Pfeil mitten in den Magen. Während er flog, erzeugte er den Klang »*Hung!*«, der wie das Brüllen eines Drachen widerhallte. Flammen verschlangen den Magen, bis nichts mehr von ihm übrig war.

Lama Tse Gon lag in seinem Bett neben dem meinen. Als ich ihm erzählte, was geschehen war, nahm sein Gesicht einen sehr ernsten Ausdruck an. »Du verstehst noch nicht, was diese Dinge bedeuten, und du hast bisher noch nie Worte wie diese gehört. Was du erlebt hast, zeigt, daß du in früheren Leben eine starke Tendenz entwickelt hast, die auch dein jetziges Leben beeinflußt. Außerdem zeigt es, daß du geschützt wirst und daß du von deiner Krankheit genesen wirst. Und weil du den Magen zerstört hast, der ein Sack voller Krankheiten ist, wird unserer Region eine drohende Epidemie erspart bleiben. Allerdings könnten die beiden Menschen, die mit dem Rauch in Berührung gekommen sind, erkranken. Sprich mit niemandem darüber, denn dies könnte sich sehr negativ auf dein Leben auswirken. Wenn du es geheimhältst, werden deine visionären Kräfte stärker und klarer werden.«

Ich nahm mir alles, was er sagte, zu Herzen und sprach nie über meine visionären Erfahrungen. Wie Lama Tse Gon vorausgesagt hatte, wurden sie häufiger und klarer. Mittlerweile vergehen keine zehn Tage, ohne daß ich eine solche Vision habe.

Und tatsächlich wurden, wie Lama Tse Gon erkannt hatte, der Mönch Norgay und die Frau Yungdrung krank und starben kurz darauf.

ES WAR AN DER ZEIT FÜR MICH, eine Initiation zu empfangen und mit der Manjushri-Praxis zu beginnen. Die Gottheit Manjushri ist der umfassende, spontane Ausdruck aller Qualitäten der Intelligenz und der transzendenten Weisheit, und die Manjushri-Praxis beseitigt Hindernisse, die das Lernen erschweren. Ein hoher Lama, Khanpo Ngagwang Nyandrag, gab mir die Einweihung und die Belehrungen für die Manjushri-Meditation und bereitete mich auf ein vierzehntägiges Manjushri-Retreat vor, mein erstes Retreat überhaupt. Während dieser beiden Wochen durfte ich bestimmte Dinge nicht essen, unter anderem Fleisch, Zwiebeln und Knoblauch. In tiefer Hingabe begann ich mit der Praxis, indem ich den Segen der Weisheitswesen erflehte und für das Erblühen meiner eigenen Intelligenz und Weisheit betete. Diese Qualitäten kennzeichnen die wahre Natur des Geistes, doch werden sie durch die Gewohnheiten und Täuschungen des anhaftenden Geistes verdunkelt.

Lama Tse Gon half mir, einen Altar aufzubauen. Wir stellten einen wunderschönen Becher darauf, der eine Kugel aus speziellen Stoffen enthielt, die durch meine Praxis mit dem Segen Manjushris durchtränkt werden sollten. Die Vorzeichen für das Retreat waren sehr günstig gewesen. In einem Traum hatte ich ein langes Schwert gefunden – das Schwert, das dualistische Vorstellungen durchschneidet –, und ich hatte auch mehrere Visionen von Manjushri selbst gehabt. Während der ersten sieben Tage wurde der Segen Manjushris von der Kugel aufgenommen, wodurch die Substanzen, aus denen sie bestand, besondere Kraft gewannen.

Am siebten Tag schluckte ich die Kugel. An diesem Tag suchte ich den *Khanpo* auf. Jedesmal wenn ich ihn besuchte, gab er mir eine kleine Süßigkeit, beispielsweise ein Stückchen Kandiszucker, eine getrocknete Frucht oder ein wenig getrocknetes Fleisch. Während er noch nach einer Köstlichkeit für mich suchte, sagte er: »Ich habe heute nichts Süßes hier, und Fleisch kann ich dir wegen deiner Manjushri-Praxis nicht geben. Was soll ich machen?«

»Oh, ich habe heute schon Fleisch gegessen«, log ich.

Er stutzte. »Du solltest doch bis zum Ende des Retreats in einer Woche kein Fleisch essen.«

»Ich habe aber heute schon Fleisch gegessen.«

»Na ja, wenn du dich sowieso nicht an diese Regel hältst, kann ich dir jetzt auch etwas Fleisch geben.« Dann schnitt er eine Scheibe getrocknetes Fleisch ab, und ich aß sie.

Ein paar Tage später besuchte der *Khanpo* Lama Tse Gon, und sie sprachen über meine Praxis. Beide waren zufrieden damit, wie ich mich entwickelte, doch dann sagte der *Khanpo*: »Du weißt doch sicher, daß er bei dieser Übung kein Fleisch essen soll?« Nun war Lama Tse Gon überrascht. »Natürlich nicht! Warum fragst du? Meinst du, daß er Fleisch ißt?«

Beide schauten mich an, und ich versuchte verzweifelt, ihrem Blick zu entgehen. Dann lachten wir alle. Ich hatte geschwindelt, und sie hatten mich erwischt, aber sie bestraften mich nicht.

LAMA TSE GON fing nun an, die formelle Meditation in meinen täglichen Stundenplan einzubeziehen. Nachdem er mich morgens geweckt hatte, begannen wir mit einer Manjushri-Praxis, und er brachte mir bei, eine Glocke und eine kleine Handtrommel zu benutzen. Anschließend studierte ich den ganzen Tag, und am Abend erflehten wir gemeinsam den Segen der Dharma-Beschützer, jener Wesen, die die Übenden auf dem Pfad zur Erleuchtung vor Untugend bewahren. Lama Tse Gon brachte mir im Zusammenhang mit dieser Praxis auch den Gebrauch von Zimbeln und einer großen Trommel bei. Seine informellen Belehrungen in dieser Zeit waren wundervoll. Als er einmal miterlebte, wie ich zusammen mit anderen Kindern eine alte Bettlerin ärgerte, die uns oft belästigte, ermahnte er mich: »Wenn du von Gleichgestellten schlecht behandelt wirst, kannst du dich ruhig dagegen wehren, aber wenn dich Menschen drangsalieren, denen es wesentlich schlechter geht als dir, solltest du das nicht tun. Sie befinden sich in einer schrecklichen Situation, weil sie in der Vergangenheit keine Tugend angesammelt haben, und sie können ihr augenblickliches Los kaum verbessern. Es sollte dein Mitgefühl wecken, daß sie sich in einer so mißlichen Lage befinden. Du schwächst deinen eigenen edlen Geist, wenn du dich solchen Menschen gegenüber aggressiv verhältst oder wenn du sie schlecht behandelst, was auch immer sie dir angetan haben mögen.« Ich sah ein, daß ich mich nicht richtig verhalten hatte, und ließ die Bettlerin von diesem Zeitpunkt an in Ruhe.

WIR SASSEN VOR DEM HAUS – Lama Tse Gon, der *Khanpo*, einige Mönche und ich. Lama Tse Gon nähte. Er nähte oft für meine Mutter und für mich, denn er war ein ausgezeichneter Schneider. Da sah ich seinen Bruder unerwartet auf einem Pferd heranreiten. Plötzlich stolperte das Pferd und stürzte samt Reiter zu Boden. Ich sprang auf, warf meine Arme in die Luft und schrie: »O nein! Sie sind gefallen!«

»Was ist denn los?« erkundigte sich Lama Tse Gon. Da wurde mir bewußt, daß ich die Szene in meinem Geist gesehen hatte. Ich beschrieb sie allen und glaubte, es sei lediglich ein Phantasiegespinst gewesen.

Ein paar Stunden später kam Lama Tse Gons Bruder tatsächlich zu Pferd an. Lama Tse Gon fragte ihn nach dem Verlauf seiner Reise, und er antwortete: »Sie war nicht so einfach. Mein Pferd trat in ein Loch, und wir stürzten beide.« Doch meine Hellsichtigkeit war nicht zuverlässig. Wenn Menschen zu mir kamen und mir präzise Fragen über die Zukunft stellten, sah ich gewöhnlich nichts. Ich konnte nicht auf Kommando zukünftige Ereignisse sehen, sondern hatte nur hin und wieder spontane Visionen, die in mein gewöhnliches Bewußtsein vordrangen.

Lama Tse Gon mußte uns ein paar Monate verlassen, um die Todeszeremonien für den Hirten meiner Mutter auszuführen. Die plötzliche Befreiung von seiner strengen Disziplin und von der ständigen Beaufsichtigung durch ihn hatten zur Folge, daß ich ein allgemeines Durcheinander schuf, dem ich durch eines der dunkelsten Ereignisse meiner ganzen Kindheit die Krone aufsetzte.

Die meisten Menschen waren mir gegenüber entweder tolerant oder zumindest sehr geduldig, hauptsächlich aus Respekt meiner Mutter gegenüber, aber auch, weil ich ein *Tulku* war, der gelegentlich außergewöhnliche Fähigkeiten erkennen ließ. Diese Nachsicht hatte jedoch ihre Grenzen. Beispielsweise schlug mich meine Mutter fast täglich, und ihre Freundin Bidema beschwerte sich ständig bei ihr, wenn sie beobachtet hatte, daß ich etwas Ungehöriges tat.

In dieser Zeit hatte meine Mutter eine Dienerin namens Tashi, die dreizehn Jahre alt war und ihr beim Kochen half. Tashi gab mir immer den Rahm von der gekochten Milch, und wenn sie Zeit hatte, spielte sie mit mir und erzählte mir Geschichten. Obwohl sie nur drei oder vier Geschichten kannte, erzählte sie diese so gut, daß ich sie immer wieder hören wollte. Tashi war auch ein wenig diebisch veranlagt. Meine Mutter ließ oft die Geschenke herumliegen, die Besucher ihr mitbrachten, und Tashi hatte dadurch die Möglichkeit, gelegentlich etwas einzustecken. Da dies aber nicht oft vorkam, erzählte ich meiner Mutter nichts davon, und Tashi revanchierte sich dafür, indem sie ihr meine Missetaten verschwieg. So kam unsere stillschweigende Komplizenschaft uns beiden zugute.

Eines Tages war ich vor dem Haus meiner Mutter auf dem Felsvorsprung und warf Steine in die Tiefe. Auf dem Weg, der den Berg empor zu unserem Haus führte, näherten sich ein paar Besucher, und einer der von mir geworfenen Steine hätte einen von ihnen um ein Haar getroffen. Da ich die Besucher nicht gesehen hatte, war dies eindeutig keine Absicht gewesen, doch Bidema hatte mich die Steine werfen sehen und angenommen, dies sei wieder einmal eine meiner vielen mutwilligen Missetaten gewesen. Deshalb ging sie sofort zu meiner

Mutter und erzählte ihr davon, woraufhin diese sehr wütend wurde und mich ziemlich gründlich verprügelte.

Natürlich war auch ich wütend und voller rechtschaffener Empörung darüber, daß ich – wenn auch nur dieses eine Mal – zu Unrecht beschuldigt worden war. Sobald meine Mutter mich losließ, stürmte ich zu Bidemas Zelt und riß den Eingang auf. Niemand war da. Im schwachen Lichtschein, der durch die Rauchöffnung im Dach ins Zeltinnere drang, war ein auf dem Feuer stehender Tontopf zu erkennen, in dem eine Süßkartoffelsuppe kochte. Neben dem Herd stand ein Mörser mit einem Stößel. Ohne auch nur einen Augenblick nachzudenken, nahm ich den Stößel und zerschlug damit den Topf. Suppe, Scherben und Asche flogen umher. Dann warf ich den Stößel in den Trümmerhaufen und floh, eifrig bemüht, mir die weiße Asche von den Kleidern abzuklopfen, denn ich sah aus, als wäre ich im Schnee gewesen.

Wieder an unserem Haus angekommen, wo ich mich sicher fühlte, spielte ich still wie ein Unschuldslamm, bis mich meine Mutter fand. Sie war eine leibhaftige Manifestation totalen Zorns, riß mich hoch, schüttelte mich heftig und verprügelte mich mit einer kurzen Reitpeitsche. Dann kam auch Bidema aus unserem Haus, schimpfte auf mich ein und stachelte meine Mutter an. Bidemas Wut und Enttäuschung waren grenzenlos, und sie weinte, während sie mich mit bitteren Anschuldigungen überhäufte. Da wallte auch meine eigene Wut auf, und plötzlich hörte ich, wie mir das Wort »Diebin« entfuhr. Bidema protestierte, doch ich fuhr unbarmherzig fort: »Du Diebin! Wo ist die Korallenkugel, die du meiner Mutter gestohlen hast? Wo ist die Silberschnalle?« Stück für Stück zählte ich all die Dinge auf, die ich bei Tashi gesehen hatte. Je heftiger Bidema protestierte, um so hartnäckiger blieb ich bei meinen Lügen.

Zuerst glaubte meine Mutter mir nicht und drohte mir, mich noch einmal mit der Reitpeitsche zu schlagen. Doch dann hörte sie damit auf und ließ mich los. Ich glaube zwar nicht, daß ich sie überzeugt habe, und es gelang mir auch nicht, ihr gutes Verhältnis zu Bidema zu trüben. Wahrscheinlich wäre die ganze Angelegenheit bald wieder vergessen gewesen, hätte sich Bidema nicht bei anderen über mein Verhalten ihr gegenüber beklagt und hätten nicht einige dieser Leute mir mehr Glauben geschenkt als ihr. Darunter litt ihr eigener Ruf so stark, daß sie irgendwann beschloß wegzuziehen.

Darüber war ich hocherfreut. Eigentlich hätte ich Reue empfinden müssen, weil ich sie durch meine Lügen in eine sehr üble Situation gebracht hatte, doch ich war froh, daß sie mich nun nicht mehr durch ihre Geschwätzigkeit in Schwierigkeiten bringen konnte. Doch den karmischen Konsequenzen meiner falschen Anschuldigungen entging ich letztlich nicht, denn ich bin später in meinem Leben einige Male von anderen beschuldigt worden – zwar fälschlicherweise, aber vielleicht doch nicht ganz zu Unrecht.

MEIN GELIEBTER *GEGAN-LA*, Lama Tse Gon, war immer noch nicht von seiner Reise zurückgekehrt, und die Geduld meiner Mutter mit meiner Wildheit und Ungezogenheit hatte sich erschöpft. Sie war der Meinung, meine Ferienzeit solle nun ein Ende haben und meine Ausbildung trotz Lama Tse Gons Abwesenheit umgehend fortgesetzt werden. Also wählte sie einen der schreckenerregendsten Lamas in der Region der Tenp'hel Gonpa, Lama Wanga.

Das Wort *wang* bedeutet »mächtig«, und Lama Wanga machte seinem Namen wahrlich alle Ehre. Wenn Mönche und Lamas, die gerade eine normale Unterhaltung führten, ihn kommen sahen, verzogen sich alle, die konnten, so schnell wie möglich, und die übrigen hörten mit ihrer Unterhaltung auf und saßen ganz still und aufrecht da, bis er sich wieder entfernt hatte. Er sagte nichts, doch schien sein mißbilligender Blick ihr Gewissen zu wecken. Menschen, die sich in seiner Nähe befanden, wurden regelmäßig nervös und fühlten sich unwohl. Er machte nie Scherze, lächelte nur selten und verstieß nie gegen die strenge Disziplin, die er sich und allen anderen abverlangte.

Meine Mutter beauftragte einen Mönch, mich zu Lama Wangas Haus zu begleiten. Mein Begleiter wurde mit einem riesigen getrockneten Yakbein, einem großen Sack *Tsampa* und einem ansehnlichen Kloß Butter beladen. Lama Wanga lebte weniger als einen Kilometer entfernt, und zwar zwischen dem Haus meiner Mutter und der Ten-p'hel Gonpa. Sein Haus war sehr klein, eigentlich nur eine Meditationshütte, in der Platz für sein Bett, einen Altar, eine winzige Küche und Vorräte war. Für mich wurde ein kleines Bett neben dem Altar aufgebaut.

Vom ersten Tag an war ich in Lama Wangas Tagesplan einbezogen. Beim ersten Hahnenschrei stand er auf, zündete eine Butterlampe an und begann mit seiner Praxis. Bei Anbruch der Morgendämmerung weckte er mich, und ich rezitierte das Mantra Manjushris, wobei ich die Perlen meiner *Mala* zählte. Dann brachte uns seine Schwester, die Nonne war, Tee, Butter und *Tsampa*. Wir standen nicht von unserem Meditationssitz auf, um zu essen, sondern alles wurde uns gebracht.

Zwischen Frühstück und Mittagessen las ich ihm die Texte vor, an denen ich am betreffenden Tag arbeiten sollte. Dabei rezitierte er zwar ununterbrochen sein Mantra weiter, und seine Gebetsmühle drehte sich, doch hörte er mir offenbar trotzdem sehr gut zu, denn er bemerkte selbst den kleinsten Fehler, den ich beim Lesen machte. Wenn ich zwei oder drei Fehler kurz nacheinander gemacht hatte, sagte er streng: »Dein Lehrer war zu nachsichtig. Du machst zu viele Fehler.« Dann kniff er mich so fest und schmerzhaft in den Oberschenkel, daß die Quetschung noch mehrere Tage lang zu sehen war. Abgesehen davon wendete er keine Disziplinarmaßnahmen an, doch stand diese Möglichkeit ständig drohend im Raum.

Unter seiner Obhut durfte ich nicht spielen, konnte aber ins Freie gehen, um mich zu erleichtern, wenn dies notwendig war. Ich konnte mir draußen auch ein wenig die Füße vertreten, brauchte also nicht schnellstens wieder zurückzukommen; allerdings habe ich es nie gewagt, zu testen, was passiert wäre, wenn ich bei diesen Gelegenheiten lange herumgetrödelt hätte.

Hin und wieder kamen Besucher zu Lama Wangas Hütte, doch war er nie besonders gastfreundlich. Er begrüßte sie und beantwortete ihre Fragen, und dann gingen sie wieder. In dieser Hinsicht war Lama Wanga das krasse Gegenteil von Lama Tse Gon, der gern mit anderen Menschen zusammen war und das Gespräch mit ihnen genoß. Wenn Besucher zum Haus meiner Mutter kamen, wollte er nicht, daß ich im Hintergrund das Alphabet memorierte, weshalb er mich zum Spielen aus dem Haus schickte, bis die Besucher wieder fortgingen, und dies konnte eine Stunde oder länger dauern.

Jeden Nachmittag rollte Lama Wanga seinen kleinen Teppich zusammen, klemmte ihn sich unter den Arm und ging mit mir zu einer sehr hoch gelegenen Wiese. An unserem Ziel entrollte er den Teppich und ließ mich darauf sitzen, während er sich auf den Boden setzte. Von dieser Stelle aus konnte man tief unten das Kloster sehen, und es war, als könnten wir über die ganze Welt blicken. Wir unterhielten uns nie völlig normal miteinander, sondern rezitierten ununterbrochen Mantras, begleitet vom monotonen Klickgeräusch der sich drehenden Gebetsmühle. Am Abend bekamen wir wieder *Tsampa* und Tee, und anschließend saßen und meditierten wir, bis es Zeit war zu schlafen. Tag um Tag verging – insgesamt drei Monate –, ohne daß diese Routine auch nur ein einziges Mal unterbrochen wurde. Ich sehnte mich nach der Rückkehr von Lama Tse Gon, meinem geliebten *Gegan-la*, und nach dem bißchen Freiheit, das er mir gelassen hatte. Dennoch habe ich von meinem Aufenthalt bei Lama Wanga zweifellos sehr profitiert. In den drei Monaten, die ich bei ihm verbrachte, lernte ich das Lesen besser als in den zwei vorangegangenen Jahren bei Lama Tse Gon, und außerdem habe ich mich unter seiner Anleitung erstmals für längere Zeit disziplinierter Praxis gewidmet.

IM TRAUM SPIELTE ICH mit fünf oder sechs anderen Kindern auf einer Insel, als der Boden zu zittern und zu brodeln anfing. Plötzlich öffnete sich das Erdreich, und ein riesiges schlangenartiges Tier mit einem massigen Kopf und hervorquellenden Augen erhob sich und schaute mich direkt an. Es stand schwankend vor mir, war unglaublich scheußlich und mit blutenden Wunden übersät. Meine erste Reaktion war überwältigende Angst, doch als ich sah, daß die Kreatur unter großen Schmerzen litt, verwandelte sich meine Angst in Mitgefühl. Das Gewahrsein ihres Leidens erhob mich vom Erdboden, und ich flog. In meiner Hand manifestierte sich ein Gefäß, aus dem ich orangefarbenen Nektar über das Wesen goß, der sich über seinen gesamten Körper verbreitete. Sogleich verspürte das Wesen, eine Art von übernatürlichem Tier, das *Naga* genannt wird, eine starke Linderung.

Ein subtiler Stolz erfaßte mich, als mir klar wurde, daß ich dem Naga-Wesen geholfen hatte. In diesem Augenblick trat eine Art Dampf aus seinem Körper, der sich auf dem meinen absetzte und kondensierte, als hätte ich wegen eines Fiebers stark geschwitzt. Mein ganzer Körper fühlte sich taub an, und als dieses Gefühl stärker wurde, fiel mir nichts anderes ein, als nach meiner Mutter zu rufen: »Ama! Ama!« Da erschien am Himmel auf einem weißen Geier reitend eine Frau, die einen Spiegel hielt. Sie war eine wunderschöne Tibeterin mit pechschwarzem Haar, weißer Haut und rosigen Wangen und Lippen. Sie trug einen roten Rock, in ihre Haarkrone waren Blüten geflochten, und ihr Körper war mit langen Halsketten, Armbändern und Fußreifen geschmückt. Während der Geier auf mich zuflog, hielt die Frau den Spiegel empor und ließ mich einen alles sehenden Blick auf das gesamte Universum werfen. Vor meinen Augen manifestierte sich eine atemberaubende Folge prophetischer Visionen. Eine war die Vision einer Bestattungszeremonie, die den Tod meiner Mutter fünf Jahre später ankündigte. Ich sah alle möglichen seltsamen Wesen, die sich auf merkwürdige und unerklärliche Weisen bewegten. Jahrzehnte später erkannte ich, daß dies Autos, Kräne und große Maschinen gewesen waren, doch damals, in den dreißiger Jahren, waren diese Dinge in Tibet noch unbekannt. Ich sah auch noch viele andere Dinge, konnte aber damals noch nicht verstehen, welche prophetische Bedeutung sie hatten. Dann sprach die Frau zu mir:

Vortrefflich! Wie vortrefflich!
Der schwarze Naga-Dämon unten
und der kleine Junge mit Liebe und Mitgefühl –
wie vortrefflich ist diese ungeplante Absicht.
Die Wiesen, Bäume und Blumen unten
und der feine, süße Regen aus den Höhen –
wie vortrefflich ist diese ungeplante Absicht.
Der Segen der Drei Juwelen dort oben
und der Glaube und der *Samaya* jener dort unten –
wie vortrefflich ist diese ungeplante Absicht.
Bilder der Freude und des Kummers,
gewandte, ständig wechselnde Tanzbewegungen –
betrachte sie als Lehrer der Vergänglichkeit, der Illusion ...

Nachdem die Frau dies gesungen hatte, verschwand sie, und der Traum war zu Ende. Als ich Lama Tse Gon von diesen Träumen berichtete, hielt er sie in einer Liste fest und sagte: »Es scheint, als würden die Nagas dich behindern. Die Omen, die in dem Spiegel aufgetaucht sind, deuten darauf hin, daß du dich von diesen Hindernissen befreien kannst, wenn du Tara, Hayagriva und Vajrakilaya intensive Retreats widmest. Außerdem deutet alles darauf hin, daß du nie lange an einem bestimmten Ort bleiben wirst. Selbst wenn mir ein sehr langes Leben beschieden sein sollte, werde ich dich wahrscheinlich im Alter nicht sehen.« Als er dies sagte, wirkte er sehr traurig.

In meiner Kindheit habe ich nie viel Zeit mit meiner Mutter verbracht, und ein großer Teil unserer wenigen gemeinsamen Zeit verging mit heftigen Auseinandersetzungen. Deshalb erinnere ich mich mit großer Wehmut an ein paar sehr einfache gemeinsame Erlebnisse. Eines von ihnen ist, wie sie einmal Fleisch kleinschnitt, es in Butter briet und mir dann gab. Dieser flüchtige intime Augenblick ist mir für alle Zeiten in Erinnerung geblieben.

3

Der Bogenschütze

Ich spielte auf dem Felsvorsprung auf dem Grundstück meiner Mutter, als mich plötzlich der Impuls zu meditieren überkam. Ich war gerade erst vier Jahre alt geworden und hatte noch keine richtige Meditationsausbildung erhalten, aber ich wußte, wie man in der richtigen Haltung sitzt. Also setzte ich mich in Meditationshaltung hin. Plötzlich tauchte vor mir ein Yogi auf, dessen Haar auf dem obersten Punkt seines Kopfes zu einem Knoten zusammengebunden war. Es war so weiß wie Schnee. Der Schnäuzer und der strähnige Bart des Yogi waren ebenfalls weiß und hoben sich kraß von seiner tief nußbraunen Haut ab. Er trug ein weißes Tuch, das er um seinen Leib und über eine Schulter geschlungen hatte. In der rechten Hand hielt er eine *Chöd*-Trommel, in der linken eine Glocke, und er sang die folgenden Verse:

> Durchschneide die aus dualistischen Erscheinungen gewobenen Vorstellungen: *A Ah!*
> Verweile in der Zitadelle des selbst-erscheinenden Gewahrseins: *A Ah!*
> Entferne dich nicht von der unerschöpflichen Energie des Gewahrseins: *A Ah!*
> Wie beim Spiel eines Kindes gibt es nichts, was aufgegeben werden muß, und nichts, was festgehalten werden kann! *A Ah!*

Er wiederholte diese Zeilen viele Male und rezitierte auch viele Strophen, die ich aber mittlerweile vergessen habe. Als er geendet hatte, verschwand er so natürlich, wie sich Nebel im Sonnenlicht auflöst. Danach blieb ich noch lange im Zustand offenen Gewahrseins, frei von Vorstellungen, sitzen.

Dann kehrte ich zu meiner Mutter zurück, die Besuch von einem Freund, einem älteren Mönch mit Namen Lama Atse hatte. Ich beschrieb meine Vision und wiederholte die Verse, die ich gehört hatte, denn ich konnte mich damals noch an alle Strophen erinnern. Meine Mutter wurde sehr still, und Lama Atse sprach: »Du hast den großen *Siddha* und Vater der *Chöd*-Praxis, P'hadampa Sangye, gesehen. Seine Verse waren eine direkte Bekanntmachung mit der Natur deines eigenen Geistes und eine Prophezeiung über dein Leben.« Sowohl meine Mutter als auch der Lama legten mir ans Herz, über das, was ich geschaut hatte, mit niemandem zu sprechen.

Etwas später gab Lama Atse mir eine Initiation und die ersten Belehrungen über die *Chöd*-Praxis. In den folgenden Jahren hörte ich weitere *Chöd*-Belehrungen von anderen Lehrern, und jedesmal erschlossen sich mir dabei neue Tiefen der unergründlichen Bedeutung dieser Praxis, durch die Großzügigkeit im höchsten Sinne kultiviert wird. In der *Chöd*-Übung durchschneidet der Übende sein Anhaften an Objekten und am eigenen Sein an der Wurzel im eigenen Geist. Er opfert unerschrocken alles, was existiert, sogar seinen eigenen Körper, und lädt alle Wesen ein, von diesem Opfer zu nehmen, hilfreiche ebenso wie schädigende. Die schädigenden Wesen sollen durch die Opfergabe so zufriedengestellt werden, daß sie fortan keinen Schaden mehr anrichten und sich tugendhaften Aktivitäten widmen. *Chöd* ist also eine Heilungspraxis, die jenen zugute kommen kann, die unter der Macht negativer Kräfte stehen, entweder unter der Macht der inneren Kräfte der Krankheit und geistiger Unruhe oder unter der Macht äußerer schädigender und dämonischer Wesen. Das Leiden der betroffenen Menschen und der schädigenden Wesenheiten wird durch die *Chöd*-Praxis gleichzeitig aufgelöst.

Als ich ungefähr acht Jahre alt war, kamen ein paar Leute aus einem Dorf, das etwa fünfundzwanzig Kilometer entfernt lag, und baten meine Mutter, in ihrem Dorf für sie eine *Chöd*-Zeremonie durchzuführen. In ihrer Heimat war damals eine schreckliche Epidemie ausgebrochen, für die sie keinen Namen hatten – wahrscheinlich Milzbrand. Ihre Tiere bekamen, wenn sie sich infizierten, offene Wunden, und ihre Leber erkrankte auf schreckliche Weise. Wenn Menschen mit dem Blut der infizierten Tiere in Berührung kamen, erkrankten sie ebenfalls. Es waren schon einige Menschen gestorben, und die Herden waren in Gefahr. Weil meine Mutter zum betreffenden Zeitpunkt das Haus nicht verlassen konnte, schlug sie der Delegation vor, statt ihrer mich mitzunehmen und die Zeremonie von mir durchführen zu lassen. »Habe Vertrauen«, beruhigte sie mich. »Das Ergebnis wird genauso sein, als ob ich selbst es gemacht hätte.«

Also ritt ich mit den Besuchern sowie neun besonders eifrigen und fortgeschrittenen Übenden, darunter Lama Tse Gon und Lama Atse, in das Dorf. Bei dieser Gelegenheit fungierte ich zum ersten Mal als *Vajra*-Meister – als der Lama, der das gesamte Zeremoniell leitet. Ich saß auf dem höchsten Thron und war für die korrekte Durchführung der Zeremonie verantwortlich. An äußeren Verpflichtungen brachte dies mit sich, daß ich die kunstvollen Gesänge des *Chöd* in der korrekten Reihenfolge kennen und mich selbst mit Glocke, Trommel und *Kangling*, einer Trompete aus einem menschlichen Oberschenkelknochen, begleiten mußte. Der innere Aspekt meiner Rolle war, daß der Erfolg der Zeremonie weitgehend von der Kraft meiner positiven Intention sowie von meiner Visualisation und meiner Fähigkeit, durch meine Meditation das Opfer zu vollbringen, abhängig war. Drei Tage lang widmeten wir uns über viele Stunden der Praxis. In einem bestimmten Teil des Zeremoniells muß ein Teilnehmer die Pose von P'hadampa Sangye einnehmen und Lobpreisungen singen. An diesem Punkt unterbrach Lama Atse die Zeremonie und forderte mich auf, diese Rolle zu übernehmen. Durch meinen Ausdruck und meine Geisteshaltung gelang es mir, P'hadampa Sangye so lebendig werden zu lassen, daß Lama Atse die Tränen in den Augen standen. Kurz darauf kam die Epidemie zum Stillstand.

Ungefähr zu der Zeit, als Lama Atse mich in der *Chöd*-Praxis unterrichtete, gab er mir auch Belehrungen über *P'howa*, eine Praxis, die die Übertragung des Bewußtseins ermöglicht. Sie wird im Augenblick des Todes oder kurz danach ausgeführt, um das Bewußtsein des Verstorbenen aus dem *Bardo* – dem Zwischenzustand zwischen einer Geburt und der nächsten – in einen Bereich reinen Gewahrseins wie beispielsweise das Reine Land des Buddha Amithaba zu befördern. In den Reinen Ländern gibt es kein Leiden, und die Wesen, die sich dort befinden, können den Weg zur vollständigen Erleuchtung in Glückseligkeit und ohne jegliche Behinderung vollenden. Gelingt es nicht, das Bewußtsein eines Verstorbenen in ein Reines Land zu befördern, so kann durch diese Praxis zumindest großes Leid abgewendet und dem Betreffenden die direkte Wiedergeburt ins Reich der Menschen oder in andere höhere Bereiche der Existenz ermöglicht werden. Die Tibeter verlassen sich darauf, daß ihre Lamas die *P'howa*-Praxis für ihre verstorbenen Angehörigen ausführen, und wenn ein Familienmitglied stirbt, werden viele Opfer dargebracht, um Verdienst anzusammeln und sicherzustellen, daß das Bewußtsein des Verstorbenen in einen günstigen Bereich gelangt. *P'howa* ist eigentlich eine relativ einfache Praxis, zumindest ist es leicht, sie zu erlernen und bei sich selbst anzuwenden. Doch das Bewußtsein eines anderen Menschen zu übertragen erfordert sehr viel Kraft und Erfahrung. Als Lama Atse mich darin ausbildete, hob er immer wieder hervor, wie wichtig Stärke in der Visualisation dabei sei, und als noch wichtiger bezeichnete er eine sehr reine Motivation der Praktizierenden.

»Denke an die verstorbene Person. Bedenke, daß sie alles verloren hat, was ihr in ihrem Leben wichtig war, sogar ihren eigenen Körper; daß sie ohne jede Einflußmöglichkeit umhergetrieben wird, ohne einen Ort zu haben, an dem sie sitzen kann, ohne Nahrung, die sie essen kann, ohne einen Menschen außer dir, der sie aus dem Chaos des *Bardo* befreien oder sie vor der Gefahr einer schwierigen Wiedergeburt bewahren kann.

Denke auch an die Verwandten, die einen geliebten Menschen verloren haben. Sie können in dieser Situation nur sehr wenig tun. Ihre ganze Hoffnung richtet sich auf dich. Meditiere aus der Tiefe deiner Liebe und deines Mitgefühls, und konzentriere dich darauf, daß die Übertragung gelingt. Andernfalls werden die Toten ebenso darunter leiden wie die Lebenden, und du wirst auch dir selbst schaden, indem du deine Pflicht ihnen gegenüber nicht erfüllst.«

Lama Tse Gons Unterricht konzentrierte sich nun nicht mehr darauf, mir das Lesen und Schreiben beizubringen, sondern er fing damit an, mir die Grundlagen für das Verständnis der Lehren Buddhas zu vermitteln. Ich empfing Initiationen für viele Meditationspraktiken, die mit bestimmten Gottheiten in Zusammenhang gebracht werden, darunter Chakrasamvara, Vajra Yogini und die Zorn-Form von Guru Rinpoche (Padmasambhava). Meine Mutter übermittelte mir einen wahren Schatz von Langlebenspraktiken.

Eine bestimmte Praxis empfing ich auf eine äußerst ungewöhnliche Weise. Eines Tages ging ich zusammen mit Lama Tse Gon zu einem Ort in der Nähe der Tenp'hel Gonpa, wo in einem kleinen Gebäude *Satsas* aufbewahrt wurden, kleine gegossene Bilder, deren Herstellung für Tibeter eine spirituelle Praxis ist. Außerdem wurden in jenem Gebäude überzählige Seiten von Dharma-Texten gesammelt. Tibetische Schriften bestehen aus rechteckigen Papierstücken, die ungebunden zwischen zwei harten Deckplatten aufbewahrt werden. In diesen Büchern liegen manchmal Seiten an einer falschen Stelle und sind überzählig. Da Tibeter jedes einzelne Wort des Dharma – der kostbaren Lehren des Buddha – als heilig ansehen und ihm deshalb Achtung entgegenbringen, bewahren sie solche überzähligen Seiten aus Schriften an einem besonderen Ort auf.

Als wir unser Ziel erreichten, stellten wir fest, daß das wunderschöne Wetter des späten Frühlings auch andere auf die Idee gebracht hatte, einen Ausflug zu diesem Ort zu machen. Lama Tse Gon mischte sich unter die versammelten Mönche und Dorfbewohner, die auf den Wiesen in einem Meer von Blumen standen und miteinander redeten und scherzten. Ich schloß mich den Kindern an, die im Lagerhaus herumkletterten und mit den *Satsas* spielten. Eine Seite eines Textes, die zwischen den *Satsas* gelegen hatte, fiel zu Boden. Plötzlich sah ich einen Mann in sehr merkwürdiger Kleidung. Er trug ein äußeres Gewand, das weder einer Mönchsrobe noch einer *Chuba*, wie Laien sie trugen, ähnelte, und auf seinem Kopf hatte er einen riesigen, sehr eigenartigen Hut mit einer gewaltigen Krempe. Niemand aus unserer Gegend würde sich kleiden wie dieser Fremde. Er schaute mich an und sagte: »Nyima Odzer!« Zuerst reagierte ich nicht, weil ich vergessen hatte, daß Nyima Odzer einer meiner Namen war. Tibeter haben oft mehr als einen Namen, weil man bei jeder Initiation, die man von einem großen Lama erhält, einen neuen Dharma-Namen bekommt.

»Nyima Odzer! Das ist für dich!« Er nahm die Textseite, die auf den Boden gefallen war, und gab sie mir. Sie enthielt die Beschreibung einer sehr kurzen Praxis der Meditationsgottheit Hayagriva. Dann verschwand der Fremde wieder. Ich ging mit den anderen Kindern zu den Erwachsenen zurück, und eines der Kinder fragte: »Wer war dieser Mann mit dem großen schwarzen Hut?« Niemand von den Erwachsenen hatte ihn gesehen, nur die Kinder. Alle fanden das sehr seltsam, denn das Gelände war so offen und übersichtlich, daß eigentlich jeder problemlos alles Kommen und Gehen beobachten konnte. Dann zeigte ich die Textseite, die der Mann mir gegeben hatte. »Vielleicht ist das ein Zeichen dafür, daß du dich dieser Praxis widmen solltest«, vermutete Lama Tse Gon. Es gelang mir zwar nicht sofort, mir die Initiation für diese Praxis und damit die Erlaubnis, sie auszuführen, zu beschaffen, aber schließlich erhielt ich sie, und die Praxis wurde dann auch wirklich sehr wichtig für mich.

LAMA TSE GON wurde dazu bestimmt, die Leitung eines Drei-Jahres-Retreats zu übernehmen, das mehrere Lamas und Mönche in der Tenp'hel Gonpa begannen, als ich acht Jahre alt war. Ich begleitete ihn und hörte zu, während er den Teilnehmern Belehrungen für die vorbereitenden Übungen gab. Fast jeder Praktizierende beginnt die Praxis des tibetischen Vajrayana-Buddhismus mit vier Kontemplationen: über die Kostbarkeit der menschlichen Geburt, die das Streben nach spiritueller Vollkommenheit und das Erreichen dieses Ziels erst ermöglicht; über Vergänglichkeit und Tod; über das karmische Gesetz von Ursache und Wirkung und über die Allgegenwart des Leidens bei allen Wesen, die in den verschiedenen Existenzbereichen gefangen sind und die durch Täuschung, Anhaftung und Aversion konditioniert werden. Ich vertiefte mich sehr in diese vier Themenbereiche, doch die Kontemplation über Vergänglichkeit und Tod bewirkte die größten Veränderungen in meinem Geist. Durch intensive Beobachtung des Spiels der Phänomene sah ich schließlich regelrecht, daß ihnen allen jede Stabilität, jede Festigkeit und jeglicher unveränderliche Kern fehlt. Ich erlebte das Traumartige aller Dinge. Mein Verständnis konnte einen Gesteinsbrocken oder ein Stück Eisen durchdringen, und mir war dann unmittelbar klar, wie die Bestandteile dieser Phänomene zusammengekommen waren, wie sie sich miteinander verbunden hatten und wie sie sich wieder auflösen würden. Verbindungen, die irgendwann einmal entstanden sind, bleiben nie für alle Zeiten erhalten. Indem wir uns das Wesen der Vergänglichkeit vergegenwärtigen, können wir die Anhaftung auflösen. Ich gelangte damals zwar nicht zu einer so tiefen Realisation, doch verließ ich mich von jenem Zeitpunkt an zumindest nicht mehr völlig auf die Scheinwahrheit der Welt gewöhnlicher Phänomene.

DER ALTE BARDE war blind und hatte keine Beine, doch wenn er die Gesänge über Gesar anstimmte, lebten wir in seinen Geschichten. Er konnte sie einen Monat lang singen, ohne sich jemals zu wiederholen. Wir verehrten Gesar sehr, jenen sagenhaften Krieger, der durch seine Schlachten einen ansehnlichen Teil Zentralasiens erobert und dessen spirituelle Fähigkeiten seinen Bundesgenossen ebenso wie seinen

Feinden die Befreiung gebracht hatte. Wir lachten über Gesars listigen Onkel, der die Rolle des aufsässigen Narren gespielt und Gesar den Widerstand geboten hatte, den dieser brauchte, um sich weiterentwickeln zu können. Wir verfolgten genau jede Wendung der diplomatischen Verhandlungen und jede Schlacht, als wären wir selbst daran beteiligt und als wäre sie deshalb für uns persönlich von höchster Wichtigkeit. Da sich die Region um die Tenp'hel Gonpa im Herzen von Gesars Königreich befand, machten diese Geschichten das Land für mich zu einer so lebendigen Erfahrung, daß ich die trommelnden Hufe der wunderschönen Pferde und die eindrucksvolle Erscheinung der schmucken Krieger vor mir zu sehen glaubte.

Die Geschichten über Gesar weckten mein Interesse an Waffen. Ich hatte einen Bogen und Pfeile, und ich traf unbewegte Ziele sehr gut. Es war für mich keineswegs ein Tabu, auf Tiere zu schießen, doch weil ich es nicht ertragen konnte, sie anzuschauen, während ich auf sie schoß, habe ich glücklicherweise nie eines getroffen. Allerdings habe ich einmal mit voller Absicht auf einen Menschen gezielt und hatte tatsächlich vor, ihn zu töten: den Gefährten meiner Mutter – meinen Stiefvater Sodga. Sodga war ein bemerkenswert gutaussehender Mann und mir gegenüber immer sehr freundlich und gütig. Außerdem hatte er einen sehr hohen Grad spiritueller Realisation erreicht und war in seinem ganzen Leben ein vorbildlicher Übender des Dharma gewesen. Doch seine bloße Existenz war für mich eine unerträgliche Herausforderung, weil ich ihn als massive Bedrohung meiner starken Verbindung zu meiner Mutter ansah. Er wurde zum Katalysator für die Gifte in meinem Geist, die durch meine Gefühle ihm gegenüber aktiviert wurden und sich schließlich in einer gewaltigen Explosion manifestierten. Der Auslöser der Katastrophe war, daß Sodga einen Sack mit Süßigkeiten zugebunden hatte.

Besucher brachten meiner Mutter oft getrocknete Früchte, Kandisstückchen, getrockneten Käse oder Gebäck mit. Einige der von mir hochgeschätzten Köstlichkeiten kamen sogar aus China. Meine Mutter steckte alle diese Gaben in einen Sack, und ich konnte mir daraus jederzeit nehmen, was ich wollte. Als Sodga zu uns zog, band er diesen Sack zu. Er weigerte sich nie, mir etwas daraus zu geben, aber ich mußte ihn immer zuerst fragen, weil er die Gaben in seiner Praxis als Opfer für ein Mandala von Gottheiten benutzte. Doch beeindruckte mich seine Großzügigkeit zu jener Zeit nicht sonderlich. Für mich zählte nur, daß der Sack mit den Köstlichkeiten nun zugebunden war. Deshalb beschloß ich, Sodga umzubringen.

Als er eines Tages an einem Fenster des Hauses saß und von außen oberhalb der Fensterbank nur gerade eben sein Hinterkopf zu sehen war, zielte ich mit meinem Pfeil auf seinen geschorenen Schädel und schoß. Dann rannte ich um mein Leben. Als ich ungefähr hundert Meter entfernt war, schaute ich mich um. Doch sah ich nicht, wie erwartet, den zusammengesunkenen Körper meines Stiefvaters, sondern dieser stand gesund und munter da und krümmte sich vor Lachen. Als er sah, daß ich guckte, deutete er auf mich und lachte dann noch heftiger. Ich traute meinen Augen kaum und wäre am liebsten im Erdboden versunken. Mein Schuß hatte nicht getroffen, und mein Feind lebte noch und lachte mich zu allem Überfluß auch noch aus – was für eine unglaubliche Blamage für mich, dessen Ideal das Bild des Kriegers war! Tatsächlich hatte ich keineswegs danebengeschossen, der Pfeil hatte Sodga gestreift, dann aber die Richtung geändert und war schließlich in einem Balken steckengeblieben. Mein Stiefvater verfügte über außergewöhnliche spirituelle Kräfte, und es war ihm offenbar nicht bestimmt, durch den Pfeil eines eifersüchtigen Kindes zu sterben.

Zunächst geschah daraufhin nichts, weil meine Mutter nicht zu Hause war. Doch als sie zurückkam und ich zu ihr lief, um sie zu begrüßen, schlug sie mich. Ich glaube nicht, daß Sodga selbst ihr etwas über den Vorfall erzählt hatte, aber offensichtlich hatten andere dies getan, und sie war unglaublich wütend auf mich. »Warum? Warum? Warum hast du das getan?« fragte sie, schüttelte mich und schlug mich mehrmals mit der bloßen Hand. Ich antwortete ihr so etwas wie: »Ich bin dein einziger Sohn, und wenn du meinst, daß dieser Mann wichtiger für dich ist, als ich es bin, werde ich fortgehen.« Dann riß ich mich von ihr los und rannte aus dem Haus.

Es war schon spät am Nachmittag, als ich den Berg hinter unserem Haus hinaufkletterte. Ich kletterte ziemlich lange und stieg immer höher, entfernte mich aber nicht besonders weit. Wenn ich in die Tiefe schaute, sah ich unser Haus auf dem Felsvorsprung, das lange Tal darunter und die weit unter mir dahinziehenden winzigen Yaks und Pferde. Die Nacht war nicht mehr fern. Ich hatte vor, zum Haus unseres Hirten zu gehen und fürs erste dortzubleiben. Plötzlich hörte ich in der Stille des Gebirges Pferde. Zwei Männer ritten auf mich zu. »Komm mit uns, Tulku«, sagte einer von ihnen. »Deine Mutter will, daß wir dich nach Hause bringen, und es ist schon fast dunkel.« Dann stieg er ab, und ich ließ mich von ihm ohne jeden Widerstand in den Sattel heben. Er nahm die Zügel in die Hand, um mein Pferd zu führen, und wir machten uns schweigend auf den Rückweg. Als meine Mutter mich sah, nahm sie mich in die Arme, und wir weinten beide. Über meinen Pfeilschuß wurde kein Wort mehr verloren. Sodga beschloß, mich im *Bodhicharyavatara* zu unterrichten, einem klassischen Text von Shantideva. In ihm werden alle Aspekte des rechten Verhaltens eines Bodhisattva als erwachter Krieger beschrieben, der jeden Augenblick auf dem Pfad zur Erleuchtung nutzt, um zum Wohle anderer Wesen zu wirken. Diese Belehrungen waren für mich eine wundervolle Erfahrung.

MEINE STIEFSCHWESTER, die meine Mutter von Sodga empfing, wurde mitten im Winter geboren, als ich zehn Jahre alt war. Als Lama Tse Gon am Morgen ihrer Geburt zum Haus meiner Mutter ging, fand er eine Blume, die im Schnee blühte. Alle waren sich einig, daß dies ein glückverheißendes Omen sei. Es zeigte sich bald, daß meine Schwester ein ungewöhnliches Kind war. An manchen Tagen wachte sie fröhlich auf, sang laut ihr Mantra und übte sich mit ungeheurer Energie im Niederwerfen. An anderen Tagen stand sie mürrisch in einer Ecke, brummte vor sich hin und bekam einen Wutanfall, sobald sich ihr irgend jemand näherte.

Ebenso wie vor meiner Geburt erhielt meine Mutter auch vor der Geburt meiner Schwester Hinweise darauf, daß ein ungewöhnliches Kind auf dem Weg in die Welt sei. In einem Gebiet, das einen Fünftageritt von der Tenp'hel Gonpa entfernt lag, lebte damals eine seltsame Frau namens Ugdrön unter einer Brücke. Sie war sehr gut genährt und regelrecht fett, obwohl sie von niemandem Nahrung erhielt oder anderweitig unterstützt wurde. Auch ihr Hund war fett und gesund, obwohl niemand ihn jemals hatte fressen sehen. Die Bewohner des nahegelegenen Dorfes mochten Ugdrön nicht, und sie fürchteten sie sogar, ließen sie aber in Frieden, bis irgendwann eine besonders lange Dürre die Region heimsuchte. In ihrer Verzweiflung verfielen die Dorfbewohner auf den Gedanken, daß jene Frau eine Dämonin und die Ursache ihres Leidens sei. Daraufhin sammelte sich eine Menschenmenge und stürmte zu der Brücke, unter der Ugdrön sich gewöhnlich aufhielt. Die Leute packten sie, fesselten sie und warfen sie in den Fluß, um sie zu ertränken. Doch zu ihrer Verblüffung sank Ugdrön nicht, sondern trieb stromaufwärts.

Eine heftige Diskussion entbrannte. Diejenigen, die es nicht für ratsam hielten, Ugdrön weiter den Fluß hinauftreiben zu lassen, gewannen schließlich die Oberhand. Sie fischten die Frau aus dem Wasser und befreiten sie von ihren Fesseln. Dann fragten sie ihretwegen mehrere hohe Lamas um Rat. Die Lamas sagten, sie sei keine Dämonin, sondern eine Emanation der Göttin Dorje P'hagmo. Von diesem Zeitpunkt an ließen die Dorfbewohner die Frau in Ruhe und behandelten sie mit Respekt. Wenn Pilger die Brücke überquerten, segnete Ugdrön sie und fragte sie nach ihrem Namen und ihrer Herkunft. Wenn sie daraufhin antworteten, beschrieb Ugdrön ihren Familienstammbaum über mehrere Generationen zurück, einschließlich der Daseinsbereiche, in denen die Verstorbenen wiedergeboren worden waren. Eines Tages brach eine Gruppe von der Tenp'hel Gonpa zu einer Pilgerreise auf, um eine berühmte *Stupa* zu besuchen, die eine Tagereise von Ugdröns Brücke entfernt lag. Als die Pilger die Brücke überquerten, rief Ugdrön ihnen zu: »Sagt meiner Mutter, Delog Dawa

Drolma, daß ich hier kein Jahr mehr bleibe. Ich werde sie bald besuchen.« Als die Pilger zur Tenp'hel Gonpa zurückkehrten, überbrachten sie meiner Mutter diese Botschaft. Später traf die Nachricht ein, Ugdrön sei gestorben, und kurz darauf wurde meine Mutter schwanger und gebar meine Stiefschwester. Diese wurde T'hrinlay Wangmo genannt, »Mutter machtvoller Aktivität«.

LAMA TSE GON gab mir jeden Tag eine kurze formelle Belehrung, die ich am folgenden Tag wiederholen mußte. Auf diese Weise stellte er fest, ob ich sie verstanden hatte. Außerdem nahm ich auch weiterhin an Belehrungen teil, die er den Teilnehmern des Drei-Jahres-Retreats gab. Als das Retreat sich seinem Ende näherte, teilte er mir mit, beim nächsten Drei-Jahres-Retreat solle ich die Teilnehmer in den vorbereitenden Übungen unterrichten, den Grundlagen aller Übungen des tibetischen Vajrayana-Buddhismus. Ich nahm mir die damit verbundene große Verantwortung sehr zu Herzen und vertiefte mich intensiver in die Belehrungen, die ich selbst empfing.

4

Retreat

DER GESANDTE DES KÖNIGS VON DEGE bat meine Mutter, in seine Region zu kommen und dort eine Zeremonie durchzuführen. Diese Einladung ehrte ihr Ansehen als Lama und die Tenp'hel Gonpa als das Kloster, dem sie sich verbunden fühlte. Deshalb wurde sie sehr feierlich verabschiedet.

Dege war das wichtigste Regionalreich Ost-Tibets und der Stützpunkt der tibetischen Zentralregierung. Außerdem befand sich dort das große Kloster Dege Gönchhen, dessen Druckerei eine der besten in ganz Tibet war. In dieser Druckerei war eine Ausgabe des *Kanjur*, des buddhistischen Kanons, entstanden, die wegen der ausgezeichneten Qualität ihrer hölzernen Druckstöcke und wegen ihrer editorischen Qualität und Korrektheit immer noch gerühmt wird.

Nach Abschluß der Zeremonie wendete sich meine Mutter an die Familie des Ministers: »Da alles in dieser Welt vergänglich ist, vermag niemand zu sagen, wie lange mein Körper noch erhalten bleiben wird. Deshalb bitte ich euch, die ihr aus einer so edlen Familie stammt, für das Wohl meiner beiden Kinder zu sorgen, falls ich sterben sollte.« Die Familie erklärte sich bereit, diese Bitte zu erfüllen.

Als diese Äußerung in der Tenp'hel Gonpa bekannt wurde, verbreitete sich die Befürchtung, der Tod meiner Mutter stehe unmittelbar bevor, und die Bewohner entwickelten eine gewisse Befangenheit im Umgang mit ihr. Ich war gerade erst elf Jahre alt geworden, und meine Mutter und Lama Tse Gon zerstreuten meine Ängste, daß meine Mutter in naher Zukunft sterben könne, indem sie meine Aufmerksamkeit auf mein bevorstehendes Drei-Jahres-Retreat konzentrierten.

Lama Tse Gon hatte mir bereits vor längerer Zeit angekündigt, daß ich den Teilnehmern Belehrungen über die vorbereitenden Übungen geben solle, doch nun sagte meine Mutter, ich solle selbst an dem Retreat teilnehmen. Obgleich das Drei-Jahres-Retreat ein fester Bestandteil der Ausbildung jedes Lama ist, hätte ich wahrscheinlich noch die drei Jahre bis zum Beginn des nächsten Retreats gewartet, wenn meine Mutter Lama Tse Gon nicht gedrängt hätte, mich schon an dem in wenigen Monaten beginnenden Retreat teilnehmen zu lassen.

Im elften Monat des Jahres, mitten im tiefsten Winter, begann das Retreat. In der Nacht davor hatte ich einen schrecklichen Traum. Eine nackte, lasterhafte Frau, die in ihrer rechten Hand ein schwarzes Tuch schwang, jagte mich, und mir war klar, daß ich in großer Gefahr schwebte. Ich wachte sehr verängstigt auf und konnte den Rest der Nacht nicht mehr einschlafen. Lama Tse Gon war der Meinung, die Frau in meinem Traum sei Galama gewesen, eine lokale Erddämonin. Obwohl dieser Traum kein günstiges Vorzeichen war, begann ich am folgenden Tag mit dem Retreat.

Die nächsten drei Jahre meines Lebens verbrachte ich im Retreat-Haus der Tenp'hel Gonpa, das am Rande des klösterlichen Anwesens stand. An diesem Gebäude gab es keine Fenster, die der Außenwelt zugewandt waren. Die kleinen Räume, in denen die Retreat-Teilnehmer wohnten, waren nur zu einem Hof hin geöffnet. Für das gesamte Retreat galt die strikte Regel, daß keiner der Teilnehmer etwas von der Außenwelt sehen und auch nicht von Menschen in der Außenwelt gesehen werden durfte. Das Gebäude war so angelegt, daß dies möglich war. Ein offener Schuppen, der uns als Latrine diente, war von einer hohen Mauer umgeben. Wir waren zu siebt: Lama Tse Gon, Lama Atse, ich, zwei weitere Mönche, der *Gonla* – der Mönch, der ständig die Praktiken für die Dharma-Beschützer ausführte, um die Übenden auf ihrem Pfad zu schützen – und ein Diener. Der Diener kümmerte sich um den Altar und brachte jeden Tag in 108 Schalen Wasseropfer dar. Außerdem versorgte er uns mit Essen und anderen Dingen, die wir brauchten, und er trug auf seinem Rücken das Wasser in das Retreat-Haus und auch wieder hinaus.

Unser Tagesablauf war von einer Folge formeller Meditationssitzungen bestimmt. Am Anfang jeder Sitzung forderte uns ein Gong zum Schweigen auf, und er unterbrach auch am Ende der Sitzung die meditative Stille. Die erste Sitzung begann sehr früh, um drei oder vier Uhr morgens. Dann folgte das Frühstück. Die Frühstücksvorbereitungen waren schon am Vorabend getroffen worden. Ein mit einer dicken Schicht Yak-Dung ausgekleideter Tontopf wurde mit Kohle gefüllt, die während der Nacht langsam brannte. Über diesem Topf hing ein riesiger Kessel, gefüllt mit Wasser und einer Handvoll Teeblättern, und dies alles wurde zwecks Isolierung mit einem schweren Stück Stoff abgedeckt.

Am Morgen wurden Milch und Butter in den dampfenden Tee gegeben, und der so angereicherte Tee wurde mit *Tsampa* vermengt, geröstetem Gerstenmehl, welches das Hauptnahrungsmittel aller Tibeter ist. Wir aßen *Tsampa* mit getrocknetem Käse oder mit Joghurt dreimal am Tag. Wenn wir etwas getrocknetes Fleisch dazu bekamen, so war das ein Glücksfall. Jeden Tag nach dem Frühstück erfüllten wir die Bitten in der Nähe wohnender Einheimischer, für sie Gebete zu sprechen oder Opferzeremonien durchzuführen, um das Leiden Kranker, Sterbender und kürzlich Verstorbener zu lindern. Wenn zahlreiche Bitten vorlagen, konnte sich die zu diesem Zweck ausgeführte Feueropferzeremonie bis weit in den Morgen hinziehen. Im weiteren Tagesverlauf widmeten wir uns unserer Hauptpraxis, die im Laufe des Retreats wechselte. Zwischendurch gab es kurze Pausen zum Teetrinken und Mittagessen. Nach dem Mittagessen gingen wir oft auf das Dach des Gebäudes, um aus den Wasserschalen Sediment zu entfernen, das sich darin angesammelt hatte, und um die Schalen zu polieren, bis sie in der Mittagssonne glänzten.

Am Ende der Meditationssitzung am Nachmittag sprachen wir Gebete zum Wohl der Toten und riefen die Dharma-Beschützer an. Diese Praxis wurde vom Klang der Trommeln, Hörner und Trompeten begleitet. Wenn dieser Klang die Meditationshalle erfüllte und sich mit dem schwindenden nachmittäglichen Licht vermischte, entstand eine ehrfurchtgebietende Stimmung. Das Abendessen war nur kurz, und ihm folgte die letzte Meditationssitzung des Tages, die wir mit der *Chöd*-Praxis abschlossen.

Jeden Abend, wenn ich mich zum Schlafen in meine Meditationskiste legte, bat ich Lama Tse Gon, dessen Kiste neben der meinen stand, mir eine Geschichte zu erzählen. Er weigerte sich nie, dies zu tun, und erzählte mir immer wieder meine Lieblingsgeschichten. Er kannte eine Geschichte über wilde Tiere, einen Hund und einen Regenwurm, die sehr poetisch war. Sein Vortrag war eine Mischung zwischen Rezitation und Gesang, und sein Sprechrhythmus gefiel mir sehr. Er muß mir diese Geschichte mehr als hundert Mal erzählt haben, doch ist sie mir leider vollständig entfallen.

Obgleich Lama Tse Gon während des Retreats mein Lehrer war, wurde auch für mich im Altarraum ein kleiner Thron aufgebaut, und ich lehrte die vorbereitenden Übungen, die ich Lama Tse Gon während des vorangegangenen Retreats hatte lehren hören. In den ersten vier Wochen widmeten wir uns der Praxis des Zorn-Aspekts von Guru Rinpoche, einer sehr wirksamen Methode zur vollständigen Auflösung von Täuschungen und zur Beseitigung von Hindernissen, die aus ersteren entstehen. In unserer Praxis konzentrierten wir uns insbesondere auf die Beseitigung von Hindernissen, die die positiven Wirkungen unseres Retreats hätten hinfällig machen können.

Dann begannen wir mit den vorbereitenden Übungen, indem wir über vier Themen meditierten: die Kostbarkeit unserer menschlichen Geburt, Vergänglichkeit, Karma und Leiden. Im Anschluß daran warfen wir uns insgesamt hunderttausendmal vollständig zu Boden, während wir gleichzeitig die Objekte der spirituellen Zuflucht visualisierten und ein Zufluchtsgebet rezitierten. Es ist dies eine sehr anstrengende Übung, die einige Monate erfordert. Das Sich-Niederwerfen ist ein körperlicher Ausdruck des Zufluchtsgebets. Es dient dazu, die untugendhaften Handlungen zu tilgen, die durch inadäquaten Gebrauch des eigenen Körpers entstanden sind. Gleichzeitig sollen dadurch der Buddha als der vollkommene Lehrer, das Dharma als die vollkommene Lehre und die Sangha – die Gemeinschaft der Buddhisten, die der Lehre gemäß leben – als tugendhafte Gefährten auf dem Pfad geehrt werden. Manchmal war ich mit tiefer Motivation und mit ganzem Herzen bei meiner Übung, und meine Visualisation und Rezitation waren dann dementsprechend intensiv. Zu anderen Zeiten führte ich die Übungen möglichst schnell und eher mechanisch aus.

Lama Tse Gon war viel größer als ich, weshalb er wesentlich länger brauchte als ich, um sich einmal niederzuwerfen. Deshalb zählte jeder von uns die Wiederholungen für sich. Dies gab mir die Möglichkeit zu schummeln, was ich dann auch gelegentlich tat. Abgesehen von gewissen Freiheiten, die ich mir manchmal beim Zählen des Niederwerfens und der Mantra-Rezitationen erlaubte, schaute ich auch hin und wieder durch ein kleines Loch in der Latrinenwand in die Außenwelt, was eindeutig ein Verstoß gegen die Retreat-Regeln war. Wenn ich tagsüber außerhalb des Retreat-Gebäudes Kinder spielen hörte, waren meine Gedanken sogleich bei ihnen. Ich hätte nur zu gerne mit ihnen gespielt und sinnierte darüber, wie glücklich sie doch waren, weil sie draußen spielen konnten, während ich in diesem Gebäude bleiben mußte. In solchen Augenblicken fühlte ich mich wie eingesperrt.

ETWA VIER MONATE nach Beginn des Retreats traf ein Botschafter mit einer Nachricht ein, die meine Kindheit völlig veränderte. Der Tod meiner Mutter war für mich ein schwerer Schock. Sie war noch jung, in den Dreißigern, und ich hatte nicht einmal gewußt, daß sie krank gewesen war. Als Lama Tse Gon die Nachricht erhielt, verließ er sofort das Retreat, um die Vorbereitungen für die Sterbezeremonien zu treffen. Auch ich unterbrach das Retreat. Ich mußte an all diesen Zeremonien teilnehmen und meine Mutter ein letztes Mal sehen.

Drei Tage lang wurde ihr Körper nach ihrem Tod nicht angerührt. Dann wurde er in Safran-Wasser gewaschen, in weißes Tuch gehüllt, in der Haltung der Weißen Tara aufgesetzt, und ihr Kopf wurde mit einer Krone und dem Schmuck der Göttin versehen. Weitere fünf Tage lang kamen Hunderte von Menschen, um zu beten und ihr, die ihr ganzes Leben dem Wohle anderer gewidmet hatte, die letzte Ehre zu erweisen. Sie hatte einen tiefen Einfluß auf das Leben all dieser Menschen gehabt – hatte sie und ihre Kinder geheilt, für ihre verstorbenen Verwandten gebetet und ihnen geholfen, Hindernisse aller Art zu beseitigen. Weil sie eine *Delog* gewesen war, glaubten einige Leute, sie würde noch einmal zum Leben erwachen. Doch Tonpa Tulku sagte hierzu: »Sie wird nicht mehr zurückkehren. Sie ist nun in Guru Rinpoches Reinem Land, und dort wird sie fürs erste bleiben.«

Der Körper meiner Mutter wurde auf dem Dach ihres Hauses eingeäschert. In jeder der vier Himmelsrichtungen saß ein Lama und führte die Praxis aus, die beim Tode eines Menschen durchgeführt werden muß. Der physische Körper meiner Mutter verblieb viele Tage lang in der Meditationshaltung und brach auch im Bestattungsfeuer erst in sich zusammen, als er schon fast vollständig zu Asche geworden war. Regenbogen erschienen spontan am klaren, blauen Himmel, und fünf Geier umkreisten das Bestattungsfeuer und flogen dann zusammen davon. Vier oder fünf fingernagelgroße Reliquien wurden in der Asche gefunden. Dies waren Zeichen für den hohen Grad der Realisation meiner Mutter und dafür, daß sie den Tod und die gewöhnliche Wiedergeburt überwunden hatte.

Während ich die klagenden Trauergäste, die Sterbezeremonien und das Bestattungsfeuer betrachtete, erschien mir all dies völlig hohl und leer. Der Körper meiner Mutter, mein eigener Körper, die Welt, die mich umgab – all dies war von einem unergründlichen Gefühl der Unwirklichkeit durchtränkt. Ich dachte bei alldem an nichts, und ich weinte auch nicht.

Lama Tse Gon sagte zu mir: »Als deine Mutter krank wurde, hat sie deinem Stiefvater und anderen, die zugegen waren, gesagt, ich solle dir die folgende Botschaft übermitteln: Als sie mit dir schwanger war, hatte sie zwei Träume. Im ersten davon kam ein roter Mann mit einem Pferdekopf und verschmolz mit ihrem Magen. Im zweiten Traum war ein Wesen mit vielen Köpfen in ihr, und jeder dieser Köpfe widmete sich einer anderen Aktivität. Der eine spielte auf einem Muschelhorn, ein zweiter sang, ein dritter lehrte, und so weiter, und jede dieser Aktivitäten wandte sich an andere Zuhörer, die jedoch alle gleichermaßen inspiriert waren.

Deine Mutter hat mich gebeten, dir zu sagen, diese Träume zeigten sehr deutlich, daß du in deinem Leben ungeheuer wohltätig für andere wirken kannst. Doch sagte sie auch, zuvor müßtest du dich der Disziplin der Praxis widmen, um dich von der gewöhnlichen, egoistischen Perspektive zu befreien und die absolute Natur des Geistes zu erkennen. Wenn du in der Lage bist, in der Erkenntnis des Absoluten zu verweilen, wird dein Wirken anderen in ungeheurem Maße zugute kommen.«

Als alle Zeremonien beendet waren, kehrte ich ins Retreat zurück. Kurz darauf traf mein Onkel Tromge, der Bruder meiner Mutter, in der Tenp'hel Gonpa ein. Er hatte eine vier- oder fünftägige Reise von Tromt'har hinter sich und war gekommen, um meine Schwester und mich mit sich zu nehmen.

Mein Stiefvater war damit nicht einverstanden, und sie gerieten in einen heftigen Streit. Nach dem Willen meines Stiefvaters sollte ich das Retreat abschließen, bevor irgend etwas anderes entschieden wurde. Und seine Tochter wollte er selbst aufziehen. Mein Onkel beharrte jedoch darauf, daß er nach dem Tod unserer Mutter die Verantwortung für uns habe. Schon damals und obwohl ich noch ein Kind war, habe ich mich gefragt, ob er nicht in Wahrheit völlig andere Motive hatte. Mein Onkel war sehr an Besitztümern interessiert, und da er eine große Familie hatte, konnte er Reichtum natürlich auch sehr gut gebrauchen. Und meine Mutter hatte im Laufe ihres Lebens einen ansehnlichen Besitz zusammengetragen.

Der Streit darüber, ob meine Schwester und ich bleiben oder mit meinem Onkel abreisen sollten, spitzte sich noch weiter zu, als die

Mönche und Lamas der Tenp'hel Gonpa hörten, warum mein Onkel gekommen war. Sie wollten uns nicht gehen lassen und vertraten ihren Standpunkt sehr vehement. Mein Stiefvater, ein weiser und friedliebender Mensch, sagte schließlich, ich sei alt genug, um selbst eine Entscheidung zu treffen.

Eine große Delegation, darunter auch mein Stiefvater und mein Onkel, kam zum Eingang des Retreat-Gebäudes. Ich wurde aus der Meditation geholt, um mit den Besuchern zu reden. »Tulku«, sagte einer von ihnen, »du bist jetzt elf, und deine Mutter ist tot. Dein Onkel möchte dich mit sich nehmen. Dein Stiefvater möchte, daß du bleibst. Was möchtest du selbst?«

Meine Antwort war die erste wichtige Rede, die ich in meinem Leben gehalten habe, und was ich sagte, beruhte nicht auf meiner kindlichen Erfahrung, sondern entsprang tiefem Verstehen. »Ich gehe nicht mit ihm«, antwortete ich. »Meine Mutter hat uns in diese Region gebracht, und sie hat das Haus gebaut, in dem mein Stiefvater und meine kleine Schwester zur Zeit leben. Wir würden sie nicht gebührend ehren, wenn wir diesen Ort jetzt verlassen. Meine Mutter hat ihren Tod kommen sehen, und auf ihren Wunsch hin habe ich mit diesem Retreat begonnen, bevor sie starb. Es wäre eine Mißachtung ihrer Wünsche, wenn ich das Retreat vorzeitig abbrechen würde.«

Ich bedankte mich auch beim Repräsentanten des Ministers von Dege, der gekommen war, um das Versprechen seines Herrn zu erfüllen, für meinen Stiefvater, meine Stiefschwester und mich zu sorgen, doch ich sagte ihm, daß wir seine Hilfe nicht benötigten.

»Was den Besitz meiner Mutter betrifft«, fuhr ich fort, »so brauche ich ihn nicht. Ich glaube, ich verfüge über ein Karma, das es mir ermöglicht, mir Nahrung und Kleidung selbst zu beschaffen. All die Geschenke, die Menschen meiner Mutter für ihre Gebete und ihre Hilfe gegeben haben, möchte ich nun für das Wohl aller Wesen opfern.

Meine Mutter hatte vor, eine Gebetsmühle bauen zu lassen, die zehn Millionen Hundert-Silben-Mantras des Vajrasattva enthalten sollte. Sie hat ihren gütigen Wohltäter Gerong Drilo gebeten, sie fertigzustellen, falls sie vor der Verwirklichung dieses Plans sterben oder falls sie aus anderen Gründen nicht in der Lage sein sollte, ihn umzusetzen.«

Dann wandte ich mich an Drilo: »Dich, Drilo-la, bitte ich, den Besitz meiner Mutter in deine Obhut zu nehmen, einschließlich ihrer Yak- und Schafsherden, alles zu verkaufen und die Arbeiten an der Fertigstellung der Gebetsmühle zu beaufsichtigen. Wenn alles Geld, was du aus dem Besitz meiner Mutter erlöst hast, für diesen Zweck aufgebraucht worden ist, dann komme bitte deiner eigenen Verpflichtung ihr gegenüber nach und begleiche alle darüber hinaus notwendigen Ausgaben selbst.«

Zehn Millionen Vajrasattva-Mantras drucken zu lassen war sehr kostspielig. Schon allein das Papier kostete fast 13.000 Silbermünzen, was selbst für Wohlhabende eine beträchtliche Summe war. Das Papier wurde mit Yaks aus China herbeigeschafft, eine Reise, die viele Monate dauerte. Das Gebäude, in dem die Gebetsmühle aufgestellt werden sollte, sowie auch die Gebetsmühle selbst wurden aus Holz gebaut. Wir lebten in so großer Höhe, daß man sieben Tage reisen mußte, um überhaupt Holz zu finden – ein weiterer großer Kostenfaktor.

Nach dem Tod meiner Mutter dauerte es ganze zwei Jahre, bis die Gebetsmühle fertiggestellt war. Sie bestand aus einem gewaltigen, wundervoll bemalten Zylinder, der eine riesige Rolle gedruckter Mantras enthielt. Die Gebetsmühle wurde vertikal in einem eigens errichteten kleinen Gebäude aufgestellt, und die Besucher konnten sie umschreiten und den Zylinder drehen, indem sie beim Gehen einen Griff festhielten. Eine oben angebrachte Glocke ertönte bei jeder vollständigen Umdrehung.

Das Gebäude, in dem die Gebetsmühle stand, war nur gerade so groß, daß man sie umschreiten konnte. In ihm erlebten die Besucher das Pulsieren der rotierenden Mantras so, als würden sie die Alldurchdringendheit von Vajrasattvas reinigendem Wirken tatsächlich erfahren. Auf diese Weise wurde der Wunsch meiner Mutter erfüllt, allen, die diesen Ort aufsuchten und die dort aus tiefstem Herzen beteten, die Möglichkeit zu geben, sich von den verunreinigenden Gewohnheiten und Giften des Geistes zu reinigen und durch den Segen der Weisheit und des Mitgefühls, die von Vajrasattva ausgingen, in der angeborenen Reinheit der absoluten Natur ihres Geistes zu verweilen.

Der Tod meiner Mutter verstärkte in mir die Einsicht, daß es völlig unsinnig war, nach Vergänglichem zu greifen. Ich hatte meine Mutter geliebt und ihr vertraut, und mein Stiefvater, meine Schwester und viele andere hatten dies ebenfalls getan, und ihre Liebe und ihr Mitgefühl uns allen gegenüber waren unermeßlich gewesen. Doch trotz dieser starken Verbindung hatten wir alle sie nicht daran hindern können, sich letztlich unserem Greifen zu entziehen und zu sterben. Selbst ihre vom Tode unabhängige Weisheits-Realisation hatte nicht verhindern können, daß sie ihren physischen Körper verlor. Vor kurzem noch war meine Familie sehr reich gewesen. Nun war dieser ganze Reichtum, soweit ihn nicht die Lamas für die Durchführung der Sterbezeremonien erhalten hatten, für die Fertigstellung der Gebetsmühle verwendet worden. Alles war offenbar genau so, wie man es mich gelehrt hatte. Reichtum ist nicht dauerhafter als der Honig, den die Bienen sammeln.

So ließ meine Anhaftung nach, und mir erschloß sich der Reichtum und die Bedeutung des Dharma. Lama Tse Gons Botschaft über die Träume meiner Mutter spornten mich dazu an, intensiv zu praktizieren und zu der Realisation zu gelangen, die ich brauchen würde, um in diesem Leben zum Wohle anderer wirken zu können. Auch die Einäscherung meiner Mutter wirkte sehr inspirierend auf mich. Ich nahm mir vor, die spirituelle Kraft zu entwickeln, die es mir ermöglichen würde, ebenso makellos zu sterben wie sie.

NACH SECHS MONATEN im Retreat hatten wir die vorbereitenden Übungen abgeschlossen, mit Ausnahme des Guru-Yoga, der zentralen Meditationspraxis, in der die eigene Herzensessenz sich mit der Herzensessenz all jener verbindet, die die Realisation der absoluten Weisheit bereits erlangt haben, insbesondere mit der Herzensessenz des eigenen Lama. In dieser Zeit meditierten wir alle in unseren kleinen Zellen und versammelten uns erst in den letzten sieben Tagen im Altarraum, um die Praxis gemeinsam durchzuführen.

In den ersten Monaten meines Retreats war ich nicht besonders eifrig gewesen und hatte sogar beim Zählen des Niederwerfens und der Mantra-Rezitation geschummelt, doch nach dem Tod meiner Mutter wurde ich in meiner Praxis wesentlich entschlossener.

Den vorbereitenden Übungen folgten die Chakrasamvara- und die Vajra-Yogini-Praxis. Manchmal war ich sehr angespannt und wütend, doch nach einiger Zeit ließen diese Gefühle nach, und in meinen Träumen und Visionen tauchten gute Vorzeichen auf. Mehrmals träumte ich von Göttinnen, die mich umringten und mir Opfergaben anboten. Nach Abschluß dieser Übungen hatte ich einmal einen Traum, in dem sich Menschen zu einem großen Festmahl versammelten. Gesang erschallte, und ich genoß die riesigen Mengen und die Vielfalt der Speisen, die serviert wurden.

ZU EINEM BESTIMMTEN ZEITPUNKT des Retreats wurden wir gebeten, uns um das Wohl eines Gelehrten mit Namen Khanpo Tanrab zu kümmern, der sehr krank geworden war. Er war erst etwa fünfzig Jahre alt, doch der Onkel, der ihn bis dahin versorgt hatte, konnte diese Aufgabe aufgrund seines eigenen Alters nicht mehr auf die erforderliche Weise erfüllen. Der *Khanpo*, der sich weder allein im Bett umdrehen noch zur Latrine gehen konnte, benötigte sehr intensive Pflege. Wir stellten sein Bett an einen zentralen Platz im Retreat-Haus, so daß alle sich um ihn kümmern konnten. Wenn die *Puja* zu Ende war, gingen wir an sein Bett, um zu schauen, ob mit ihm alles in Ordnung war. Er verhielt sich mir gegenüber sehr gütig und liebevoll, und ich war gern in seiner Nähe. Er hielt dann meine Hand oder berührte ganz sanft meinen Arm.

Eines Nachts sah ich im Schlaf den Raum, in dem ich mich befand, sowie das Kloster und die umliegende Landschaft sehr klar, als ob ich wach wäre. Ein sehr mächtiger Mann näherte sich dem Kloster. Seine

Robe war mit Leopardenfell eingefaßt, er trug eine Kopfbedeckung aus Tigerfell, und in der Hand hielt er einen gewaltigen stabähnlichen Gegenstand mit silbernem Griff. Er kam direkt auf die Tür des Retreat-Hauses zu. Als er merkte, daß ich ihn sah, gab er mir durch Zeichen zu verstehen, ich möge stillbleiben. Dann berührte er mit seinem Stab mein Gesicht vom Mund bis zur rechten Wange. Anschließend ging er zu Khanpo Tanrab. Ich konnte nicht sehen, was er dort tat, doch sah ich ihn später mit einem Korb voller dicker Fleischbrocken weggehen.

Als ich am nächsten Tag aufwachte, entdeckte ich, daß an der Stelle, wo der Fremde mein Gesicht berührt hatte, eine fingerdicke Schwellung entstanden war. Lama Tse Gon bemerkte dies sofort, und als ich ihm von meinem nächtlichen Erlebnis erzählte, war er sehr besorgt. Er schickte eine Botschaft an Chagmo Tulku, den Abt des Klosters, mit der Bitte, dieser möge kommen, weil unser Retreat durch ein schwerwiegendes Hindernis bedroht werde. Als ich dem Abt mein Erlebnis schilderte, sagte er, der Mann sei ein Reichtumsdämon gewesen, und der Vorfall sei ein äußerst schlechtes Omen. Lama Tse Gon war sehr besorgt wegen Khanpo Tanrab. Er und die anderen Retreat-Teilnehmer beschlossen, am nächsten Morgen eine *Dur*-Praxis zur Beseitigung von Hindernissen durchzuführen.

Dem *Khanpo* schien es gutzugehen, und er rief mich an sein Bett. Doch ich fühlte mich nun nicht mehr wohl in seiner Nähe. Ich verspürte plötzlich eine so starke Abneigung gegen ihn, daß ich mich bemühte, jeden Kontakt zu ihm zu vermeiden. Sobald die *Dur*-Zeremonie am nächsten Morgen begann, verschlechterte sich der Zustand des *Khanpo* rapide. Es fiel ihm nun so schwer, sich zu bewegen, daß er kaum noch die Finger seiner rechten Hand, die auf seiner Brust lag, heben konnte. Sein Atem wurde schwerfälliger, und seiner Kehle entfuhr ein schauerliches, rasselndes Geräusch. Er starb am frühen Nachmittag, noch vor dem Ende der Zeremonie.

Im gleichen Augenblick veränderte sich das Wetter. Gewaltige Windböen wirbelten riesige Mengen von Sand auf und tosten durch das Tal. Die aufgewirbelten Sandwolken waren so dicht, daß es aussah, als wäre die Abenddämmerung schon angebrochen, obwohl tatsächlich erst Nachmittag war. Lama Tse Gon rief Tonpa Tulku herbei, jenen uralten Lama, für den meine Mutter die Langlebenszeremonie ausgeführt hatte, bei der es zu der wundersamen Vervielfachung der Kügelchen gekommen war. Als der *Tulku* eintraf, begann er aber nicht wie erwartet mit der Todespraxis. Um alle Hindernisse zu beseitigen, fing er statt dessen sogleich an, mit seiner gebrochenen, vom Alter stark gezeichneten Stimme die *Chöd*-Praxis von Dudjom Lingpa zu singen, die dieser als Reine Vision empfangen hatte.

Nachdem er den letzten Vers beendet hatte, klopfte es an der Tür, und es trat der Neffe von Tulku Gyurmed Namchag Dorje ein, jenem sehr alten und bettlägerigen Lama, dessen Leben meine Mutter durch ihren Umzug in die Nähe der Tenp'hel Gonpa verlängert hatte. Er war kurz aus dem Schlaf aufgewacht und hatte seinem Neffen gesagt: »Jetzt ist *Khanpo* gestorben. Sein Körper darf nicht über Nacht im Retreat-Haus bleiben. Ein Reiter muß sofort auf einem schnellen Pferd nach Futsu aufbrechen, um den *Chödpa* Asam herzubringen.« Dann war er wieder eingeschlafen.

Unmittelbar nachdem der Neffe diese Botschaft überbracht hatte, schickte Lama Tse Gon einen Reiter los. Unter den Anwesenden breitete sich daraufhin Angst aus, und wir führten die Todespraxis so schnell durch, daß dies ihre Wirkung beeinträchtigt haben könnte. Dann brachten wir den Leichnam in einen Vorratsschuppen hinter dem Gebäude und warteten auf den *Chödpa*. Wir fürchteten, daß ein Dämon sich des Körpers bemächtigen und ihn als eine Art Zombie wiederbeleben könnte, wenn der *Chödpa* nicht noch in der Nacht ankommen würde.

Er kam tatsächlich spät am Abend an und forderte uns auf, ihm in jenem Vorratsraum in der Nähe des Leichnams ein Bett zu bereiten. Mittlerweile war der Körper des Toten angeschwollen, und Blut trat daraus aus. Der *Chödpa* verbrachte die Nacht in dieser schaurigen Gesellschaft. Am nächsten Morgen war das Blut des Leichnams im ganzen Vorratsschuppen verspritzt, und der Körper des *Khanpo* hatte wieder normale Proportionen angenommen. Er erhielt eine Himmelsbestattung, bei der das Fleisch von den Knochen des Toten entfernt und den Geiern als letztes Opfer zum Fraß gegeben wird.

Viele waren der Meinung, der *Khanpo* sei wegen seiner Arroganz eines so schrecklichen Todes gestorben. Er war ein ausgezeichneter Gelehrter gewesen und hatte seine Mönchsgelübde strikt eingehalten. Doch war er auch ziemlich selbstgerecht gewesen und hatte häufig an den Menschen in seiner Umgebung herumgemäkelt. Diese Erfahrung prägte sich tief in meinen Geist ein. Als mir klar wurde, in welchem Maße Stolz nicht nur diejenigen, die diesen Wesenszug haben, verletzt, sondern auch andere, schwor ich mir, mein Leben lang wachsam zu sein, damit sich dieses Übel nicht auch in mir entwickeln würde.

ZU DIESEM ZEITPUNKT unseres Retreats fingen wir an, die sechs Yogas des Naropa zu praktizieren. Diese Übung erfordert das Erlernen vieler verschiedener Arten von Yoga-Haltungen und recht »athletischer« Meditationstechniken. Ich war ziemlich erfolgreich darin, vielleicht weil ich noch so jung und beweglich war, und diese Methoden wirkten sich sehr positiv auf mich aus. Lama Tse Gon war ein wundervoller Yoga-Lehrer, sehr elastisch und voller Energie. Wir erlernten eine Reihe von Übungen, bei denen es um die Aktivierung der Winde und Energiekanäle ging, unter anderem auch das Erzeugen innerer Hitze (*tummo*), Traum-Yoga, das Durchschauen des illusionären Wesens der alltäglichen Realität und die Meisterung der inneren Energie-Essenzen (*t'higlé*).

Lama Atse wollte an all diesen Yoga-Übungen ebenfalls teilnehmen, doch Lama Tse Gon versuchte, ihn davon abzubringen, weil er der Meinung war, daß dies in seinem Alter äußerst schwierig sein könnte. Doch Lama Atse wollte auf seine Warnungen und Ermahnungen nicht hören. »Ich *muß* es! Ich *muß* es! Ich will diese günstige Gelegenheit nicht ungenutzt verstreichen lassen. Ich werde alles tun, was erforderlich ist.« Lama Tse Gon lehrte uns die *Beps*, jenes kontrollierte

Fallen, das die subtilen Energiekanäle des Körpers öffnet. Als Lama Atse sich das erste Mal darin versuchte, fiel er gleich auf sein Steißbein. Während der nächsten sechs Tage konnte er kaum sitzen, ganz zu schweigen von der weiteren Teilnahme an den Yoga-Übungen.

Obgleich Lama Atse nicht besonders gut in der Ausführung der Yogas war, hat er durch seine außergewöhnlichen Qualitäten mein Retreat entscheidend bereichert. Er war ein *Siddha*, was bedeutet, daß er die unmittelbare Realisation der absoluten Wahrheit erreicht hatte. Fast jeden Tag unterbrach er die *Puja* an irgendeiner Stelle und erklärte mir ihre tiefere Bedeutung. Auf diese Weise erschlossen sich mir allmählich ungeheure Tiefen der Einsicht. In dieser Zeit hatte er zahlreiche Träume, in denen er mich die *Chöd*-Praxis in Begleitung vieler seltsam aussehender Menschen ausführen sah, deren Gesichter und Körper anders waren als die aller Menschen, die er jemals in seinem Leben gesehen hatte. Daran erinnerte ich mich, als ich Jahre später in Indien, Nepal und den Vereinigten Staaten *Chöd* praktizierte.

Jeden Abend brachte ich den Dharma-Beschützern Opfer dar, insbesondere Gesar, Tibets sagenhaftem Helden, und Tagtzan, dem Hauptbeschützer der Tenp'hel Gonpa. Dabei benutzte ich eine winzige Opferschale aus Keramik, die *Serkyem* genannt wird und die Lama Tse Gons Bruder aus China mitgebracht hatte. Als ich eines Abends in einem Zustand zwischen Wachen und Schlafen dalag, erschien plötzlich das ganze Tal vor meinen Augen. Eine riesige weiße Wolke schwebte am Himmel über einem Pferd, das sich mit donnernden Hufen und mit riesigen Sätzen von der rechten Seite des Tals näherte. Auf seinem Rücken saß ein wunderschöner, weiß gekleideter Mann mit einer Pfauenfeder auf dem Kopf. An der rechten Seite seines Körpers trug er Pfeil und Bogen, an der linken einen Bogen und ein Schwert, und in der Armbeuge trug er einen Speer, an der Fahnen im Wind flatterten. Mit seinem linken Arm vollführte er eine symbolische Geste, und in seiner rechten Hand hielt er eine Peitsche. Ich erkannte, daß er der Beschützer Tagtzan war.

Auf der linken Seite des Tals umgab eine wirbelnde, schwarz-rote

Spirale aus Feuer und Wind ein rotes Pferd und einen Reiter, der eine Rüstung mit einem Brustharnisch und einem Helm trug. An dem Helm waren verschiedenfarbige Flaggen befestigt, wobei die Flagge in der Mitte ein Siegesbanner war, das den erwachten Geist symbolisiert. Ich wußte, daß dieser Reiter Gesar war. Beide Reiter waren so gewaltig wie Berge. Als sie sich näherten, streckte ich meine Arme nach ihnen aus, wobei meine Handflächen nach oben wiesen. Sie stiegen im Zentrum der beiden Hände von ihren Pferden. Dann wachte ich auf.

WÄHREND DER ZWEITEN HÄLFTE meines Retreats befand ich mich in einem Zustand, der *Nyam* genannt wird, einer außergewöhnlichen visionären Erfahrung. Obgleich *Nyam* nicht gleichbedeutend ist mit einer stabilen Realisation, kann es darin zu einer Entspannung der gewöhnlichen Wahrnehmung der Wirklichkeit kommen. Mehrere Monate lang konnte ich sehen, als hätte meine Zelle keine Wände, und ich konnte im Dunkeln lesen, nachdem die Butterlampen gelöscht worden waren. Ich vermochte auch Wesen zu sehen, die in anderen Daseinsbereichen lebten.

Einmal beobachtete ich während einer Meditationssitzung, wie sich in Zelten auf dem großen Feld jenseits des Flusses, gegenüber dem Gelände des Klosters, Tausende von Menschen versammelten. Drei Männer verließen die Gruppe, überquerten den Fluß, näherten sich dem Kloster, betraten das Hauptgebäude und eilten in den Raum des *Umzé*, unseres Vorsängers. Der *Umzé* war ein außergewöhnlich guter Vorsänger, und seine volltönende Stimme trug ungeheuer weit. Die Männer verließen den Raum, in dem er wohnte, bald wieder und trugen etwas weg.

Als ich Lama Tse Gon erzählte, was ich gesehen hatte, war er sehr beunruhigt. Er benachrichtigte Chagmo Tulku, und beide beschlossen, sofort eine *Puja* durchzuführen. Am nächsten Tag, als die *Puja* begann, fühlte sich der *Umzé* tatsächlich sehr krank. Am späten Nachmittag bekam er hohes Fieber, und am frühen Abend starb er. Obgleich man nun denken könnte, die *Puja* sei unwirksam gewesen, waren wir doch glücklich, daß nicht mehr Menschen starben, denn meiner Vision zufolge hätte auch eine riesige Epidemie ausbrechen können. Derartige Visionen hatte ich recht oft, und Lama Tse Gon und Lama Atse nahmen das, was sich darin offenbarte, immer sehr ernst, denn gewöhnlich entsprach es ziemlich genau den Tatsachen.

Es gab da einen Lama mit Namen Wangkhyug Tulku, der in der Tenp'hel Gonpa lebte, während ich im Retreat war. Er war etwa achtzehn Jahre alt und Mönch, doch er liebte die Frauen, und überall, wo er auftauchte, erschallte fröhliches Gelächter. Eines Tages jedoch geriet er in einen heftigen Streit mit einem anderen Mönch. Daraufhin stürzte er in den Raum des *Gonla*, wo die für die Dharma-Beschützer-Praktiken erforderlichen Ritualgegenstände aufbewahrt wurden. Er packte ein Schwert und verformte dessen eiserne Klinge in einer plötzlichen Anwandlung zum tibetischen Buchstaben *cha*. Ich wurde sehr neidisch darauf, daß er dazu in der Lage gewesen war. Deshalb ging ich zu unserem Retreat-Altar und zog ein Schwert hervor, das darunter lag. Obwohl ich alle meine Muskeln bis zum Äußersten anspannte, um die Klinge zu verformen, gab sie nicht nach. Gedemütigt gab ich mein Vorhaben auf.

Das Ende des Retreats näherte sich, und ich fing an, über das Leben nachzudenken, das mich außerhalb des Retreat-Hauses erwartete. Mir war zwar klar, daß das klösterliche System eine starke Grundlage für die Reinheit der spirituellen Praxis bildet, doch wußte ich auch, daß diejenigen unter den Übenden, die wirklich sehr intensiv praktizierten, meist irgendwann beschlossen, das Kloster zu verlassen und sich in die Einsamkeit zurückzuziehen oder unter der Anleitung eines Lama zu studieren. Obwohl ich nach den Mönchregeln lebte, inspirierten mich die Lebensweise und die Geschichten großer Yogis wie Milarepa und Naropa. Ihnen war es gelungen, sich von allen Täuschungen zu befreien und dem bestrickenden Netz von Anhaftung und Aversion, Hoffnung und Angst zu entfliehen und zu einer tiefen Erkenntnis der wahren Natur ihres Geistes zu gelangen.

Als ich eines Tages im Altarraum vor den Statuen von Milarepa,

Marpa und Gampopa saß, dachte ich über mein Dilemma nach und betete vor diesen großen Yogis. Unterdessen schien die Statue des Milarepa lebendig zu werden, mich anzuschauen und zu lächeln. Plötzlich wurde ich von einer starken Spannung befreit; ich weinte lange und entschloß mich, in diesem Leben dem Pfad des Yogi zu folgen.

Kurz darauf sollte ich zusammen mit einem anderen Retreat-Teilnehmer demonstrieren, welche Fähigkeiten wir im Yoga der inneren Hitze (*tummo*) entwickelt hatten. Ein *Tulku* aus der Tenp'hel Gonpa, die älteren Retreat-Teilnehmer und mehrere Yogis wurden zur Begutachtung unserer Leistungen zusammengerufen. Um die Prüfung zu bestehen, mußten wir mehrere nasse Tücher um unseren nackten Körper wickeln und diese durch die innere Hitze trocknen, die wir mit Hilfe yogischer Übungen und Meditationen erzeugen sollten. Es war mitten im Winter und sehr kalt. Ich hatte Angst, meine Zähne könnten klappern, meine Tücher würden nicht trocknen und die Anwesenden würden mich deshalb auslachen.

Der andere Mönch und ich nahmen unsere Sitze ein und sprachen ein Gebet. Dann begannen wir mit den Yoga-Übungen, und ich dachte: »Warum sollte ich Angst haben? Ich habe mich gut vorbereitet, und in meinem Alter ist allein das schon eine gute Voraussetzung.« Plötzlich durchflutete mich Vertrauen, und es gelang mir ohne große Mühe, ein eiskaltes, nasses Tuch zu trocknen und dann noch ein weiteres. Wir standen auf, umschritten das Kloster, und als wir wieder vor dem Eingang ankamen, ehrte uns die kleine Menschenmenge, die sich mittlerweile dort versammelt hatte, indem sie uns weiße Zeremonialschals opferte.

Am nächsten Tag ging mein Drei-Jahres-Retreat zu Ende. Ich war mittlerweile vierzehn Jahre alt.

UNMITTELBAR VOR ABSCHLUSS des Retreats gab Lama Tse Gon einem Schneider Wollstoff, Seide und Lammfell und beauftragte ihn, neue Roben für mich anzufertigen sowie ein *Zen*, jenes lange Tuch, das Mönche und Lamas über ihre Oberkleidung schlingen. Außerdem ließ er eine wunderschöne, mit Fuchsfell besetzte Kopfbedeckung anfertigen. An dem Tag, als das Retreat zu Ende war, wurde ein Pferd geschniegelt, mit einem farbenprächtigen Sattelteppich bedeckt und geschmückt. Als ich beim Verlassen des Retreat-Geländes diese Pracht sah, wurde ich von Glücksgefühlen durchflutet. Ich stieg auf das Pferd und ritt in einer Prozession durch die staunende Menge. Etwa sechs Monate lang reiste ich mit den übrigen Retreat-Teilnehmern umher und führte auf Wunsch verschiedener Familien der Region Zeremonien aus. Ich war voller Stolz auf das, was ich während des Retreats erreicht hatte, und zögerte nicht, diese Errungenschaften zu demonstrieren. Wenn es beispielsweise plötzlich zu regnen oder zu schneien anfing, blies ich in die Luft, woraufhin der Regen oder Schnee sofort aufhörte. Dies war auf die Kraft zurückzuführen, die ich durch die Mantra-Rezitation angesammelt hatte. Im Alter von vierzehn Jahren hätten mich solche albernen Kunststücke durchaus dazu verleiten können, einem katastrophalen Stolz zu verfallen – wenn nicht ein Mißerfolg dies verhindert hätte.

Ich war eingeladen worden, für eine Frau, die an einem fünfundzwanzig Kilometer entfernten Ort verstorben war, Gebete und Zeremonien durchzuführen. Da das Wetter in den Bergen Ost-Tibets äußerst wechselhaft ist, schlug mein Diener vor, die Filzmäntel mitzunehmen, die wir als Regenkleidung benutzten.

»Das ist nicht nötig«, entgegnete ich. »Sollte es zu regnen beginnen, kann ich das leicht ändern.« Wir ritten also los, und auf dem ganzen Weg fiel kein Tropfen Regen. Doch auf dem Rückweg gerieten wir in einen gewaltigen Wolkenbruch. Unglaubliche Mengen kalten Regens ergossen sich über uns, und trotz emsigen Blasens vermochte ich die Schleusen des Himmels auch nicht für einen einzigen Augenblick wieder zu verschließen. Mein Diener sagte nichts und stellte so einmal mehr seine Klugheit unter Beweis. Während des ganzen Heimwegs vermied ich jeden Blickkontakt zu ihm.

Ich lebte in dieser Zeit im Haus meines Stiefvaters und meiner Stiefschwester, war allerdings meist unterwegs, um von anderen

Lamas Belehrungen zu empfangen. Tibet befand sich damals in der Endphase jener großen buddhistischen Epoche, die im 19. Jahrhundert begonnen hatte. Als wäre das Land durch das Strahlen vieler Sonnen gesegnet, erfreute es sich des Wirkens zahlreicher sehr hochentwickelter Lamas. In dieser relativ friedlichen Periode erblühte sowohl die Gelehrsamkeit als auch die Übung, und das Sektierertum verlor an Boden. Schon bald würden die Chinesen Tibet in die Zwinge nehmen, doch zu jener Zeit war es für mich noch relativ leicht, Initiationen und Unterweisungen von Jamyang Khyentse Chhökyi Lodrö, Sechhen Kongtrul, Khanpo Bat'hur, Khanpo Ngaga und anderen zu empfangen. Mit großer Freude und ebenso großer Entschlossenheit erforschte ich Bedeutung und Methoden der Lehren des Buddha. Frei von der aufgezwungenen Disziplin meiner Kindheit und des Drei-Jahres-Retreats studierte ich mit ungeheurer Hingabe und saugte alles in mich auf, was es zu lernen gab. Die Unterweisungen meiner Lamas und ihr lebendiges Beispiel inspirierten mich zutiefst. Ich vermochte nun jene Ströme feuriger Energie, die mir in meinen frühen Jahren so viele Schwierigkeiten bereitet hatten, besser zu lenken; gelegentliche vulkanische Ausbrüche zeigten andererseits deutlich, daß das Feuer immer noch vorhanden und unterschwellig aktiv war.

DER GRUND für meine viertägige Reise zum Kloster Dzongsar war, daß ich Jamyang Khyentse Chhökyi Lodrö treffen und ihn bitten wollte, drei *Tulkus* zu identifizieren, die mit der Tenp'hel Gonpa assoziiert waren. Jamyang Khyentse war eine Autorität für alle tibetischen Traditionen, und er fungierte in Ost-Tibet als das Herz der ökumenischen *Rimé*-Bewegung. Er ehrte meine Bitte, die *Tulkus* ausfindig zu machen, indem er ein außergewöhnliches Verfahren anwandte, das nur sehr große Lamas zuverlässig ausführen können. Durch die Erscheinungen, die in seiner Meditation auftauchten, konnte er die körperlichen und charakterlichen Merkmale jedes der *Tulkus* identifizieren und genaue Angaben darüber machen, wo sie zu finden waren. Da mir jedoch klar war, daß dieser Prozeß einige Zeit in Anspruch nehmen würde, nahm ich in der Zwischenzeit an einer Reihe von Initiationen in die *Rinchhen Terdzod* teil, eine große Sammlung von Schriften, die Padmasambhava als *Termas* verborgen hatte und die von verschiedenen Lamas entdeckt worden waren. Diese Initiationen wurden später zur Grundlage meiner Praxis. Während der Initiationen fiel mir ein ungewöhnlich großer Lama mit sehr langem Haar auf, der neben Khyentse Chhökyi Lodrö saß und manchmal an den Vorbereitungen teilnahm. Ich erkundigte mich nach ihm und erfuhr, daß es Dilgo Khyentse war, ein außergewöhnlicher Schatz-Entdecker (*Tertön*). Ich bat ihn um seinen Segen, und als seine Hand meinen Kopf berührte, spürte ich in mir einen tiefen Strom gläubigen Vertrauens. Später war er einer der Lehrer, die ich am meisten verehrte.

Nachdem ich zur Tenp'hel Gonpa zurückgekehrt war, wurden die drei *Tulkus* genau dort gefunden, wo sie nach Khyentse Chhökyi Lodrös Weissagungen gefunden werden sollten, und die Feiern ihrer Inthronisation waren wichtige Ereignisse. Ich sollte für jeden von ihnen die zeremonielle Rede halten – eine gewaltige Aufgabe für einen Vierzehnjährigen, denn Tibet ist ein Land großer Redner, und es wurde erwartet, daß meine Rede dem feierlichen Anlaß entspräche. Doch offenbar waren meine Zuhörer mit mir zufrieden, und ich wurde gebeten, auch im folgenden Jahr zu sprechen sowie im darauffolgenden.

ALS ICH SECHZEHN WAR, kam mein Onkel aus Tromt'har, um mich zu bitten, an einer Zeremonie teilzunehmen, in der die Dharma-Beschützer der Sakya-Linie des tibetischen Buddhismus angerufen werden sollten. Es war fast *Losar*, tibetisches Neujahr, und ein glückverheißender Zeitpunkt für ein Wiedersehen mit meinen Verwandten mütterlicherseits.

Als ich ankam und meinen Platz einnahm, waren etwa fünfzig Mönche dabei, die Beschützer-Praxis auszuführen. In einer Teepause fing ein fetter Mönch von etwa sechzig Jahren, der ziemlich schreckenerregend aussah, an, mich auszufragen.

»Welcher Tradition folgt das Kloster, in dem du lebst?«

»Der Drukpa-Kagyü-Tradition.«

»Ach nein! Diese Karma-Kagyüs, Drukpa-Kagyüs und Bönpos sind doch alle nur Diebe, die die Lehre des Buddha gestohlen haben!«

Dies war eine schreckliche Beleidigung für die Lamas meiner Linie, die ich verehrte, und auch für mich in meiner Eigenschaft als Linienhalter. Wenn er gesagt hätte: »Dein Vater ist ein Lump, und du bist ein Bastard«, hätte er mich damit nicht stärker provozieren können. Ich sammelte mich, bevor ich ihm antwortete:

»Natürlich kannst du denken, was du willst, aber für mich ist das Dharma wie eine Kugel aus Zucker, süß, wo auch immer du davon kostest. Wie Milch, schmeckt es gleich, wo immer du auch stehst und es trinkst. Wie Gold, ist und bleibt es Gold, ganz gleich, wie du es zerschneidest. Die Sakya-, Gelug-, Kagyü- und Nyingma-Tradition sind allesamt das Dharma und somit in ihrem Wesen ein und dasselbe.«

Dann wurde die Praxis fortgesetzt, und ich wäre froh gewesen, die Sache damit auf sich beruhen zu lassen, doch sprach mich der gleiche Mönch am nächsten Tag während der Mittagspause wieder an:

»Akzeptierst du die Tatsache, daß die Phänomene dein eigener Geist sind, nichts anderes als dein eigener Geist?«

Aufgrund des Tons, in dem er sprach, verstand ich dies als Herausforderung zu einer Debatte, die nach der tibetischen Tradition aus einer stilisierten intellektuellen Prüfung besteht, in der die eine Seite der anderen den eigenen Standpunkt zu beweisen oder zumindest den Standpunkt des Gegners zu widerlegen versucht. Zu debattieren ist unter buddhistischen Gelehrten eine Art Sport, und es geht dabei in extremem Maße um Konkurrenz. Aufgrund meines jugendlichen Alters hatte ich kein besonders großes Vertrauen in meine Fähigkeiten als Gelehrter, doch konnte ich die Herausforderung des Mönchs nicht ignorieren, ohne mich selbst und meine Lehrer zu entehren. Deshalb antwortete ich ziemlich unwirsch: »Nein, es ist nicht wahr, daß die Phänomene nur der eigene Geist sind. Doch wie könnte es ohne den Geist irgendeine Erfahrung der Phänomene geben? Es ist so wie beim Meer und einer Welle. Wenn jemand auf eine Welle deuten und fragen würde: ›Was ist das?‹, würdest du sicher antworten: ›Das ist eine Welle.‹ Und doch ist eine Welle nichts anderes als das Meer.

Ebensowenig kann man behaupten, daß die Wirklichkeit der Phänomene nichts anderes als der eigene Geist sei, obwohl die Erfahrung im Wachzustand ebenso wie die Traumerfahrung im eigenen Geist begründet liegen. Doch am Tage verschwindet die Traumerfahrung, und der Geist bleibt bestehen; und in der Nacht verschwindet die Erfahrung im Wachzustand, und der Geist bleibt bestehen.«

Ich hatte dem Mönch entsprechend meinem eigenen intellektuellen Verständnis und meiner tatsächlichen Erfahrung der Natur der Phänomene geantwortet, aber im kämpferischen Ton einer Debatte. Zu meiner Überraschung antwortete er nicht. Da wurde mir klar, daß er weder ein Gelehrter war noch auf eine Debatte vorbereitet. Also ließ ich die Angelegenheit auf sich beruhen.

EINES TAGES erschien eine Delegation von fünfzehn berittenen Mönchen der Chagdud Gonpa vor dem Zelt meiner Familie. Wir gewährten ihnen die übliche Gastfreundschaft, doch dann kamen sie schnell auf ihr Anliegen zu sprechen. Sie wollten, daß ich sie auf die zweitägige Reise zu meinem Kloster begleitete. »Wir haben schon viele Male darum gebeten«, sagte der Leiter der Delegation, »aber deine Mutter hat deinen Besuch immer wieder verschoben, das letzte Mal mit dem Argument, du müßtest vorher das Retreat zum Abschluß bringen. Da dies nun geschehen ist, bitten wir dich, gleich mit uns zu kommen.« Ohne zu zögern, erklärte ich mich einverstanden und ritt kurz darauf mit ihnen nach Nyagrong, in die Region, in der die Chagdud Gonpa liegt. Wie in einem wiederkehrenden Traum, in dem einige Elemente stets gleich bleiben und andere sich verändern, kehrte ich erneut an den Ort zurück, der in fünfzehn früheren Leben das Zentrum meiner spirituellen Aktivitäten gewesen war.

5

Chagdud Gonpa

Wir reisten durch das lange, enge Tal des Nyagchu-Flusses zur Chagdud Gonpa. Nyagrong ist eine Region mit vielen hoch aufragenden, über dreitausend Meter hohen Bergen, die mit dichten immergrünen Wäldern bedeckt sind. In einer Zeit vor Beginn der gegenwärtigen Zeitrechnung empfing Nyagrong den Segen von Manjushri, Avalokiteshvara und Vajrapani. Während der Herrschaft des großen Dharma-Königs Songtsen Gampo im 7. Jahrhundert westlicher Zeitrechnung wurden von den *Yakshas* und den Pferdeherren – übernatürlichen Wesen aus Reichen, die noch kein Mensch betreten hat – auf wunderbare Weise 108 *Stupas* errichtet.

Im 8. Jahrhundert westlicher Zeitrechnung besuchten Padmasambhava, seine Gefährtin Yeshe Tsogyal und der große Übersetzer Vairocana diese *Stupas*, Repräsentationen der Natur des Geistes, die gleichzeitig die Grenzen von König Songtsen Gampos Reich markierten. Padmasambhava sah diese Region als sehr geeignet für die Dharma-Praxis an, da sie sich auf der äußeren Ebene unter der Obhut der Dharma-Beschützer befand, auf der inneren Ebene durch die Gegenwart des Herrn des Mitgefühls, Avalokiteshvara, gesegnet war und auf der geheimen Ebene ein Reich seines eigenen Reinen Landes, Padma Od (»Lotuslicht«), war. Während er sich mit Yeshe Tsogyal und Vairocana in dieser Region aufhielt, weihten sie viele heilige Stätten ein und verbargen zum Wohle zukünftiger Übender viele *Termas*.

Im Jahre 1214 erbaute Dritsa Gangpa, einer der vier Dharma-Erben des überragenden Nyingma-Lamas Kat'hog Dampa Desheg, das erste Kloster an der Stelle, wo später die Chagdud Gonpa entstand. Obgleich er insgesamt über hundert Klöster errichtete, pflegte er zu sagen, dieses sei unter den glückverheißendsten Umständen entstanden. Es erblühte als Zentrum der *Sutra-* und *Tantra-*Lehren. Später wurde es von Anhängern eines rivalisierenden Klosters zerstört und in Schutt und Asche gelegt. Die Bewohner des Gebiets wandten sich wieder der alten schamanistischen *Bön-*Tradition zu, und die Inkarnationen von Dritsa Gangpa wurden in Indien, Nepal und andernorts gefunden.

Inzwischen wurde in Tibet ein Mann namens Nyag Jnanakumara – eine Emanation des erleuchteten Geistes von Padmasambhava – als der Lama von Yeshe Gyaltsan wiedergeboren, und es heißt, er habe in seinem Leben »die Lehren des Siegreichen wie die Sonne aufleuchten lassen«. Als sein Leben sich dem Ende näherte, hatte er eine Reine Vision von *Dakinis*, die ihn auf einem Pfad aus Seidenbändern begleiteten und ihm Ort und Umstände seiner nächsten Wiedergeburt sowie seinen zukünftigen Namen voraussagten. So wie die *Dakinis* es prophezeit hatten, wurde Sherab Gyaltsan – der erste in der Linie der Chagduds und derjenige, dem es zu verdanken ist, daß sich die Chagdud Gonpa aus der Asche der Zerstörung erhob – im Jahre 1398 westlicher Zeitrechnung geboren.

Mit 25 Jahren erinnerte sich Sherab Gyaltsan an seine vorherige Existenz als Nyag Jnanakumara und begab sich in die Kat'hog Gonpa, wo er die Mönchsweihen empfing, das Bodhisattva- und die Vajrayana-Gelübde ablegte und sehr schnell alle Ebenen der Lehre und der Meditation meisterte. Danach erschien ihm Padmasambhava, im Himmel auf einem Löwen reitend, und sagte: »Sohn, kehre in dein Heimatland zurück, und gründe dort zum Wohl der Wesen ein Kloster.« Im Jahre 1431 baute er auf den Ruinen von Dritsa Gangpas Kloster ein neues Kloster, dem er den Namen Orgyan Khadro Bumling gab, »Ort der hunderttausend Dakinis von Orgyan«.

Einige Jahre später diente Sherab Gyaltsan dem mongolischen Herrscher von China als spiritueller Berater. In dieser Funktion stellte er seine Gelehrsamkeit unter Beweis und manifestierte viele außergewöhnliche Zeichen seiner hohen spirituellen Entwicklung. Unter anderem drehte er das Innere des Kanonenrohrs des Kaisers nach außen, knüpfte neun Knoten hinein und brachte es als Opfer dar, um günstige Voraussetzungen für eine Epoche ohne Kriege und gesellschaftliche Unruhen zu schaffen. Aufgrund seiner Fähigkeit, Knoten in Eisen zu knüpfen, wurde Sherab Gyaltsan später Chagdud (»Eisenknoten«) genannt. Der Kaiser erkannte ihm daraufhin in einem Dokument, das mit goldener Tinte auf eine Schriftrolle geschrieben war, einen hohen Rang zu. Außerdem unterstellte er das gesamte Nyag-Tal der Verwaltung von Chagdud Orgyan Khadro Bumling, und als die Wirkungskraft dieses Lama ihren Zenit erreichte, versammelten sich dort während der Sommer- und Wintersonnenwende die Mönchsgemeinschaften aller Klöster des Tals, insgesamt mehr als viertausend Mönche. Chagdud Sherab Gyaltsan gründete für seine Schüler etwa fünfundzwanzig Kloster-Dependancen, und es befanden sich ständig mehr als zweihundert Übende im lebenslangen Retreat.

In den fünf Jahrhunderten nach Chagdud Sherab Gyaltsans Tod blieb die Chagdud Gonpa trotz vieler Wechselfälle des Schicksals unter der Leitung des jeweiligen Chagdud Tulku erhalten. Meine vorherige Inkarnation, Chagdud Tanpai Gyaltsan, hatte zwar nur ein kurzes, aber doch auch ein sehr bemerkenswertes Leben. Tanpai Gyaltsan lebte mit seinem Lehrer Nyagla Yeshe Dorje zusammen, der ebenfalls ein bemerkenswerter Mensch war. Nyagla war ein ausgezeichneter, passionierter Jäger gewesen, bis eines Tages, als er sich auf einem Fels ausruhte, eine Vision des elfköpfigen Avalokiteshvara vor ihm erschien. Überwältigt von dieser Manifestation reinen Mitgefühls wurde ihm zutiefst bewußt, daß es untugendhaft war, zu jagen und zu töten. Daraufhin gab er die Jagd auf und spürte fortan nicht mehr dem Wild nach, sondern den Lehren des Buddha. Nachdem er die Lehren gehört und tief in sich hatte einsinken lassen, übte er unablässig, Tag und

Nacht. Da er sich nicht einmal die Zeit nahm, selbst Feuerholz zu sammeln, brachte ihm eine riesige, am ganzen Körper mit Haar bedeckte Kreatur, einem *Yeti* ähnlich, das notwendige Holz. Schließlich erlangte Nyagla Yeshe Dorje den Regenbogenkörper. Dies bedeutet, daß sich die Elemente seines Körpers zum Zeitpunkt seines Todes mit Ausnahme seiner Haare, Finger- und Zehennägel augenblicklich in ein Lichtspektrum auflösten.

Eines Tages näherte sich ein Mann aus einer entfernten Region Nyaglas Haus. Der Reisende hatte eine in Seide gehüllte Schriftrolle bei sich, auf der sich eine symbolische Darstellung eines kurz zuvor verstorbenen Menschen befand. Durch Gebete und Meditation war das Bewußtsein des Toten in der Sanskrit-Silbe konzentriert worden, die auf dem Bild zu sehen war, und der Reisende wollte Nyagla bitten, das Bewußtsein des Toten in einen Zustand der Befreiung zu befördern.

An dem Weg zu Nyaglas Haus spielte ein kleiner Junge, der den Fremden fragte, was in den schönen Seidenstoff eingehüllt sei. Als der Reisende es dem Jungen erklärte, bat dieser ihn, den Inhalt sehen zu dürfen. Der Fremde lehnte dies zunächst ab, doch das Kind bettelte so hartnäckig, daß der Mann ihm die Rolle schließlich zeigte. Der kleine Junge starrte eine Zeitlang in tiefer Konzentration darauf, dankte dem Reisenden dann und ging davon, um weiterzuspielen.

Als der Fremde zu Nyagla kam, bot er ihm ein wertvolles Stück Türkis und eine Koralle an und trug sein Anliegen vor. Der Lama öffnete die Schriftrolle, schaute den Fremden überrascht an und fragte ihn: »Was ist auf dem Weg hierher passiert?«

»Nichts Ungewöhnliches«, erwiderte der Reisende.

»Hast du die Schriftrolle irgend jemandem gezeigt?«

»Nur dem kleinen Jungen, der auf dem Weg zu deinem Haus spielt.«

Nyagla schaute aus dem Fenster auf das Kind, gab dem Reisenden seine Opfergaben zurück und sagte: »Der Junge hat das Bewußtsein dieses Mannes schon übertragen. Gib ihm die Opfergaben. Sein Name ist Chagdud Tanpai Gyaltsan.«

Chagdud Tanpai Gyaltsan hatte die gleiche meisterhafte Sicht der Wirklichkeit wie Chagdud Sherab Gyaltsan. Als *Siddhas* waren sie in der Lage, in ein und demselben Augenblick die Details der auftauchenden Erscheinungen und die leere, traumartige Natur derselben zu erkennen. Da sie den Erscheinungen weder einen Wesenskern noch Beständigkeit und Festigkeit zuerkannten, konnten sie sie spontan beeinflussen. Beispielsweise ritt Chagdud Tanpai Gyaltsan eines Tages, nachdem er eine ansehnliche Menge *Arak* getrunken hatte, zum Haus eines Freundes. Da es dort keinen Pfosten gab, an dem er sein Pferd hätte anbinden können, stieß er seine Reitpeitsche in einen Felsen und band sein Pferd daran fest. Dies tat er ohne jede vorherige Überlegung; es war also eine Handlung jenseits jeder Vorstellung. Sie hatte auch keine besonders positive Wirkung – schließlich gibt es andere Möglichkeiten, ein Pferd anzubinden –, doch die Demonstration der Nicht-Festigkeit jenes Felsens hatte sicherlich eine starke Wirkung auf diejenigen, die den Vorfall miterlebten, und auf jene, die der Wahrheit der Berichte darüber vertrauten.

Obwohl Chagdud Tanpai Gyaltsan immer wieder außergewöhnliche spirituelle Qualitäten demonstrierte, unterlag auch er karmischen Umständen. Er wußte, daß er sterben würde, wenn er nicht eine Reise zum heiligen Ort Tzari anträte, doch gelang es ihm nicht, die Hindernisse zu überwinden, die dieser Pilgerreise im Wege standen. Deshalb starb er schon sehr früh, mit 28 Jahren, nicht lange nachdem er meine Mutter Dawa Drolma getroffen, ihr das Reliquiar gegeben und er damit seine Wiedergeburt als ihr Sohn angekündigt hatte.

EINIGES ÜBER DIE GESCHICHTE der Chagdud Gonpa und über die Chagdud-Inkarnationen hatte ich bereits gehört, anderes erfuhr ich von den Mönchen, die mich nach Nyagrong begleiteten, und ein weiterer Teil wurde mir spontan in meinem Geist offenbart.

Schließlich verließen wir den Pfad, der am Fluß entlangführte, und begannen mit dem steilen Aufstieg über mehr als tausend Meter zum Kloster. Im oberen Bereich des Berges wurde Gerste angebaut, und hier und da waren ein paar kleine Ansiedlungen zu sehen. Als wir uns dem höchsten Bergkamm näherten, wo die Chagdud Gonpa lag, wurden wir von einer Menschenmenge begrüßt, die fast anderthalb Kilometer lang den Weg säumte.

Die großen geschnitzten Tore des Klosters waren geöffnet worden, und ich wurde zum Thron geführt. Nacheinander kamen zahlreiche Gäste, um mir *Katags* darzubieten und meinen Segen zu empfangen. Sie gaben mir auch Flaschen mit *Arak*, weil sie dies auch bei Chagdud Tanpai Gyaltsan getan hatten. Das Getränk wurde mir in einem Holzbecher vorgesetzt, der meinem Vorgänger gehört hatte, und ich trank eine ziemlich große Menge davon.

Nach einiger Zeit verkündete ich den Anwesenden: »Ich werde jetzt eine Prophezeiung machen.« Ich nahm einen tibetischen Text, der wie alle tibetischen Schriften aus einem Packen loser, zwischen zwei Deckeln zusammengepreßter Blätter bestand. »Ich werde diesen Text aus dem Fenster werfen. Werden die Seiten dabei verstreut, so werden meine Lehren an diesem Ort erblühen; wenn nicht, werden sie anderswo Wurzeln schlagen.« Alle glaubten zu wissen, wie das Ergebnis ausfallen mußte, weil auf der Hochebene, auf der die Chagdud Gonpa liegt, ständig ein starker Wind weht. Doch als ich das Buch aus einem hohen Fenster warf, flog nicht eine einzige Seite davon. Alle Anwesenden waren entsetzt.

Nach den Zeremonien im Kloster empfing ich Besucher in einem privaten Raum. Ein Mann trat unangekündigt ein, und als ich ihn sah, sagte ich streng: »Dug Tsering, warum bist du gekommen? Du hattest in meinem letzten Leben kein Vertrauen zu mir, und du vertraust mir auch jetzt nicht. Und weil ich es nicht nötig habe, irgendwelche Prüfungen über mich ergehen zu lassen, kannst du gehen.« Dann ergriff ich eine Pfanne voller Kohlen, und einen Augenblick lang schien es so, als hätte ich vor, sie nach dem Besucher zu werfen. Doch statt dessen schüttete ich mir die glühenden Kohlen mit einem abrupten Stoß über meinen eigenen Kopf. Als die Kohlenstücke über meine Roben herabfielen, eilten alle Anwesenden herbei, um sie aufzusammeln, und konnten nicht fassen, daß ich keine Verbrennungen erlitten hatte und daß auf meinen Kleidern keine Brandstellen zu finden waren.

Drug Tsering warf sich daraufhin immer wieder ehrerbietig vor mir nieder. Er war der Schwager von Chagdud Tanpai Gyaltsan und dem Lama gegenüber stets sehr feindselig eingestellt gewesen. Selbst als er sich meinem Zimmer näherte, um mich zu begrüßen, hatte er noch geprahlt: »Wenn das wirklich der *Tulku* von Tanpai Gyaltsan ist, wird er mich erkennen. Wenn er mich nicht erkennt, ist er ein Betrüger.« Seine Frau und die übrigen Anwesenden ermahnten ihn, nicht so respektlos zu sein, doch er blieb bei seiner arroganten Haltung. Nach unserer Begegnung waren sich alle Anwesenden sicher, daß sämtliche verheißungsvollen Zeichen vorhanden waren. Ihrer Meinung nach konnte kein Zweifel daran bestehen, daß ich die Inkarnation von Chagdud Tanpai Gyaltsan war.

Viele Jahre später erzählte ich diese Geschichte Tromge Trungpa Rinpoche. Er sagte dazu: »Weißt du, du darfst dein Kunststück mit der Kohle nicht als Zeichen für einen hohen Grad deiner Realisation mißverstehen. Wichtiger ist in dieser Hinsicht, wie sehr du der Natur deines Geistes gewahr gewesen bist, als all dies geschah.« So half er mir, zwischen gewöhnlichen *Siddhis*, zu denen paranormale Kräfte und Wunder zählen, und der höchsten *Siddhi* oder Errungenschaft zu unterscheiden, die darin besteht, daß wir eine unerschütterliche Erkenntnis der wahren Natur des Geistes erlangen.

Ich blieb eine Woche in der Chagdud Gonpa und reiste dann zu verschiedenen Häusern in Nyagrong, um Zeremonien durchzuführen, mit Menschen zu sprechen und *Arak* zu trinken, der mir ausgezeichnet schmeckte. Als ich eines Abends in einer geselligen Runde saß, in der viel getrunken und gelacht wurde, brachte mir ein Mann namens Kazang Dorje ein kurzes, gedrungenes Eisenschwert. Ohne jede Mühe stauchte ich es so, daß es anschließend wie eine Ziehharmonika aussah. Alle, die dies miterlebten, waren tief beeindruckt und hocherfreut darüber, daß ich dem Namen Chagdud alle Ehre machte.

NACHDEM ICH so eine Weile umhergezogen war, wurde es Zeit, meine Ausbildung fortzusetzen. Mein Stiefvater und Lama Tse Gon brachten mich zu Bat'hur Khanpo T'hugpa, einem überragenden und sehr außergewöhnlichen Lehrer. Er war etwa 65 Jahre alt und hatte nie Interesse daran gehabt, ein Kloster zu errichten. Er lebte in einem großen Zelt, in dem Platz für hundert Mönche war. Für die zahlreichen Wanderer, die ihn aufsuchten, um Belehrungen zu empfangen, entwickelte er eine geniale Methode der Unterbringung. Jeder Besucher grub rechteckige Grasstücke aus und schichtete sie so auf, daß sie die Mauern eines winzigen Hauses bildeten, dessen Größe der Körpergröße des Besuchers entsprach. Dazu gab der *Khanpo* jedem ein Stück schwarzen Filz als Dach.

Manchmal bekam der *Khanpo* auch ein *Dri*, ein weibliches Yak, geschenkt, so daß er Milch, Joghurt und Butter hatte und sie den Übenden in ihren kleinen Hütten geben konnte. Der Dung der Tiere des Lama diente allen als Brennstoff.

Ich brachte mein eigenes Zelt zu diesem Ort mit und blieb zusammen mit Lama Tse Gon eineinhalb Jahre dort. In dieser Zeit studierte ich die Schriften der großen indischen buddhistischen Heiligen Shantideva und Nagarjuna. Ich erhielt eine gute Grundlage in den philosophischen Prinzipien der Madhyamika. Der *Khanpo* hielt zunächst jeweils einen zusammenhängenden Vortrag über einen bestimmten Aspekt der Lehre. Anschließend wiederholte ein anderer Lama, was der *Khanpo* gesagt hatte, und beantwortete unsere Fragen. Niemand machte sich während des Unterrichts Notizen. Dies taten wir erst später in unseren Zelten. Dort schrieben wir alles auf, was wir am betreffenden Tag gelernt hatten, soweit wir uns noch daran erinnern konnten. Den Rest des Tages verbrachten wir damit, über das Gehörte zu reflektieren.

Ich machte es mir zur festen Gewohnheit, meine Notizen immer wieder durchzulesen, manchmal dreißig oder vierzig Mal. Meine Motivation für diesen Eifer war durchaus nicht völlig rein. Wir lernten die Klassiker des Mahayana-Buddhismus kennen, und ich wollte möglichst gut darüber Bescheid wissen. Ich hatte zuviel Respekt vor dem *Khanpo*, als daß ich die Gelegenheit, von ihm zu lernen, auf die leichte Schulter genommen hätte. Doch ein ganz und gar nicht unwichtiger Grund für meinen Eifer beim Studieren war ein Junge namens P'hurtse. Er war ein Jahr älter, eifersüchtig und sehr ehrgeizig und wollte mich an Gelehrsamkeit unbedingt übertreffen. Diese Herausforderung hätte ich unmöglich ignorieren können.

Beharrlichkeit war seine Stärke, und manchmal begünstigte ihn das Glück. Jeden Tag wurde einer der Schüler ausgewählt, vor den *Khanpo*, den zweiten Lama und die versammelten Lamas und Mönche, die als Schüler zugegen waren, zu treten und den Vortrag des vorherigen Tages zu rekapitulieren. Jedesmal wenn ich glaubte, ich würde mit Sicherheit nicht aufgerufen werden, wurde ausgerechnet mein Name ausgewählt. Und mein Unbehagen in diesen Situationen wurde natürlich durch P'hurtses sichtliche Befriedigung noch verstärkt. Nachdem dies mehrmals passiert war, wurde ich selbst ebenfalls sehr eifrig und schloß meine Studien mit großem Erfolg ab.

KURZ NACH MEINER RÜCKKEHR in die Tenp'hel Gonpa brach ich erneut auf, diesmal zur Sechhen Gonpa, die eine knappe Halbtagereise entfernt lag. Dort studierte ich acht Monate lang bei Sechhen Kongtrul. Von ihm hatte ich im Alter von acht Jahren meine ersten formellen Unterweisungen über die Natur des Geistes erhalten. Obgleich jene Unterweisungen nicht besonders ausführlich gewesen waren, waren sie mir doch sehr kostbar. Nun erklärte Sechhen Kongtrul sich bereit, mich privat in Mahamudra zu unterweisen, den Lehren über den Geist, die »Großes Siegel« genannt werden. Dies war ein ungeheures Privileg, weil der Lama nur ganz selten jemanden empfing und die meiste Zeit über im Halb-Retreat lebte. Nach Abschluß dieser Unterweisungen erläuterte er mir und einem anderen *Tulku* eine Reihe von klassischen buddhistischen Schriften Nagarjunas.

Sechhen Kongtrul widmete sein Leben vollständig den Lehren des Buddha. Wenn irgend jemand mit ihm über alltägliche Dinge sprach, war an seinem Gesichtsausdruck zu erkennen, was für eine Bürde dies für ihn war. Doch sprach jemand mit ihm über das Dharma, so war seine Freude darüber ebenso deutlich sichtbar. Ich empfand für ihn als meinen Lehrer eine so tiefe Hingabe, wie ich es noch nie zuvor erlebt hatte. Ich widmete mich täglich der Mahamudra-Praxis, und ich spürte in meiner Meditation Sechhen Kongtruls tiefen Segen.

Einige Zeit nachdem ich die Sechhen Gonpa verlassen hatte, kehrte ich zur Tenp'hel Gonpa zurück, führte jedoch zuvor in einem Dorf, das drei Tagesritte entfernt lag, Todeszeremonien durch. Eine lange Karawane tauchte in der Ferne auf. Offensichtlich reiste da ein wichtiger Lama mit seinem Gefolge.

»Tulku, wer mag dieser Lama sein? Sollen wir ihm entgegenreiten, um ihn zu begrüßen?« fragte mein Diener mich.

»Nein«, antwortete ich. »Wenn wir den Lama treffen, müssen wir absitzen und anschließend wieder auf unsere Pferde steigen. Es ist leichter, wenn wir einen anderen Weg wählen und die Karawane umgehen.« In Tibet ist es schwierig, von einem Pferd abzusteigen oder darauf aufzusteigen, weil dabei oft der Sattelgurt nachgibt, der Sattel verrutscht und der Reiter zu Boden stürzt.

Wir änderten also die Richtung und ritten an einem hochgelegenen Bergkamm entlang, um uns von der Karawane fernzuhalten. Anschließend ritten wir den Hang hinab und überquerten einen Fluß. Auf der anderen Seite des Flusses ritten wir ein steiles Ufer hinauf. Zu unserer Verblüffung fanden wir dort Sechhen Kongtrul, der mit seinem Diener rastete. Es war seine Karawane gewesen, die wir in der Ferne gesehen hatten. Während er sich ausgeruht hatte, war sein Gefolge weitergeritten.

Mein Diener und ich sprangen sofort von den Pferden und warfen uns ehrerbietig vor ihm nieder. Sechhen Kongtrul legte seine Hände auf meinen Kopf und segnete mich. Dabei sagte er: »Meditiere intensiver.«

Mehr sagte er nicht. Dann ritt er weiter. Während ich dort stand, erfüllt von der Kraft seines Segens, wirkte alles ganz verändert auf mich, so als hätte sich meine Sicht der Wirklichkeit völlig gewandelt. Ich war gänzlich ruhig und frei von jeder geistigen Unruhe.

Am nächsten Tag war ich immer noch von dieser Ruhe erfüllt, allerdings hatte sie sich auf subtile Weise verändert. Die ursprünglich reine, spontane Erfahrung des Segens war durch Anhaftung befleckt worden und hatte sich zu einem statischen Zustand verfestigt, den ich unbedingt aufrechterhalten wollte. Ich nahm an einem Picknick mit allen Mönchen der Tenp'hel Gonpa teil. Ich sah die übrigen Teilnehmer umherlaufen, scherzen und spielen und fühlte mich ihnen sehr fern. Später führten wir eine Zeremonie durch, und ich fühlte mich noch abgeschnittener als zuvor.

»Niemand hier meditiert richtig«, dachte ich. »Es ist wirklich traurig. Die Leute setzen soviel Hoffnung und Vertrauen in die Lamas und Mönche, und die leiern nur geistlos Formeln daher. Aus solch einer Praxis *kann* doch nichts Positives entstehen!«

Ernst verließ ich die Gruppe, um zu meditieren. Mein Geist wurde sehr ruhig. Es schien keinen Grund zu geben, diesen Zustand jemals wieder zu verlassen. Nur wenige Gedanken tauchten auf, und ich fühlte mich sehr wohl. Nach einiger Zeit kam mein Diener mit meinem Pferd zu mir und sagte: »Tulku, es ist Zeit aufzubrechen.«

Ich stand langsam auf und bestieg mein Pferd. Als wir das Kloster erreichten, half er mir aus dem Sattel und legte eine Satteldecke und einen Teppich auf den Boden, so daß ich mich daraufsetzen konnte, während er sich um das Pferd kümmerte. Wieder versank ich in eine tiefe, stabile meditative Ruhe. Alles, was ich sah und hörte, wirkte sehr weit entfernt. Nichts beschäftigte meine Sinne oder meinen Intellekt sonderlich stark. Ich erlebte nichts als unergründliche Gelassenheit.

Später kam mein Diener und sagte: »Tulku, komm, wir gehen jetzt zu deinem Haus.« Langsam und schwerfällig ließ ich mich ins Haus führen, wo ich mich auf mein Bett setzte und mit der Meditation fortfuhr. Mittlerweile war der Diener über mein Verhalten ziemlich beunruhigt und versuchte verzweifelt, mit mir zu kommunizieren. Doch was er sagte, erschien mir völlig inhaltslos.

Der Diener verließ mich und suchte einen sehr armen Lama auf, den manche für eine etwas zweifelhafte Gestalt hielten. Als mein Diener zu ihm kam und sagte: »Ich brauche deinen Rat. Der Tulku ist sehr merkwürdig ...«, traf dieser Lama mit seiner Antwort den Nagel auf den Kopf.

»Oh, das ist nichts Besonderes«, erwiderte er spöttisch. »Er hat sich nur in einem Zustand meditativer Ruhe verloren. Rüttle ihn kräftig durch, und wenn er aus seinem Zustand herauskommt, dann sage irgend etwas Beleidigendes zu ihm.«

Und genau das tat mein Diener auch: Er schüttelte mich kräftig. Wie jemand, der aus tiefem Schlaf gerissen wird, protestierte ich: »Was erlaubst du dir!« Dann sagte er etwas sehr Beleidigendes zu mir, wodurch ich wütend wurde. Im gleichen Augenblick hatte ich ein Gefühl, als wäre ein riesiger schwarzer Hut von meinem Kopf entfernt worden.

Mein Diener entschuldigte sich sofort bei mir, und während er erklärte, warum er sich so verhalten hatte, trat jener Lama ein.

»Was machst du?« fragte er mich.

»Jetzt nichts mehr«, antwortete ich, »aber was ist passiert?«

Er erklärte mir, ich habe in der Meditation Anhaftung gegenüber der vorstellungsfreien Ruhe entwickelt und durch diese Anhaftung sei meine Meditation schwer und unrein geworden.

So war mir zweimal innerhalb von zwei Tagen ein ungeheurer Segen zuteil geworden, einmal durch den ehrwürdigen Sechhen Kongtrul, das zweite Mal durch jenen zerlumpten, schlecht beleumundeten Lama, der abrupt eine Fehlentwicklung meines Geistes beendet hatte.

VON KHANPO JAMPAL ZANGPO empfing ich eine Initiation in die hundert friedlichen und zornigen Gottheiten sowie Unterweisungen über die sechs Bardos. Außerdem weihte er mich in die *Chöd*-Praxis ein, und ich begab mich an viele gefährliche Orte, um mich der *Chöd*-Praxis zu widmen. Wie mir schon vor langer Zeit in meiner Vision von P'hadampa Sangye, dem Vater der *Chöd*-Linie, angekündigt worden war, hatte ich als *Chödpa* viele wundersame Erlebnisse. Khanpo Jampal Zangpo empfahl mir, nie darüber zu sprechen.

VON ALL DEN AUSGEZEICHNETEN LEHRERN, bei denen ich in dieser Zeit studierte, war vermutlich mein Stiefvater Sodga für meine Entwicklung der wichtigste. Er war unendlich geduldig und weise in seiner Rolle als Vormund, und obgleich er sich gewöhnlich dem Urteil anderer Lamas beugte, wenn es um meine Ausbildung ging, achtete er doch darauf, daß ich die Belehrungen in der richtigen Reihenfolge und wirklich vollständig erhielt. Vor allem jedoch war er mir sehr behilflich, als es um das schwierigste Thema für jeden jungen Lama ging, die Entscheidung darüber, ob ich sexuell enthaltsam bleiben sollte – und damit natürlich auch die Entscheidung darüber, ob ich Mönch bleiben sollte.

Mein Stiefvater war in der Gelugpa-Tradition aufgewachsen und ausgebildet worden, und er hatte eine Verbindung zur Bumsar Gonpa, einem Kloster, das drei Tagesritte von der Tenp'hel Gonpa entfernt lag. In der Nähe jenes Kloster befand sich eine Höhle, die als großes Heiligtum verehrt wurde. Dorthin waren viele Generationen lang Übende gegangen, bis aus Gründen, die niemand verstand, mehrere Meditierende darin zu verschiedenen Zeitpunkten von Verzweiflung überwältigt worden waren und sich erhängt hatten. Selbstmord war in Tibet vor der Machtübernahme durch die Chinesen praktisch unbekannt, und sich selbst umzubringen steht in krassem Gegensatz zu den Lehren des Buddha. Übende und Laien fingen deshalb an, jene Höhle zu meiden, weil sie sie als einen Hort unaussprechlichen Schreckens ansahen.

Zum Entsetzen seines *Gegan* hatte mein Stiefvater schon im Alter von zwölf Jahren inständig darum gebeten, in dieser Höhle meditieren zu dürfen. Der *Gegan* verweigerte ihm dies. Zuerst versuchte er, den Jungen durch Argumente zu überzeugen, später verbot er ihm den Aufenthalt in der Höhle einfach kraft seiner Autorität. Doch dadurch wurde mein Stiefvater nur um so beharrlicher in seinem Wunsch. So kam es zu einem unlösbaren Konflikt, den Sodga schließlich aber für sich entschied. Als der *Gegan* und Sodga die Höhle erreichten, trat Sodga allein ein und begann sogleich mit seiner Übung. Der *Gegan* blieb vor der Höhle und widmete sich seiner eigenen Praxis, obwohl Sodga dies nicht wollte. Hin und wieder schaute er vorsichtshalber nach, wie es dem Jungen inzwischen in der Höhle ergangen war. Alles schien in Ordnung zu sein. Der Junge fuhr mit seiner Praxis fort, und als die Nacht anbrach, legte er sich offenbar schlafen. Da sich die Befürchtungen des *Gegan* als grundlos zu erweisen schienen, kehrte er in das Kloster zurück.

Sehr früh am nächsten Morgen brach er wieder zu der Höhle auf, um nach dem Jungen zu schauen. Dieser meditierte immer noch, hatte aber eine ereignisreiche Nacht hinter sich. Er hatte in der Höhle eine riesige Steinplatte gefunden, die aus zwei miteinander verbundenen und versiegelten Platten bestand. Viele Jahrhunderte zuvor hatte Padmasambhava die Ränder der beiden Platten mit seiner Hand zusammengepreßt und sie so verbunden. Die Abdrücke seiner Hand waren noch zu erkennen. Sodga hatte die beiden Platten wie eine Schatztruhe geöffnet und dazwischen einen Behälter mit einem Text in *Dakini*-Schrift entdeckt. Den Sinn dieses Textes vermochte nur die Weisheit des Jungen zu entziffern.

Bei dieser Gelegenheit entdeckte mein Stiefvater zwölf Bände mit Schätzen Padmasambhavas. Tatsächlich war Sodga die Inkarnation eines Nyingma-*Tertön*, die allerdings nie offiziell anerkannt worden war. Er praktizierte sowohl die Gelugpa- als auch die Nyingma-Tradition und brachte beide Traditionen in seiner ungehinderten spirituellen Sicht zum Ausdruck.

Eines Tages, als ich noch im Hause meines Stiefvaters wohnte, schlug er mir vor, mit ihm zum Gipfel eines Berges mit Namen Tragchenma zu gehen, der insofern außergewöhnlich war, als die Felsformation an der Spitze wie ein riesiges Ohr aussah. In ihrem Inneren befand sich eine Höhle.

»Hier befindet sich ein *Terma*«, sagte mein Stiefvater, als wir in die Höhle eintraten. Er nahm sein Messer aus der Scheide und steckte es in die Felswand der Höhle. Der Stein leistete dem Messer keinerlei Widerstand. Als Sodga das Messer wieder herauszog, blieb ein Loch zurück, in das er ein Stück Holz in Form einer Klinge steckte, um anzuzeigen, wo das *Terma* zu einem späteren Zeitpunkt offenbart werden würde. Er sprach mit niemandem über diesen Vorfall, und als ich vor anderen damit prahlte, glaubten sie mir nicht. Diese Demonstration seiner Kräfte als *Siddha* war ausschließlich für mich bestimmt gewesen.

Trotz des Respekts, den ich für meinen Stiefvater empfand, und trotz der unendlichen Güte, die er mir gegenüber zeigte, entwickelte sich zwischen uns nie jene warmherzige, heitere Vertrautheit, die das Verhältnis zwischen vielen tibetischen Vätern und Söhnen kennzeichnet. Unsere Beziehung war eher korrekt als herzlich, obwohl sie seit der Zeit, als ich als Kind versucht hatte, ihn mit Pfeil und Bogen zu töten, wesentlich besser geworden war. Ich vermute, daß ihn insbesondere meine Entscheidung, das Drei-Jahres-Retreat zum Abschluß zu bringen und den Besitz meiner Mutter für den Bau der Vajrasattva-Gebetsmühle zu spenden, beeindruckt hatte.

In einem sehr tiefen Sinne jedoch wußte ich, daß ich mich auf seine Liebe und sein Mitgefühl verlassen konnte. Aufgrund meines Vertrauens zu ihm und meiner intuitiven Ahnung, daß er sich mit Problemen auseinandergesetzt hatte, die den meinen sehr ähnlich gewesen waren, suchte ich bei ihm Rat, als ich anfing, mich ernstlich mit meiner Sexualität zu beschäftigen.

Meine Sexualerziehung hatte während meines ersten Drei-Jahres-Retreats begonnen, als wir in den sechs Yogas des Naropa unterrichtet worden waren. Wir erlernten die Praxis der inneren Hitze und gewisse andere Yogas, allerdings wurde jede ausdrückliche Bezugnahme auf die Partnerpraxis vermieden, weil unsere Lehrer uns nicht in Gefahr bringen wollten, gegen unsere Mönchsgelübde zu verstoßen. Doch war mir schon damals an der Peripherie meines Bewußtseins durchaus klar, daß die Möglichkeit bestand, diese Yogas mit einer Gefährtin zu praktizieren. Wie die meisten Tibeter hatte auch ich *T'hangkas* von Gottheiten in sexueller Vereinigung gesehen, und obwohl mir die genauen Einzelheiten zu jener Zeit noch unbekannt waren, empfand ich diese Vorstellung doch als sehr reizvoll.

Körperliche Yoga-Praktiken einschließlich der Partner-Praktiken sind Methoden, die dazu dienen, die Meisterschaft über die subtilen Kanäle, die Winde und die Energiebewegungen im Körper zu erlangen. Mit Hilfe dieser Praktiken ist es möglich, sich vom gewöhnlichen Verlangen und von dualistischen Vorstellungen zu befreien und sich der Untrennbarkeit der eigenen absoluten Natur und der großen Glückseligkeit bewußt zu werden. Wer dies vollständig realisiert, erreicht einen Zustand erleuchteten Gewahrseins.

Indem wir das Erzeugen der inneren Hitze und andere yogische Praktiken übten, lernten wir gleichzeitig, die Energien unseres Körpers zu lenken. Die Fähigkeiten, die wir auf diese Weise entwickelten, weckten in mir den Wunsch, mehr über den Yoga der Partner-Praxis zu erfahren. Eines Tages brachte ein Besucher eine außergewöhnliche Schädelschale und eine Statue der Weisheits-*Dakini* Dorje P'hagmo von einem heiligen Ort namens Tzari an der Grenze zwischen Indien und Tibet mit – eben jenem Tzari, zu dem Chagdud Tanpai Gyaltsan hatte reisen wollen, was ihm jedoch aufgrund unüberwindlicher Hindernisse nicht gelungen war. Wir stellten diese Schädelschale, die als Behältnis des gesamten Universums angesehen wird, auf den Altar und führten eine Opferzeremonie durch. Als in der Nacht alle schliefen, kehrte ich in den Meditationsraum zurück und betete aus tiefstem Herzen darum, daß es mir beschieden sein möge, zum Wohle aller Wesen zu wirken, daß ich dies aber als *Ngagpa* tun würde, als ein Yogi, der nicht der Regel der sexuellen Enthaltsamkeit unterworfen ist. Ich sehnte mich danach, das gewöhnliche Verlangen zu überwinden und zur vollständigen Realisation der Untrennbarkeit von Glückseligkeit und absoluter Natur zu gelangen.

Später erzählte ich meinem Stiefvater von meinem Gebet und meinen Reflexionen über das Wesen des Begehrens. »Ja, das Begehren muß umgewandelt werden«, sagte er, »und das ermöglicht der Yoga der Partner-Praxis. Diese Praxis ist jedoch alles andere als leicht. Es erfordert meisterhafte yogische Fähigkeiten, die Früchte der Partner-Praxis zu ernten, und es ist sehr schwer, dabei nicht gewöhnlichem Begehren, gewöhnlicher Lust zu verfallen. Dennoch solltest du wissen, daß es in deiner Familie viele gab, die mit Hilfe der Partner-Praxis die vollkommene Realisation erlangt haben.«

Was er zu mir sagte, ermutigte mich. Trotzdem hätte ich meine hohen Ideale leicht vergessen können, wenn nicht bei jeder potentiellen Begegnung mit einer attraktiven jungen Frau meine Lehrer und Diener in der Nähe gewesen wären. Insbesondere gilt dies für eine Nacht in Bumsar, in der mein Stiefvater, Lama Tse Gon und ich uns in einem großen Zelt befanden. In einem anderen Teil des Zeltes schlief ein Mädchen, das meine Phantasie erhitzte. Ich wollte ihr Interesse auf mich lenken. Weil ich glaubte, mein Stiefvater und der *Gegan* schliefen schon, fing ich an, kleine Kiesel nach ihr zu werfen.

Ich weiß nicht, was ich getan hätte, wenn sie meine Versuche der Kontaktaufnahme erwidert hätte, doch das tat sie nicht. Vielmehr stellte sie sich fest schlafend, obwohl meine Würfe immer genauer wurden. Doch mein Stiefvater schlief keineswegs, und am folgenden Tag machte er mir strenge Vorhaltungen.

»Wirf deine Mönchsgelübde und deine Absicht, ein *Ngagpa* zu werden, nicht leichtfertig weg«, sagte er. »Du hast zwar schon eine gewisse yogische Ausbildung erhalten, aber sie reicht nicht aus, um schon mit der Partner-Praxis zu beginnen. Solltest du dies trotzdem versuchen, so besteht die Gefahr, daß du die Kontrolle verlierst und dem gewöhnlichen illusionären Verlangen verfällst. Ich kann dir eine Initiation und die entsprechenden Belehrungen geben; anschließend müssen wir zusammen ein neunmonatiges Retreat durchführen – zumindest ein sechsmonatiges.«

Es gab eine Prophezeiung, nach der mein Stiefvater mich zum Linienhalter eines der Schätze, die er gefunden hatte, machen würde. Unter den Schätzen, die er offenbart hatte, befand sich eine Padma-Dakini-Praxis, eine Methode zur Meisterung des Partner-Yoga. Solche Belehrungen werden nur äußerst selten übermittelt, doch mein Stiefvater war der Meinung, wenn er mich in diesen Lehren unterrichte, erfülle er die Prophezeiung.

Wir begaben uns wieder auf den Berg Tragchenma zu der Höhle, wo er sein Messer in einen Felsen gestochen hatte. Erneut demonstrierte er seine Kraft. Die Initiation in die Padma-Dakini-Praxis erforderte die Konstruktion eines Dreiecks aus Holz, in dem ein Feuer brennt und auf dem eine Metallplatte liegt. Sodga stand in einem gewissen Abstand von mir und zündete als symbolische Geste eine kleine Fackel an. Im gleichen Augenblick flammte spontan das Feuer in dem Dreieck auf. Dieses Phänomen beeindruckte mich so sehr, daß ich mich der Praxis mit einer gewissen Ehrfurcht näherte.

Das Retreat selbst war sehr streng und erschöpfend, und ich fühlte mich während dieser Zeit sehr einsam. Wir sahen niemanden außer den Dienern, die uns unser Essen brachten. Das erste Drittel der Zeit verbrachten wir mit der Entwicklung einer klaren Visualisation und mit Mantra-Rezitation. Im weiteren Verlauf des Retreats arbeiteten wir an den subtilen Kanälen und Winden und an der Konzentration und Steuerung der männlichen und weiblichen Energien.

Es gibt gewisse außergewöhnliche physische Zeichen, an denen zu erkennen ist, daß das Ziel der Padma-Dakini-Praxis vollständig erreicht ist. Diese Zeichen manifestierten sich bei mir während der sechs Monate des Retreats nicht in der erwarteten Weise. Mein Stiefvater meinte, sie wären wohl deutlicher gewesen, wenn das Retreat neun Monate gedauert hätte. Dennoch waren die Ansätze offenbar nicht schlecht, denn Sodga hielt es für richtig, mich zur Ausführung dieser Praxis zu autorisieren. Er war sich sicher, daß meine jugendliche Sexualität nun richtig kanalisiert war und sich meine Vitalströme unter Kontrolle befanden.

Ein weiterer wichtiger Dienst, den mein Stiefvater mir in diesen Jahren erwies, war, daß er mir eine Audienz bei Sechhen Rabjam in der Sechhen Gonpa ermöglichte. Sechhen Rabjam lebte ununterbrochen im Retreat und sprach fast nie mit Besuchern. Er erklärte sich nur deshalb bereit, mich zu empfangen, weil ich der Sohn von Delog Dawa Drolma und der Stiefsohn von Sodga war.

Als wir bei Sechhen Rabjam ankamen, bot Sodga ihm Opfergaben dar und bat ihn, festzustellen, welche Gottheiten-Praxis für meine Entwicklung die beste sei. Sechhen Rabjam erklärte sich bereit dazu und sagte, wir sollten drei Tagen später erneut zu ihm kommen.

Bei unserer Rückkehr fanden wir vor ihm ein wunderschönes Mandala der Grünen Tara, der Gottheit erleuchteter Aktivität. Er gab mir die Initiation in die Praxis der Grünen Tara und sagte: »Wenn du dich dieser Praxis bis zur Realisation widmest, wirst du zahllosen Wesen helfen.«

Meine Mutter, die eine Emanation der Weißen Tara gewesen war, hatte als *Tertön* eine Praxis der Grünen Tara entdeckt. Meine Verwandtschaft mit ihr war das erste Zeichen für meine Affinität zu Tara in diesem Leben gewesen. Immer wieder ist bestätigt worden – zuerst von Sechhen Rabjam und später auch von anderen –, daß Tara in all ihren Weisheitsaspekten meine Praxis segnen und eine Quelle meines segensreichen Wirkens für andere sein werde.

ALLES SCHIEN sehr zufriedenstellend zu verlaufen. Meine äußeren Aktivitäten bestanden darin, Gebete zu rezitieren und Zeremonien für andere durchzuführen sowie Meditationsübungen zur Förderung meiner eigenen Entwicklung zu erlernen und zu praktizieren. Innerlich erreichte ich durch meine Meditation höhere Ebenen des Verstehens, ein höheres Maß an Kontrolle über meine Gedanken und Emotionen und eine umfassendere, offenere Perspektive. Im geheimen arbeitete ich mit tiefgründigen Energien, mit dem Potential, die Untrennbarkeit von absoluter Natur und höchster Glückseligkeit zu realisieren. Ich war sehr ehrgeizig und zuversichtlich und profitierte von der ausgezeichneten Anleitung, die ich erhielt.

Doch war in Wahrheit keineswegs alles so perfekt, wie es scheinen mochte. Durch meine Mahamudra-Praxis erkannte ich den illusionären Charakter der »Ich«-Vorstellung, die Täuschung des Ich als

Bezugspunkt für das Verständnis der Wirklichkeit. Die Mahamudra-Meditation ließ mein Verständnis reifen, obgleich ich darin nicht das erlebte, was ich als Kind mit Hilfe meiner Visionen und Träume erlebt hatte: eine absolute Nacktheit des Seins. Ich fühlte mich wie ein Taubstummer, der einmal Zucker gekostet hat und dem diese Erfahrung nicht mehr zugänglich ist, weil er sie nicht benennen kann. Ich fixierte mich zwar nicht darauf, dies wiedererleben zu wollen, aber ich konnte mich auch nicht mit weniger zufriedengeben.

6

Konflikte und mein zweites langes Retreat

Im Spätsommer machten sich die Mönche und Lamas der Tenp'hel Gonpa auf, Gras zu schneiden, das sie als Winterfutter für die Pferde brauchten. Das Unternehmen glich eher einem ausgedehnten Picknick als harter Arbeit, denn es wurden immer wieder lange Pausen zum Teetrinken und Essen gemacht, und im Anschluß daran legten sich die Teilnehmer auf die warme Erde und starrten in den tiefblauen Himmel. Wenn einer der Männer dabei einschlief, wurde er von den anderen mit einem Scherz oder einer Geschichte wieder aufgeweckt. Später schnitten wir dann weiter das süß riechende Gras und sangen dabei tibetische Volksweisen.

Am Nachmittag des sechsten Tages luden wir dann die Grasbündel auf Yaks und machten uns auf den Rückweg zur Tenp'hel Gonpa. Weil wir später am Tag aufbrachen, als wir es eigentlich geplant hatten, mußten wir unterwegs im Haus einer Familie übernachten. Das bedeutete, daß mein Raum im Kloster eine Nacht lang unbeaufsichtigt blieb, und bei dieser Vorstellung war mir nicht ganz wohl.

Nachdem ich eingeschlafen war, hatte ich eine Vision, in der zwei Männer, die ich kannte, Jampal und sein Bruder, meine Unterkunft im Kloster betraten und Dinge aus dem Fenster warfen. Am nächsten Morgen wachte ich wütend auf und sagte zu meinen Reisegefährten: »Ich glaube, ich bin bestohlen worden.«

Als wir das Kloster erreichten, stellte ich fest, daß einige Dinge, die mir gehörten, darunter kostbare Ritualgegenstände, die ich von meiner Mutter erhalten hatte, verschwunden waren. Ich fragte einen alten Mönch: »Wer ist gestern abend in das Kloster gekommen?«

»Jampal und sein Bruder waren hier«, antwortete er.

Daraufhin suchte ich die Inkarnation von Tulku Gyurmed Namgyal Dorje auf, jenem alten Lama, dessentwegen meine Mutter in die Nähe der Tenp'hel Gonpa gezogen war. Dieser Lama war mittlerweile verstorben und hatte sich in einem kleinen Jungen mit außergewöhnlichen hellsichtigen Fähigkeiten reinkarniert. Ich sagte zu ihm, mir seien Dinge gestohlen worden, erwähnte aber nicht, wen ich für den Täter hielt. »Kannst du sehen, wer sie gestohlen hat?«

»O ja«, antwortete er sogleich. »Jampal hat sie gestohlen.«

Nachdem meine eigene Vision von zwei Seiten bestätigt worden war, ging ich zu Jampals Haus und forderte ihn auf, mir das Diebesgut zurückzugeben.

»Wie soll ich etwas zurückgeben, das ich gar nicht habe?« entgegnete er. »Ich habe diese Dinge nicht gestohlen.«

Ich wußte, daß er log, und seine kecke Lüge machte mich ebenso wütend wie der Diebstahl selbst. »Ich weiß, daß du mich bestohlen hast, ich weiß, daß du lügst, und ich bin felsenfest davon überzeugt, daß du damit nicht durchkommen wirst«, warnte ich ihn, wobei mein Gesicht vor Wut zitterte. Dann stürmte ich aus seinem Haus und kehrte zum Kloster zurück, wo ich den Mönchen mitteilte, was geschehen war. Ich hatte erwartet, daß sie sofort zu Jampal gehen und ihn zwingen würden, mir meine Besitztümer zurückzugeben. In Tibet sind Mönche nicht besonders sanftmütig, und schon gar nicht, wenn irgend jemand sich einem ihrer *Tulkus* gegenüber unehrerbietig verhält. Deshalb war ich überrascht, als sie, statt sogleich Partei für mich zu ergreifen, mit einer langwierigen Diskussion begannen.

Nachdem dies einen Tag lang so gegangen war, traf die Nachricht ein, daß Jampal geflohen sei. Er hatte sechs starke Brüder, was in Tibet schon der Grundstock für eine kleine Armee ist, und unter ihrem Schutz fand er in einem Dorf, in dem dreihundert Familien lebten, Asyl. Die Dinge, die Jampal mir gestohlen hatte, tauchten nie mehr auf. Vielleicht hatte er sie aus Angst vor meiner Vergeltung vergraben.

Meine Wut dehnte sich nun auch auf diejenigen aus, die mich nicht unterstützt hatten, sowie auf diejenigen, die Jampal schützten. Ich beschloß, die Tenp'hel Gonpa zu verlassen und mich bei meiner Familie in Tromt'har niederzulassen. Ich legte meine Mönchsroben ab, zog mir gewöhnliche Kleidung an und ritt davon. Ebenso wie meine Kleidung veränderte sich auch meine äußere Aktivität: Einige Jahre lang widmete ich einen großen Teil meiner Energie weltlichen Aktivitäten und dem Studium der tibetischen Medizin, statt der spirituellen Praxis.

Mein Onkel hatte eine umfassende Ausbildung in tibetischer Medizin. Menschen aus der ganzen Region kamen zu ihm, um ihn um Rat zu bitten und sich von ihm behandeln zu lassen. Sein Diener sammelte Heilpflanzen und andere Grundstoffe für Heilmittel und bereitete unter seiner Aufsicht viele der Arzneien zu, die mein Onkel den Kranken gab. Andere kaufte er bei Händlern. Von ihm lernte ich, durch Pulslesen, Urin-Analyse, Befragung und Beobachtung Diagnosen zu stellen und Menschen mit Hilfe von Heilmitteln und durch Veränderung ihrer schädlichen Gewohnheiten zu heilen. Außerdem studierte ich unter Anleitung meines Onkels medizinische Schriften. Diese Arbeit gefiel mir, doch als ich meinem Onkel sagte, ich würde überlegen, die Heilkunde zu meinem Beruf zu machen, versuchte er mich, mit großem Nachdruck davon abzubringen. Er wies mich darauf hin, daß ich dann nie mehr Ruhe haben werde, weil die Patienten mich zu jeder Tages- und Nachtzeit aufsuchen würden. Seine Vorbehalte vermochten mein Interesse an der Heilkunde nicht zu trüben, doch hatte ich ohnehin tief im Inneren bereits entschieden, daß ich mein Leben dem Wirken als Lama widmen wollte. In späteren Jahren halfen mir auch meine medizinischen Kenntnisse, das Leiden anderer Menschen zu lindern, doch erwiesen sich die Methoden des Dharma in dieser Hinsicht als wesentlich wirksamer.

Inzwischen hatten sich in Tromt'har viele Zwistigkeiten wegen Weideland entwickelt, und mein Onkel als der reichste und mächtigste Mann in der Region stand im Mittelpunkt dieser Auseinandersetzungen. Ich fungierte in diesen Konflikten als Vermittler. In Ost-Tibet wurden Streitigkeiten, die sich durch Verhandlungen nicht beilegen ließen, gewöhnlich mit Waffengewalt entschieden, denn es gab keine starke Regierung und somit auch keine Gerichtsbarkeit, die hätte eingreifen können. Das Positivste, was sich über mein Leben in jener Zeit sagen läßt, ist vielleicht, daß ich damals Menschenleben gerettet habe. Ich war ein geschickter Vermittler, und die Leute hielten sich im allgemeinen an die Vereinbarungen, die unter meiner Mitwirkung zustande kamen. So gelangte ich in Tromt'har und weit über diese Region hinaus zu Ruhm und Einfluß.

Doch nicht alle Konflikte ließen sich friedlich beilegen. Einmal wurden zwei der ausgezeichneten Pferde meines Onkels gestohlen. Wir suchten die ganze Gegend nach ihnen ab und fanden sie schließlich bei einem Mann, der sagte, er habe sie von zwei Männern aus Nyagrong gekauft. Wir kannten diese beiden Männer und wußten, daß sie einem räuberischen Stamm angehörten, der Pferdediebstahl ebensowenig scheute wie noch weitaus üblere Dinge.

Eine Zeitlang schien es, als könnten wir nichts tun, um die Tiere zurückzubekommen, doch als wir eines Tages hörten, daß die Diebe durch unsere Gegend ziehen wollten, lauerten wir ihnen auf und nahmen sie gefangen. Wir forderten von ihnen, daß sie unsere Pferde zurückkaufen und sie uns dann zurückgeben sollten. Als die Männer dies hörten, wurden sie aufsässig. Wie schon bei Jampal empörte mich besonders ihre Haltung. Wir nahmen ihnen ihre Waffen und Pferde ab und ließen sie dann laufen. In Tromt'har mußten Pferdediebe, die ein Pferd gestohlen hatten, drei zurückgeben. Gemessen an dieser Regelung waren die Diebe also gut davongekommen.

Natürlich war uns klar, daß sie den Vorfall nicht einfach auf sich beruhen lassen, sondern zurückkommen würden. Sie kehrten zu ihrem Stamm zurück und behaupteten, wir hätten sie beraubt. Dann sammelten sie eine gut bewaffnete Truppe von dreißig Männern um sich, die von einem berühmten Krieger angeführt wurde. Sie wollten sich nicht nur für die Beleidigung rächen, sondern außerdem auch die Viehweiden in der Region von Tromt'har unter ihre Herrschaft bringen.

Ich war in meinem Zelt in der Nähe der Tromge Gonpa, als ein Bote mit der Nachricht eintraf, daß sich die Bewaffneten näherten. Ich sattelte ein Pferd und ritt zu meinem Onkel und den anderen, die sich zur Verteidigung der Weidegründe zusammengetan hatten. Wir legten einen Hinterhalt an, indem wir unsere Kämpfer zu beiden Seiten eines engen Tals Aufstellung nehmen ließen. Als sich der Führer der gegnerischen Truppe näherte, feuerten wir auf ihn. Sein Pferd bäumte sich auf und warf ihn ab, doch es war ein großer Segen, daß an jenem Tag weder er noch irgend jemand anders und auch kein Pferd getötet oder verletzt wurde. Wir feuerten aus nächster Nähe und versuchten, einander durch Kugeln zu stoppen, doch blieben uns allen Verletzungen zum Glück erspart. Ich betete die ganze Zeit über darum, daß mir der Erfolg versagt bleiben möge, falls irgendeine schädliche Absicht anderen Menschen gegenüber in meinem Geist auftauchen würde. Vielleicht haben meine Gebete uns alle damals geschützt.

Schließlich kamen ein paar Leute aus anderen Dörfern herbei, um zwischen uns und den Eindringlingen einen Waffenstillstand auszuhandeln. Wir mußten ihnen einen Preis bezahlen, damit sie abzogen, doch diese Summe war nicht höher als das, was die Diebe uns noch schuldeten. Die Übereinkunft wurde eingehalten, und damit war die Sache erledigt.

Während dieser ganzen Zeit hatte ich meine Absicht, Jampal zu bestrafen, nicht aufgegeben. Mit Hilfe meines rednerischen Geschicks war es mir gelungen, eine Gruppe von hundert Männern zusammenzubringen, mit der ich das Dorf angreifen wollte, in dem er Asyl gefunden hatte. Doch eines Tages besuchte ich Tulku Arig, einen spirituell sehr hochentwickelten Lama, der in Tromt'har lebte und der ebenfalls mit der Tromge-Familie verwandt war. Als ich mich vor ihm niederwarf, schaute er mich bekümmert an, und seine Augen füllten sich mit Tränen. »Gehe nicht diesen Weg. Ganz gleich, ob du Erfolg haben wirst oder nicht, er wird dir in keinem Fall zum Vorteil gereichen, sondern sich nur als Hindernis für dein Dharma erweisen. Widme dich besser deiner Praxis.«

Das war alles, was er sagte, doch sein Mitgefühl drang in das Innerste meines Herzens. Ich weinte lange, und währenddessen taute das Eis der Feindseligkeit in mir. Bevor ich ihn an jenem Tag verließ, entschloß ich mich, sofort mit einem dreijährigen Einzel-Retreat zu beginnen.

Ich ritt zum schwarzen Zelt meiner Großmutter, um einige Vorräte mitzunehmen. Als ich ihr von meinem Vorhaben erzählte, bat sie mich, mit dem Retreat erst nach einem großen Treffen des Tromge-Klans zu beginnen, das drei Tage später stattfinden sollte. »Es gibt keinen Grund, weshalb du nicht noch ein wenig warten kannst.« Doch es gelang ihr nicht, mich von meinem Vorhaben abzubringen, weil mir klar war, daß ich es keinesfalls aufschieben sollte.

Ich bat einen Diener, ein Pferd für mich bereitzuhalten, aber aus irgendeinem Grund verschwand es. So mußte ich die etwas mehr als anderthalb Kilometer vom Zelt meiner Familie zur Tromge Gonpa, wo mein Retreat stattfinden sollte, zu Fuß zurücklegen. Diese Entfernung ist sicherlich für die meisten Menschen kein weiter Weg, doch da ich seit meiner frühesten Kindheit jahrelang sehr viel Zeit in der Meditationshaltung verbracht habe, ist es mir immer sehr schwergefallen, selbst kürzere Entfernungen zu Fuß zu gehen; deshalb war diese Strecke für mich ein sehr weiter Weg.

Im Kloster erhielt ich einen kleinen abgetrennten Bereich für mich. Er bestand aus einem Raum für die Meditation und für meinen Altar, einem winzigen Schlafraum und einer Latrine. Mein Essen wurde in der Klosterküche gekocht und mir gebracht. Ich begann mein Retreat Mitte Juli, und in dieser Zeit kam es drei Tage lang zu unerwartet starken Schneefällen. Die Klosterbewohner hatten alle Hände voll damit zu tun, Schnee zu entfernen und Tiere, die sich verirrt hatten, zu suchen. Ich hingegen saß in meinem Retreat-Haus und fühlte mich sehr wohl. Es war, als hätte sich ein dichter weißer Vorhang zwischen mich und meine Verstrickungen in die äußere Welt gelegt.

MEIN ZWEITES DREI-JAHRES-RETREAT war eine tiefe Reinigungserfahrung. Im Buddhismus hat die Erleuchtung zwei Aspekte – der Geist ist frei von allen Giften und verdunkelnden Gewohnheiten, und er ist angefüllt mit allen vollkommenen Qualitäten des Mitgefühls und der Weisheit. Die Entfernung der letzten Spuren von Unreinheit und die Erschließung der höchsten Potentiale des Geistes lassen sich am schnellsten durch die höchsten, direktesten Lehren des tibetischen Buddhismus erreichen, die Lehren der Großen Vollkommenheit (*Dzogchen*) in der Nyingma-Tradition.

Ich war entschlossen, diese Lehren zu hören und zu praktizieren; keine andere Ebene der Praxis, ganz gleich, welche außergewöhnlichen yogischen Kräfte sich dadurch erreichen ließen, vermochte mich völlig zufriedenzustellen. Durch mein zweites Drei-Jahres-Retreat machte ich mich bereit, diese Lehren würdig zu empfangen.

Ich begann mein Retreat mit der Wiederholung der vorbereitenden Übungen, unter anderem mit erneutem hunderttausendmaligem vollständigem Niederwerfen. Ich folgte bei der Ausführung dieser Übungen der *Longchen Nyingt'hig*-Tradition, einer der Grundlagen der Nyingma-Tradition, und ich führte die Übungen verglichen mit meinem ersten Drei-Jahres-Retreat sehr sorgfältig aus. Es war für mich eine Freude, das, was ich als Kind nur halbherzig praktiziert hatte, nun mit großem Eifer und ungeheuer gründlich zu wiederholen.

Mein Retreat-Lehrer war Tromge Trungpa Rinpoche, ein Meister der Großen Vollkommenheit und ein *Siddha* der Göttin Tara. Er sagte zu mir: »In jeder Generation unserer Familie gibt es einen Lama, der in vollem Maße in den Genuß der wohltätigen Kraft von Tara gelangt. Deine Mutter war die Tara-*Siddha* ihrer Generation, und wenn du dich mit großer Hingabe der Tara-Praxis widmest, wirst du wahrscheinlich der Tara-*Siddha* deiner Generation werden. Das wäre sehr gut.«

Nachdem er mir dies gesagt hatte, rezitierte ich hunderttausendmal die langen Lobpreisungen der zweiundzwanzig Weisheitsaspekte von Tara. Dadurch öffnete ich meiner Tara-Praxis die Tür, die für mich zu einer Quelle unablässiger Inspiration und ebensolchen Segens werden sollte.

Meine Praxis entwickelte sich über einige Monate sehr gut. Es gab keine Störungen durch äußere Ereignisse, mein Geist war gut auf die Meditation eingestimmt – nicht zu angespannt, nicht zu entspannt –, die Zeichen waren gut, und ich hatte nichts anderes im Sinn, als auf diese Weise weiterzuarbeiten.

Dann plötzlich kam meine Wut darüber, daß Jampal meine Besitztümer gestohlen hatte, wieder hoch, diesmal in einer besonders gefährlichen Form: als spirituelle Selbstgerechtigkeit. Ich dachte: »Jampal hat seine Tat bis heute nicht gestanden und bereut. Er glaubt, ich hätte keine Möglichkeit, dem Recht Geltung zu verschaffen, und das Dharma sei gegen seine Missetat machtlos. Sein schamloses Verhalten wird andere dazu anspornen, es ihm gleichzutun. Es ist nicht nur in meinem eigenen Interesse, sondern im Interesse des Dharma selbst, daß er bestraft wird und dadurch beispielhaft die Folgen untugendhaften Verhaltens veranschaulicht werden.«

Ich war von diesen Gedanken regelrecht besessen. So kam es, daß ich noch in der gleichen Nacht anfing, ein Mandala für die Dharma-Beschützer aufzubauen, um sie zu einer von Zorn-Energie gespeisten Intervention im Hinblick auf Jampal zu bewegen. Die entsprechende Zeremonie wollte ich am folgenden Tag ausführen, doch bevor ich am Morgen damit beginnen konnte, kam ein Mönch zu mir und teilte mir mit, Tromge Trungpa Rinpoche warte draußen vor der Tür. Dies kam für mich völlig überraschend. Tromge Trungpa kam nur zu meinem Retreat-Haus, wenn ich Belehrungen benötigte, um mit meiner Praxis fortfahren zu können, nie einfach, um lediglich mit mir zu plaudern. Als er eingetreten war, bot ich ihm meinen Sitz an und setzte mich selbst auf den Boden.

Er fing an, mich zu loben. »Tulku, es ist selten, einen Übenden wie dich zu sehen, der wahrhaft von der Motivation angetrieben wird, den fühlenden Wesen zu helfen. Du hast ausgezeichnet studiert, und du hast ebensogut meditiert, und dies alles ist wundervoll. Andere Wesen werden sehr davon profitieren.«

Doch dann fuhr er fort: »Weißt du, es gibt ein paar Übende mit einem schwarzen Herzen, die das Dharma auf üble Weise benutzen. Sie versuchen, anderen Wesen mit Hilfe der Beschützerpraktiken Leiden aufzubürden. Natürlich bist du nicht so wie sie. Ich selbst wäre lieber ein gewöhnlicher Murmeltiermörder als solch ein perverser Übender.«

In Tibet werden Menschen, die Murmeltiere töten, als die niedrigsten und niederträchtigsten Menschen angesehen, weil Murmeltiere wehrlose Geschöpfe sind. Denjenigen, die Murmeltierfleisch aßen, haftete ein ganz bestimmter Geruch an, und andere Leute ließen sie nicht in ihre Häuser oder Zelte. Ich fühlte mich zutiefst gedemütigt, weil ich in Tromge Trungpas Achtung fast tiefer gesunken war als ein Murmeltiermörder.

Ich sagte nichts über das Mandala, das ich aufgebaut hatte, und erging mich in höflichen Formalitäten, als er aufbrach. Ich fürchtete, er könne die ungeheure Verzweiflung bemerken, die ich empfand. Sobald er sich ein gutes Stück von meinem Haus entfernt hatte, zerstörte ich das Mandala. Tatsächlich hatte es seinen Zweck insofern erfüllt, als es einen unfehlbaren Beschützer herbeirief – Tromge Trungpa, der mir die Konsequenzen meiner eigenen Untugend vor Augen führte.

Außerdem wurde mir auf diese Weise klar, daß man sich auf dem ganzen Weg zur Erleuchtung der Praxis widmen muß, weil bis zum Erreichen der vollständigen Erleuchtung jederzeit Hindernisse auftauchen und das bereits Erreichte wieder zunichte machen können. Ich hatte unter wundervollen Lamas studiert, bereits ein langes Retreat abgeschlossen und in meiner Meditation Anzeichen für spirituelle Errungenschaften erfahren, und dennoch wäre durch eine einzige negative Emotion fast ein riesiges Hindernis entstanden, das mir weitere Erfolge auf meinem Weg hätte unmöglich machen können. Ich bemühte mich daraufhin um noch größere Sorgfalt und überprüfte meinen Geist noch gründlicher und häufiger. Was Jampal anbetrifft, so besuchte mich 35 Jahre später einer seiner Brüder und berichtete mir, Jampal sei von einem Tibeter ermordet worden, weil er mit den Chinesen kollaboriert hatte. Ich erzählte diesem Bruder, daß ich im Grunde in Jampals Schuld stünde, weil es ihm zu verdanken war, daß ich, um meine Wut auf ihn zu reinigen, mit meinem zweiten langen Retreat begonnen hatte.

Der Unterschied zwischen meinem ersten und meinem zweiten Drei-Jahres-Retreat war, daß ich mittlerweile elf Jahre älter war und mich die Zeichen, die sich aufgrund der Praxis manifestierten, wesentlich weniger stark beeindruckten. Ich hatte Visionen von Gottheiten und wundervolle Träume, doch so erfreulich all das war, verglichen mit der unablässigen Offenbarung der spontanen Vollkommenheit des Geistes waren dies nur vergängliche Reichtümer. Durch die Belehrungen über die Große Vollkommenheit, die ich von Tromge Trungpa erhielt, und durch meine anschließende Meditation darüber lösten sich zeitweilig alle gewöhnlichen Wahrnehmungsmuster auf, und ich ruhte im vorstellungsfreien Gewahrsein.

In den letzten drei Monaten des Retreats wurde ich so krank, daß ich glaubte, ich müsse sterben. Ich behielt keine Nahrung mehr bei mir und wurde dadurch sehr schwach. Als die Situation sich nach einiger Zeit noch nicht gebessert hatte, schrieb ich Tromge Trungpa und bat ihn, das Retreat verlassen und einen Arzt aufsuchen zu dürfen. Er antwortete, er halte meine Krankheit für ein Retreat-Hindernis und ich sollte deshalb das Retreat nicht unterbrechen. Als ich dies las, war ich sehr traurig, jedoch andererseits auch fest entschlossen, seinem Rat zu folgen. Deshalb bereitete ich mich auf meinen Tod vor.

Zwischen meinen Meditationssitzungen übte ich *P'howa*, um im Augenblick des Todes mein Bewußtsein übertragen zu können. Die Zeichen stellten sich schnell ein, und ich hatte eine Vision von Amitabha Buddha, dem zentralen Fokus der Meditation in der spezifischen Bewußtseinsübertragungs-Praxis, mit der ich arbeitete. Außerdem übte ich auch die Vajra-Yogini-*P'howa* für den Fall, daß ich zu schwach sein würde, um das Mantra der Übertragung des Bewußtseins in das Reine Land des Amitabha rezitieren zu können. In der Vajra-Yogini-*P'howa* überträgt man das eigene Bewußtsein, ohne ein Wort zu sprechen, in die ungeheure Weite der Weisheit. Vajra Yogini erwies mir während meiner Praxis die Ehre, mir in einer Vision zu erscheinen.

Eines Nachts kam ich in einem Traum an einen Ort, wo am gesamten Horizont die Erde flimmerte und mit dem Himmel verschmolz. Dies war ein sehr merkwürdiges Erlebnis, das mir völlig unbekannt war. Ich fragte ein paar Leute, die ich dort traf: »Was ist das für ein Ort?«

»Das Meer.«

»Ich habe einen solchen Ort noch nie gesehen.«

»Das ist der Ort, wo du sterben und als Fisch wiedergeboren werden wirst.«

Dann erinnerte ich mich in jenem Traum an einen realen Vorfall aus meiner Kindheit. Eine Frau, die gekommen war, um meine Mutter zu besuchen, trug ein Schmuckstück, das mich faszinierte. Ich fragte sie, woher es stamme, und sie antwortete, es sei von einem Fisch. Daraufhin rannte ich zu dem Bach in der Nähe unseres Hauses und fing einen winzigen Fisch. Zwar konnte ich nicht hinschauen, doch gelang es mir irgendwie, das Tier mit meinem kleinen Messer zu töten. Anschließend öffnete ich den Fisch, fand aber zu meiner Enttäuschung kein Schmuckstück darin. So kehrte ich schließlich mit leeren Händen ins Haus zurück und fragte die Frau, warum sie mir etwas gesagt habe, das gar nicht stimme. Sie lachte und sagte: »Nein, nein. Das hast du falsch verstanden. Das Schmuckstück stammt von einem Fisch, der in einem weit entfernten Meer lebt.« Ich war damals erst vier Jahre alt, doch auch zu diesem Zeitpunkt war mir schon klar, daß mein Fehler nicht nur darin bestand, daß ich die falsche Art von Fisch gewählt hatte.

In dem Traum dachte ich: »O nein! Dies wird geschehen, weil ich jenen Fisch umgebracht habe. Wenn es mir bestimmt ist, als Fisch wiedergeboren zu werden, hoffe ich, zumindest nur ein kleiner Fisch zu werden, damit ich keine anderen Fische fresse.« Das war das Ende meines Traums.

Als ich früh am Morgen in der Dunkelheit zur Latrine ging, tauchte vor mir das Bild eines silbrig-grauen Fisches auf. Ganz gleich, wohin ich schaute, der Fisch stand mir immer klar und deutlich vor Augen. Er verschwand nicht, als die Sonne aufging, und auch nicht, als ich mich alltäglichen Aktivitäten widmete oder in der Meditation andere Bilder visualisierte. Tagelang sah ich den Fisch unablässig vor mir, bis ich schließlich eine millionmal das Mantra *Om Mani Padme Hung* rezitierte und für die Linderung des Leidens aller Wesen betete – der Menschen, der Tiere und all jener in den unsichtbaren Bereichen. Nach Abschluß dieser Rezitation widmete ich die durch meine Meditation angesammelten Verdienste jenem Fisch, den ich getötet hatte, verbunden mit dem Wunsch, er möge glücklich werden und höchste Befreiung erlangen. Dann verschwand der Fisch.

Meine Krankheit hatte ich immer noch nicht überwunden. Mir war ständig schlecht, und ich lebte in permanenter Erwartung meines unmittelbar bevorstehenden Todes. Doch der Tod stellte sich anderswo ein. Eines Morgens während der letzten Woche meines Retreats klopfte es sehr früh an der Tür, und ein Mönch, der in seiner Praxis vorbildlich war und sich ebenfalls im Retreat befand, trat ein und sagte abrupt: »Tromge Trungpa ist in der vorigen Nacht gestorben.«

Ich konnte es nicht fassen. »Er hat mich doch gestern noch besucht und wirkte überhaupt nicht krank.«

»Er war auch nicht krank.« Die Geschichte, die ich von diesem Mönch und von anderen hörte, war unglaublich. Am Tag zuvor hatte Tromge Trungpa gehört, daß Tulku Arig, der gerade von den Sterbezeremonien für seinen verehrten Guru zurückgekommen war, schwer erkrankt war. Daraufhin murmelte: »O nein, es wäre ein zu großer Verlust, wenn Tulku Arig sterben würde. Er könnte anderen so nützlich sein, wenn er noch lange leben würde. An seiner Stelle sollte besser jemand wie ich sterben.« Weiter sagte er nichts, und diejenigen, die seine Worte hörten, dachten sich nichts besonderes dabei.

An jenem Tag suchte Tromge Trungpa alle seine Schüler auf, überprüfte ihre Praxis und beantwortete ihre Fragen. Als er zu mir kam, überprüfte er mein Verständnis des gesamten Spektrums der Lehren über die Große Vollkommenheit, erklärte mir noch einmal bestimmte Punkte und beantwortete alle meine Fragen sehr ausführlich. Das war insofern ungewöhnlich, weil er mir die Belehrungen im allgemeinen nur »scheibchenweise« gab und mich dann jeweils intensiv darüber meditieren ließ. Ich hielt sein verändertes Verhalten mir gegenüber für ein glückverheißendes Zeichen und brachte es mit der Tatsache in Verbindung, daß mein Retreat bald zu Ende ging. Als er aufbrach, berührte er mit seiner Stirn die meine, so wie Lamas sich voneinander verabschieden, die einander als Gleichgestellte respektieren.

An jenem Abend lud Tromge Trungpa zwei Nonnen ein, mit ihm zu Abend zu essen. »Bereitet ein sehr gutes Essen zu«, bat er sie. Nachdem sie gegessen hatten, zündeten sie viele Butterlampen an und meditierten eine Zeitlang. Er fragte die Frauen nach ihrer Übung und fragte sie auch, ob es irgend etwas gebe, worüber sie sich Klarheit verschaffen wollten. Dann sagte er: »Vor kurzem hatte ich einen Traum über einen goldenen Sonnenuntergang. Vielleicht wird Situ Rinpoche bald sterben. Diejenigen, die ihm treu verbunden sind, werden Tränen vergießen und trauern, doch das zeigt, daß sie nicht verstehen. Wenn ein Lama stirbt, erlangt er die Erleuchtung, und dies ist eine gute Zeit, um Segen zu erbitten, nicht um zu weinen, denn dies ist ein wichtiger Augenblick in der spirituellen Entwicklung eines Menschen.«

Es war schon spät, und er sagte zu den Nonnen, sie sollten in seinem Zimmer schlafen. Eine der beiden konnte jedoch nicht schlafen. Sie bemerkte, daß Tromge Trungpa eigenartig atmete, so als würde er immer wieder seufzen. Nach einiger Zeit ging sie zu seinem Thron, um nachzuschauen, ob alles in Ordnung sei. Sein Kopf war zu einer Seite gefallen. »Rinpoche! Rinpoche!« sprach sie ihn leise an. Da er nicht antwortete, schüttelte sie ihn sanft, weckte dann die andere Nonne und bat sie, zu wachen, während sie den Mönch holte. Der Mönch kam und sagte, Tromge Trungpa sei tot, und sie sollten bis zum Morgen nichts unternehmen.

Am Morgen kam der Mönch zu mir. Wir waren uns einig, daß der Leichnam drei Tage lang nicht von der Stelle bewegt werden sollte. So kam es, daß Tromge Trungpas Bestattung an dem Tag erfolgte, als mein Retreat zu Ende ging. Der Bestattungsplatz befand sich auf einem Berg hoch über dem Kloster. Der Himmel war völlig klar und tiefblau. Rauch stieg auf und wehte in eine Richtung, während sich hoch über dem Bestattungsfeuer und unabhängig von dem Rauch eine kleine Wolke bildete. In der Wolke waren viele Kugeln aus Regenbogenlicht zu sehen.

Meine Großmutter, die zu jener Zeit schon sehr alt war, ging nicht zu der Bestattungszeremonie. Als der Rauch des Feuers aufstieg, verließ sie das Familienzelt, schaute zum Bestattungshügel hinauf und sagte laut: »Ich frage mich, ob Regenbogen erscheinen werden.« Ehrerbietig warf sie sich dreimal in jene Richtung zu Boden und ging dann zum Zelt zurück. Nachdem sie ein paar Schritte gegangen war, fiel sie um und war tot.

Nun wurden 49 Tage lang die entsprechenden Zeremonien für meine Großmutter und für Tromge Trungpa durchgeführt. Die Opfer, die dabei dargebracht wurden, waren so gewaltig, daß dies selbst für unsere Familie, die zu jener Zeit immer noch recht wohlhabend war, eine ziemlich große materielle Belastung war. Mir jedoch brachten diese Zeremonien Glück.

Mein Onkel, der tibetische Arzt, bemerkte, daß es mir nicht gut ging, und er befragte mich über meine Symptome. Als ich sie beschrieb, sagte er: »Mach dir keine Sorgen, diese Krankheit läßt sich leicht heilen. Warum hast du mir nicht schon früher davon erzählt?« Er gab mir eine Medizin in Fleischbrühe, die ich trank. Zum ersten Mal seit Monaten war mir nicht übel. Danach fühlte ich mich jeden Tag stärker, bis ich schließlich wieder völlig genesen war.

Am Ende der Zeremonien wurden zwei Papiere, die während der Rituale benutzt worden waren – eines zum Nutzen von Tromge Trungpa, das andere zum Nutzen meiner Großmutter –, zu dem unübertroffenen Lama Jamyang Khyentse Chhökyi Lodrö gebracht. Mein Onkel und fünf andere Männer ritten zu seinem Kloster und baten ihn um eine Audienz. Für Tromge Trungpa bat mein Onkel Chhökyi Lodrö darum, das Papier auf eine Weise in seine Praxis einzubeziehen, daß alle, die eine Verbindung zu dem verstorbenen Lama gehabt hätten, einen besonderen Segen erhielten. Für meine Großmutter bat er darum, daß ihr Bewußtsein vom Leiden der gewöhnlichen Existenz befreit werden möge.

Im Laufe dieser Audienz fragte mein Onkel Chhökyi Lodrö auch, ob es an der Zeit sei, Kham zu verlassen und nach Padma Kod (Pema Kö) an der indischen Grenze überzusiedeln. Seine Besorgnis basierte auf einer Prophezeiung, die er in einem religiösen Text unserer Familie gefunden hatte. Mehrere hundert Jahre zuvor hatte ein sehr großer Lama prophezeit, dem Lande Tibet würden schreckliche Dinge zustoßen, wenn durch die Region Powo eine Straße gebaut würde. Geschehe dies, sollten die Bewohner alles verlassen und sich nach Padma Kod begeben, da diese Region nach einer Prophezeiung Padmasambhavas in unruhigen Zeiten ein sicherer Zufluchtsort sein werde.

Uns war zu Ohren gekommen, daß die Chinesen nun dabei waren, eine solche Straße zu bauen. Ich selbst hatte sehr beunruhigende Träume gehabt, und ich fühlte, daß es an der Zeit sei, nach Padma Kod umzusiedeln. Doch Chhökyi Lodrö antwortete meinem Onkel, die Prophezeiung sei vielleicht für die nächste Generation bestimmt. Als ich nach der Rückkehr meines Onkels diese Antwort hörte, war ich überrascht, zweifelte aber nicht daran, daß Chhökyi Lodrö recht hatte. Erst viel später wurde mir klar, daß der alte Lama unter den fünf Begleitern meines Onkels einen Kollaborateur der Chinesen entdeckt haben mußte. Deshalb konnte er nicht offen sprechen, sonst hätte er sehr viele Menschen gefährdet. Wäre mir das damals schon klar gewesen, so hätte ich dies als ein sehr viel deutlicheres Zeichen für die

Zwietracht und den Verrat angesehen, die Tibet in den Untergang führen sollten, als den Bau der Straße.

Die erste chinesische Autorität, mit der ich unmittelbaren Kontakt hatte, war ein chinesischer Offizier, ein Organisator der kommunistischen Partei, der, als er in Tromt'har auftauchte, vor allem durch seinen offensichtlichen Stolz auf seine Uniform auffiel. Er organisierte mehrere Essen, zu denen er viele angesehene Leute einlud. Während des Essens, zu dem ich eingeladen worden war, nahm er mich bei der Hand und führte mich mit einer freundschaftlichen Geste ins Freie. Da er kein Tibetisch sprach, versuchte er, mir mit Hilfe einer kleinen Scharade klarzumachen, was er sagen wollte. Zuerst deutete er auf einen Hund und gab mir zu verstehen, der Hund habe ein Murmeltier getötet. Dann deutete er durch Gesten an, wie er selbst das Murmeltier häutete, das Fleisch anschließend zubereitete und es dann seinen Gästen servierte. Er lächelte breit über seinen eigenen vermeintlichen Scherz und wartete ab, wie ich reagieren würde. Ich unterdrückte jede äußere Reaktion, denn mir war klar, daß er mich provozieren wollte. Innerlich war mir übel und äußerst unwohl bei dem Gedanken, daß dieser Mann seine Verachtung gegenüber unseren Sitten und Gebräuchen tatsächlich dadurch demonstrieren könnte, daß er uns Fleisch vorsetzte, welches wir als ganz und gar unrein ansahen.

Bei einer anderen Gelegenheit versuchten chinesische Offiziere, mich als Organisator für den Abbau von Kohle und anderen wertvollen Mineralien in der Region von Tromt'har anzuwerben. Da ich jedoch nichts mit den chinesischen Behörden zu schaffen haben wollte, entschuldigte ich mich und sagte, ich hätte dafür keine Zeit.

Ich bin heute noch froh, nie Geld von den Chinesen angenommen zu haben. Die chinesischen Invasoren haben die tibetische Gesellschaft nämlich durch die Macht des Geldes allmählich unterhöhlt. In der ersten Zeit nach ihrer Ankunft bezahlten sie für die kleinsten Gefälligkeiten mit Unmengen von Silber. Wenn sie ein Pferd mieteten, um drei oder vier Kilometer weit zu reisen, oder wenn jemand zu einem ihrer Lager Wasser von einem zwanzig Meter entfernten Brunnen brachte, entlohnten sie ihn dafür mit übertrieben hohen Summen. In ihrem Auftreten waren die Chinesen freundlich und zuvorkommend. Wenn jemand sie beleidigte, lächelten sie nur und wendeten sich ab. Viele Tibeter fingen an zu glauben, die Chinesen seien gar nicht so schlecht, vor allem im Vergleich mit dem zentral-tibetischen Militär, das Männer, Pferde und Vorräte konfiszierte, kaum etwas dafür zahlte und keinen Protest gegen derartige Zwangsmaßnahmen duldete.

In dieser Zeit mißtraute ich bereits den Chinesen und vermied den Umgang mit ihnen, doch erkannte ich noch nicht so klar, was sie tatsächlich vorhatten, denn sonst hätte ich wahrscheinlich entschlossener gehandelt. Viele große Lamas sahen in ihrer Meditation und in Träumen Zeichen dafür, daß dunkle Zeiten bevorstanden, und einige warnten die Bevölkerung und empfahlen ihr dringend, sich auf die Flucht aus ihrer Heimat vorzubereiten. Meine eigenen Träume waren ebenso düster. In einem, der sich mehrfach wiederholte, schaute ich über ganz Tibet. Ein undurchdringlicher Dunstschleier lag über dem Land, und die Bevölkerung wurde bewußtlos.

Trotz dieses Traums beruhigte mich, was Jamyang Khyentse Chhökyi Lodrö gesagt hatte. Ich vertraute seiner Aussage mehr als meinen eigenen Träumen. Schließlich entschloß ich mich, erneut ins Retreat zu gehen. Ich brachte meine Habseligkeiten in das oben auf dem Berg gelegene Haus, in dem Tromge Trungpa gelebt hatte, und traf alle notwendigen Vorbereitungen. Doch kurz bevor mein Retreat-Siegel angebracht werden sollte, besuchte mich Tulku Jigmed Namgyal aus dem Tromge-Kloster. Er war ungefähr in meinem Alter, ein großzügiger Freund mit einem goldenen Herzen, und es war klar, daß er für das Wohl der nächsten Generation des Tromge-Klans eine große Verantwortung übernehmen würde.

»Tulku, ich weiß, daß du in Kürze mit einem Retreat beginnen willst«, fing er an. »Und natürlich solltest du solch ein Vorhaben nicht aufschieben. Doch ist die Familie auf deine Hilfe angewiesen. Du weißt wahrscheinlich, daß bei den Sterbezeremonien viele Opfergaben erforderlich waren und daß unsere Vorräte ziemlich zusammengeschmolzen sind. Außerdem haben wir vielen Menschen Nahrung gegeben und besitzen nun nur noch sehr wenig Gerste.

Ich werde alles tun, was ich kann, um die Familie zu unterstützen«, fuhr Tulku Jigmed fort, »aber die meisten Menschen in Tromt'har sind Tromge Trungpa treu ergeben und haben, als er starb, so viel geopfert, wie sie nur konnten. Ich habe darüber nachgedacht, was man tun könnte, und ich hatte gehofft, daß du dich vielleicht bereit erklären würdest, nach Nyagrong zu reisen.

Du hast die Chagdud Gonpa seit mehr als zehn Jahren nicht mehr besucht, und deine Mönche und Lamas fragen sich wahrscheinlich schon, ob du sie im Stich gelassen hast. Sie werden sicherlich davon profitieren, wenn du dorthin zurückkehrst und sie lehrst, und ich glaube, daß das auch für dich gut sein wird. Du hast jenes Kloster viele Leben lang betreut, und du solltest deine Verbindung zu ihm nicht abreißen lassen.

Außerdem könntest du dadurch deiner Familie helfen. Gerste ist in Nyagrong leicht zu bekommen, und sicher werden dich viele wohlhabende Familien bitten, für sie Zeremonien durchzuführen. Es würde uns sehr helfen, wenn du einige der Opfergaben, die du erhältst, für den Kauf von Getreide und dessen Transport nach Tromt'har verwenden würdest.«

Ich war auf der Stelle bereit, Tulku Jigmeds Bitte zu erfüllen, weil mir klar war, daß er mich nicht ohne triftigen Grund von meinen Retreat-Plänen abgehalten hätte. Außerdem waren die Mitglieder des Tromge-Klans trotz aller Spannungen in meinen Beziehungen zu ihnen immer noch meine Blutsverwandten, die Familie meiner Mutter, und es wäre für mich undenkbar gewesen, ihnen irgend etwas zu verweigern, das sie wirklich dringend brauchten. So bereitete ich mich also darauf vor, nach Nyagrong und zur Chagdud Gonpa zu reisen, dort Gerste zu kaufen und sie meinen Verwandten zu schicken.

7

Pilgerreise

EINES TAGES, als ich schon eine Weile in der Chagdud Gonpa lebte, wurde ich von neunzehn jungen Mönchen besucht, mit denen ich mich während meiner ersten Reise nach Nyagrong angefreundet hatte. Sie wollten nun zu einer Pilgerreise nach Zentral-Tibet aufbrechen, so wie es bei den Mönchen der Chagdud-Gonpa Sitte war. Viele Jahre zuvor hatten wir darüber gesprochen, daß wir diese Reise gemeinsam antreten könnten.

Im Scherz fragte ich sie: »Wie sieht es denn mit unserem Plan aus, gemeinsam auf Pilgerreise zu gehen? Wollt ihr wirklich ohne mich aufbrechen?«

Die Mönche waren überrascht. Einer von ihnen sagte: »Wir haben nie geglaubt, daß du wirklich mit uns reisen würdest. Natürlich würden wir gern mit dir zusammen aufbrechen – jetzt oder in einem Jahr, wann immer du bereit bist.«

Ich hatte noch gar nicht über diese Möglichkeit nachgedacht, doch in diesem Augenblick verspürte ich einen starken Drang, auf Pilgerreise zu gehen. Ich sagte zu den Mönchen: »Ich werde darüber nachdenken.« Dann bat ich einen sehr großen Lama, Tulku Ado, der damals im Retreat war, wegen der Reise um eine Zukunftsschau. Seine Antwort lautete: »Reise nicht. Nyagla Padma Duddul erlangte den Regenbogenkörper, ohne je auf Pilgerreise gewesen zu sein; er meditierte. Auch Milarepa erlangte durch Meditation Erleuchtung, nicht durch eine Pilgerreise. Mein Rat an dich lautet: Bleibe hier und meditiere.«

Nachdem ich den Lama um die Zukunftsschau gebeten hatte, war ich eigentlich verpflichtet, seinem Rat zu folgen. Doch entsprach sein Rat nicht meinem eigenen inneren Drang, der im Laufe der nächsten Tage immer stärker und zwingender wurde. Deshalb betete ich intensiv um Klarheit. Eines Nachts erschien mir die große Dharma-Beschützerin Ekajati und sagte: »Ich bin die Mutter des ursprünglichen Raums, und ich singe dir: Zeit ist nicht von Dauer und ein Tanz der Illusion. Das Verdienst der Rotgesichtigen ist nun im Schwinden. Aufgrund nicht eingehaltener Verpflichtungen erfüllt ein giftiger Strom von Unreinheit den Himmel. Das Sonnenlicht der Lehre des Buddha verblaßt. Mein Sohn, sitz hier nicht herum. Begib dich ins Zentrum. Orte, Länder, Klöster – sie alle sind illusionär. Durchschneide deine Anhaftung. Hayagriva und Vajrakilaya werden dich beschützen; die Mutter Arya Tara hält dich wie ein Kind. Deine Helfer, die lotusgeborenen Regenten, wirst du immer und immer wieder sehen. Das Dharma der Großen Vollkommenheit ist dein Erbe, und es wird zu dir kommen wie vom Vater zum Sohn. Doch nun ist die Zeit da, in welcher der gierige Tiger aus dem Osten seine Macht zeigen wird. Entziehe dich diesem Hindernis, bevor du in der Region Kham seinen Pranken zum Opfer fällst.«

Meine Entscheidung stand nun fest, und ich bereitete mich auf die Abreise in fünf Tagen vor.

WÄHREND WIR VOLLER VORFREUDE auf die Pilgerreise unser Reisegepäck zusammenpackten, wurde ein Mönch aus der Gruppe samt seiner Familie ermordet. Die Familie wohnte in einem Dorf auf der anderen Seite des Tals, gegenüber der Chagdud Gonpa. Die Täter gehörten einer einflußreichen Familie aus einer Nachbarregion an, die sich mit der Familie des Verstorbenen verfeindet hatte. Nur eine Schwester des Mönchs überlebte das Massaker, weil sie zum betreffenden Zeitpunkt ein verirrtes Tier gesucht hatte und dann von Nachbarn abgefangen worden war, bevor sie in ihr Verderben hatte laufen können. Die unglaubliche Grausamkeit dieses Vorfalls rief bei uns allen nicht nur einen Schock und großen Kummer hervor, sondern auch ein Gefühl der Verbitterung darüber, daß es keine gesetzliche Instanz gab, die über genügend Macht verfügte, die Mörder vor Gericht zu stellen und rechtskräftig zu verurteilen.

Wir verließen die Chagdud Gonpa unter dem Eindruck jenes Massakers und ohne die gehobene Stimmung, die Pilger gewöhnlich am Anfang ihrer Reise haben. Unser erstes Ziel war Kanze, eine große Marktstadt, die zwei Tagesritte entfernt lag. In Kanze sah ich zum ersten Mal die von den Chinesen erbaute Straße, und ich mußte unwillkürlich lachen. Der unablässige Strom der Fahrzeuge, der am Horizont zu erkennen war, erinnerte mich an eine Schweineherde, die dicht gedrängt ihres Weges trottet. Tatsächlich jedoch war das, was sich da vor meinen Augen durch die Landschaft wälzte, wesentlich bedrohlicher als eine Schweineherde: Es war ein nie versiegender Strom chinesischer Lastwagen und schwerer Maschinen, die nach Tibet geschafft wurden. Daß die Aktivitäten der Chinesen ein solches Ausmaß angenommen hatten, schockierte mich.

Mittlerweile erschwerten es die Chinesen den Tibetern sehr, Handel zu treiben, indem sie tibetischen Händlern verboten, ihre Waren in chinesischen Lastwagen zu transportieren, andere Fahrzeuge aber gab es nicht. Da wir nicht vorhatten, Handel zu treiben, gelang es uns, in zwei großen chinesischen Lastwagen bis nach Chamdo mitzufahren. Eines Morgens in aller Frühe bestiegen wir – insgesamt dreizehn Mönche, drei Nonnen und zwei Laien – mit unserem Gepäck zwei Lastwagen mit offener Ladefläche und traten die gefährliche Reise über den Trola-Paß an.

Wir überquerten die Berge in mehr als 6.000 Metern Höhe auf einer engen Straße, zu deren beiden Seiten sich Schneemassen auftürmten, die höher waren als die Lastwagen selbst. Viele Tibeter und Chinesen hatten auf dieser Straße ihr Leben verloren, und auch wir fürchteten, durch ein Unglück umzukommen. Deshalb rezitierten wir während der ganzen Reise ständig und intensiv Gebete, bis wir spät am Abend Dege Gönchhen erreichten. Die chinesischen Fahrer waren froh, daß wir mit ihnen gefahren waren, denn sie sagten, Unfälle kämen seltener vor, wenn Tibeter auf den Lastwagen mitführen.

Die Fahrer gingen fort, um zu essen, und wir besorgten uns heißes Wasser, aßen *Tsampa* und schliefen danach in der Nähe der Lastwagen. Am nächsten Morgen brachen wir vor Tagesanbruch auf und reisten wiederum bis spät abends. Genauso machten wir es am folgenden Tag, an dem wir bei Sonnenuntergang Chamdo erreichten.

Chamdo liegt 800 Kilometer nordöstlich von Lhasa an einem großen Fluß. In früheren Zeiten hatte die Regierung in Lhasa Chamdo als Verwaltungszentrum und Militärgarnison für die Region Kham benutzt. Nun befand sich das chinesische Militär in Chamdo und bereitete sich darauf vor, Truppen nach Zentral-Tibet zu verlegen. Mao Zedong hatte seine Volksbefreiungsarmee im Jahre 1950 zuerst über die Berge geschickt, um Chamdo zu erobern, nur wenige Monate nachdem er seine Macht in China selbst gesichert hatte. Die Armee der zentral-tibetischen Regierung gab Chamdo kampflos auf, so daß die Chinesen die Stadt ungehindert besetzen konnten.

Als sich die chinesischen Truppen in Chamdo niederließen, legten sie anfangs großen Wert darauf, für Dienstleistungen und Waren faire Preise oder sogar mehr zu zahlen. Sie versuchten, die Bevölkerung durch gütiges Auftreten positiv zu stimmen, und ließen sogar Kriegsgefangene frei. Aufgrund dieser Politik verbreitete sich unter den Bewohnern von Kham ein gewisser vorsichtiger Optimismus den Chinesen gegenüber, den diese bewußt förderten. Inzwischen nutzten die Chinesen die Zeit, um ungehindert ihre militärische Infrastruktur auszubauen und zwei wichtige Straßen anzulegen, darunter auch diejenige, auf der wir gereist waren und die von Chengdu in China über Chamdo bis nach Lhasa führte.

In Chamdo wurde ich zum ersten Mal mit den üblen Auswüchsen sektiererischer Zwistigkeiten zwischen den Gelugpas und den Angehörigen der anderen Traditionen des tibetischen Buddhismus konfrontiert. Die Gelugpa-Schule ist die jüngste unter den vier großen Schulen des tibetischen Buddhismus. Sie ist Anfang des 15. Jahrhunderts westlicher Zeitrechnung als klösterliche Reformbewegung entstanden. Trotz gewisser inhaltlicher Differenzen zwischen den verschiedenen Traditionen, über die sich zuweilen heftige Debatten entspannen, war deren Verhältnis zueinander in Kham stets von gegenseitiger Akzeptanz und von Kooperation geprägt gewesen. Da mein Vater und mein Stiefvater Gelugpa-Lamas waren, die Familie meiner Mutter der Sakya-Tradition angehörte und ich sowohl in der Kagyü- als auch in der Nyingma-Tradition ausgebildet worden war, hätten sich sektiererische Querelen ziemlich katastrophal auf meine innere Situation ausgewirkt. Doch bin ich von derartigen Konflikten verschont geblieben, bis ich in Chamdo dementsprechende Geschichten hörte; diese erzeugten sehr unangenehme Gefühle in mir und machten mich sehr traurig.

Ich erfuhr, daß es früher in der Nähe von Chamdo mehrere Klöster gegeben hatte, in denen Statuen von Padmasambhava und Nyingma-Schriften aufbewahrt worden waren. Doch dann war ein Gelugpa-Lama namens P'habong Khapa aus Zentral-Tibet gekommen, der die Nyingma-Tradition verachtet und gelehrt hatte, diese Lehre sei falsch und diejenigen, die sie praktizierten, seien rückständige Quertreiber. Dadurch war Zwietracht gesät worden, und es war zu einer Verfolgung der Nyingma-Anhänger gekommen. Viele Nyingma-Schriften und Statuen Padmasambhavas waren vernichtet und ganze Nyingma-Klöster zwangsweise zu den Lehren der Gelugpa-Tradition bekehrt worden. Dem war eine schwere Dürre und Hungersnot in der gesamten Region gefolgt. Dies alles soll eine Generation vor meiner Ankunft in Chamdo geschehen sein, und in meinen Gesprächen mit den Bewohnern der Stadt spürte ich oft noch die Verbitterung über die alten sektiererischen Ressentiments. Hingegen schienen sich diese Menschen des drohenden chinesischen Sturms, der bald völlig »unparteiisch« die Klöster und Schriften aller vier tibetischer Traditionen gleichermaßen zerstören würde, gar nicht bewußt zu sein.

Obwohl die chinesische Straße schon bis Lhasa fertiggestellt war, verließen wir in Chamdo den direkten Weg und folgten einer Route, an der viele heilige Orte lagen, die wir aufsuchen wollten. Es war für uns eine große Erleichterung, nicht mehr ständig mit der bedrückenden Präsenz des chinesischen Militärs konfrontiert zu werden und durch die hohen Tannenwälder und über die Hochwiesen der zu Kham gehörenden Region Riwoche zu wandern. Jeden Tag legten wir etwa dreizehn bis sechzehn Kilometer zurück, und wir übernachteten in Dörfern und Klöstern oder schliefen im Freien. In jedem Kloster meditierten wir, rezitierten Gebete und opferten Weihrauch und Butterlampen.

Doch inspirierte die Reinheit der Umgebung und die mit einem Vorhaben wie einer Pilgerreise verbundene Tugendhaftigkeit nicht alle meine Mönche zu reinem, tugendhaftem Verhalten. Einige von ihnen hatten einen ansehnlichen Silbervorrat mit auf die Reise genommen, beharrten aber trotzdem darauf, wie wirklich arme tibetische Pilger auf dem Weg um Almosen zu bitten. Und dabei benahmen sich diese Mönche keineswegs wie demütige Bettler, sondern wurden rabiat, wenn jemand sich weigerte, ihnen ein paar Münzen oder ein wenig *Tsampa* zu geben. Da sie die Leute regelrecht zum Spenden nötigten, verhielten sie sich kaum besser als gewöhnliche Straßenräuber. Ich sah mich gezwungen, etwas gegen diese Entwicklung zu unternehmen, um eine weitere Eskalation zu verhindern, denn diese hätte mit großer Wahrscheinlichkeit zu Streitigkeiten oder gar zu einer Entzweiung der Gruppe geführt. Ich sagte den Mönchen, sie dürften zwar betteln, aber die Angesprochenen keinesfalls zum Geben nötigen.

Anschließend überprüfte ich alle drei Tage ihr Gepäck und konfiszierte für jede erbettelte Münze, die ich fand, jeweils drei Münzen. Bei solchen Überprüfungen fand ich immer wieder Dinge, die Mönche keinesfalls mit sich führen durften, und verhängte dann jeweils eine Geldbuße. Diese Bußgelder bewahrte ich auf und übergab sie später an die Chagdud Gonpa. Ich war ziemlich entsetzt über das unethische

Verhalten der Mönche und überlegte schon, ob ich mich von ihnen trennen sollte.

Etwa eine Woche nachdem wir von Chamdo aufgebrochen waren, erreichten wir Riwoche, wo ein uralter Tempel aus der Zeit des Gesar von Ling steht. Die Mauern des Gebäudes waren riesig hoch und sehr massiv; innen war es auf drei Seiten mit schwarzem Papier ausgekleidet, auf dem die Lebensgeschichte des Buddha und andere Texte in wunderschöner goldener und silberner Schrift geschrieben waren. An der vierten Wand, die sich nach innen neigte, steckte in der Nähe der Decke ein Pfeil. Es hieß, Gesar habe diesen Pfeil in die Wand geschossen, um zu verhindern, daß sie jemals einstürze.

In Riwoche lernte ich auch zum erstenmal in meinem Leben die tibetische Oper kennen. Ich war fasziniert von den hohen, klagenden Tönen der Darsteller, die mich an Weinen erinnerten. Ich hätte nie geglaubt, daß diese Gesänge tibetischen Ursprungs sein könnten. In kunstvolle Roben gekleidet berichteten die Sänger über die Lebensgeschichten berühmter Tibeter wie Milarepa, und sie sangen Geschichten über Götter und Göttinnen.

Von Riwoche aus mußten wir einen weiteren hohen Paß überqueren, der in die Region Powo Chung Tola führte. Dieser Paß war berüchtigt wegen der Lawinen, die dort immer wieder unerwartet herabstürzten. Es hieß, wenn Wanderer völlig still durch diese Gegend zögen, sei die Göttin des Berges ihnen wohlgesinnt; lärmten sie hingegen, so werfe die Göttin Teile des Berges auf sie herab. Wir zogen schweigend über den Paß und unterdrückten den Impuls, Schreckensschreie auszustoßen, wenn unter dem teilweise geschmolzenen Schnee die entstellten Leichen unglücklicher Reisender und die zerfetzten Kadaver von Packtieren sichtbar wurden, die unter Lawinen begraben worden waren.

Als wir den gefährlichen Paß hinter uns gelassen hatten, schickte ich meine Mönche voraus und beauftragte sie, ein Lager zu errichten und Tee zuzubereiten. Anschließend ging ich sehr langsam allein weiter; ich hatte Schmerzen in den Knien und Hüften, die seit meiner frühen Kindheit unablässig stundenlang in der Meditationshaltung fixiert worden waren. Nachdem die lärmenden Mönche sich entfernt hatten, wurde es in den hohen Bergen sehr still. Ich ging eine gewisse Strecke, bis mein Pfad einen anderen kreuzte. Auf jenem zweiten Pfad entdeckte ich eine Gestalt, die sich mir näherte und dann neben mir herging. Es war ein Mann mit nur einem Bein, der sehr merkwürdig gekleidet war. Er trug einen Umhang aus gewobenem Yak-Haar und einen seltsamen Hut. Die Körperseite, auf der er das Bein verloren hatte, stützte er mit einem großen Stock ab. Sein Gehen bestand aus einer Folge schwerfälliger Hüpfer.

»Wer bist du, und wohin gehst du?« fragte ich ihn.

»Ich bin ein Hirte und suche nach einem Yak, das sich verirrt hat.«

Wir gingen eine Weile schweigend nebeneinander her. Dann fragte ich ihn: »Kennst du die heiligen Orte in der Region Chung Tola? Ich bin mit einer Gruppe von Mönchen von meinem Kloster in Nyagrong auf einer Pilgerreise nach Lhasa.«

»Du mußt nach Padma Kod reisen«, antwortete er. Er deutete über die Berggipfel und sagte: »Folge diesem Pfad, bis du eine Felsplatte erreichst, die auf einer Bergspitze liegt. Dort befindet sich ein Schatz, der dir erklärt, wie du nach Padma Kod gelangst.

Tibet befindet sich jetzt in großer Gefahr«, fuhr er fort. »Viele Klöster werden zerstört werden, und viele Menschen werden sterben, manche schnell und plötzlich, andere durch allmähliches Verhungern. Wenn du nicht glaubst, was ich sage, dann kehre in drei Jahren nach Kham zurück, und du wirst sehen, daß ich die Wahrheit gesprochen habe.« Dann wendete er sich abrupt einem anderen Pfad zu und sagte: »Ich muß jetzt in diese Richtung gehen.« Unter dem Eindruck seiner Worte stand ich reglos da und starrte ihm nach, während er sich langsam entfernte. Dann setzte ich meinen Weg fort, um meine Mönche wiederzutreffen.

Als ich das Lager erreichte und alle sich zusammensetzten und Tee tranken, erzählte ich meinen Reisegefährten von dem Hirten. Natürlich berichtete ich ihnen auch von dem Rat des merkwürdigen Mannes, wir sollten nach Padma Kod reisen. Sogleich kamen von allen Seiten Proteste.

»Das liegt doch gar nicht auf unserem Weg und ist außerdem gefährlich!«

»Der Weg dorthin ist schrecklich!«

»Das Klima dort ist zu warm!«

»Dann müßten wir darauf verzichten, jemals Lhasa zu sehen!«

Ich versuchte gar nicht erst, meine Mönche zu überzeugen oder ihrem Widerstand entgegenzutreten. Als wir die Reise fortsetzten, kamen wir an der Felsplatte auf dem Berggipfel vorüber, doch da meine Weggefährten sich so strikt geweigert hatten, nach Padma Kod zu reisen, beharrte ich nicht darauf. Alle Menschen, die wir in jener Gegend trafen, fragte ich nach dem einbeinigen Hirten, doch offenbar hatte niemand je etwas von einem solchen Menschen gehört oder ihn gesehen. Allmählich wurde mir klar, daß der geheimnisvolle prophetische Hirte wohl kein gewöhnlicher Mensch, sondern eine Schutzgottheit gewesen sein mußte, die sich in einer äußerst lebendigen und geradezu lebensechten Vision vor mir manifestiert hatte. Ich sprach nicht mehr über ihn, doch hatten seine Worte in mir die felsenfeste, unerschütterliche Entschlossenheit geweckt, nach Padma Kod zu reisen.

Unser nächster Halt war die Chudo Gonpa, ein Gelugpa-Kloster, wo wir wundervolle Zeremonien und Lama-Tänze miterlebten. Zum Klosterkomplex gehörte auch eine große *Stupa*, angeblich der Ort, wo der Held Gesar eine Dämonin lebendig begraben hatte. Ein paar Monate vor unserer Ankunft war jedoch ein *Tertön*, ein Schatzentdecker, gekommen und hatte gesagt, alle hätten die Geschichte falsch verstanden und die Dämonin sei an einem anderen Ort begraben worden. Die Bewohner waren darüber sehr aufgebracht, weil der *Tertön* etwas in Frage stellte, woran sie über viele Generationen geglaubt hatten. Deshalb stellten sie ihn zur Rede.

»Ihr glaubt mir also nicht!« erwiderte er. »Warum sollte ich denn *nicht* wissen, wo die Dämonin begraben ist? Schließlich habe *ich* sie in ihr Grab gelegt! Ich bin eine Inkarnation von Gesars Minister Shanpa und war selbst dabei, als wir sie an einem Platz in der Nähe des Flusses unter einen großen Stein gelegt haben.« Dann ging er zu der Stelle und markierte einen Kreis von acht Metern Durchmesser.

Da die Leute trotz ihrer Skepsis von der Selbstsicherheit des *Tertön* beeindruckt waren, gruben sie an der angegebenen Stelle, murrten jedoch, weil sie den Lama für verrückt hielten. Nach mehrtägiger harter Arbeit stießen sie tatsächlich auf eine riesige Steinplatte, die niemand von der Stelle zu bewegen vermochte. Ihre anfängliche Skepsis war mittlerweile freudiger Erwartung gewichen, und sie riefen den *Tertön* herbei. Unter seiner Aufsicht trieben sie Pfähle unter die Steinplatte, um sie emporzuhebeln und abzustützen. Schließlich waren die Knochen, die unter der Steinplatte lagen, freigelegt. Es handelte sich um die Knochen einer Riesin, deren Oberarm allein an die zwei Meter lang war. Zu Gesars Zeit ernährten sich solche Riesen von Menschen, und Gesar hatte sie unterworfen.

Nachdem alle die riesigen Knochen gesehen hatten und damit bewiesen war, daß der *Tertön* die Wahrheit gesagt hatte, wurden die Knochen wieder in das Grab gelegt und mit dem Stein bedeckt. Daraufhin zog der *Tertön* weiter, obwohl ihn die Ansässigen, die ihn jetzt natürlich aufgrund seiner außergewöhnlichen Fähigkeiten bewunderten und verehrten, zu bleiben baten.

Als es für uns Zeit wurde, von der Chudo Gonpa aufzubrechen, sprach ich mit meinen Reisegefährten noch einmal über meinen Plan, nach Padma Kod zu reisen, doch auch diesmal stieß ich auf heftigen Widerstand. Als ich vorschlug, wir könnten uns ja auch trennen und ich könne allein nach Padma Kod reisen, erwiderten die Mönche entsetzt, es sei für sie zu beschämend, wenn ihr Lama sich auf ihrer Pilgerreise von ihnen trennen würde. Deshalb müßten wir dic Rcisc nach Zentral-Tibet unbedingt gemeinsam fortsetzen und auch alle zusammen wieder nach Ost-Tibet zurückkehren. Zwar überzeugte mich auch diese Argumentation letztlich nicht, doch brach ich die Auseinandersetzung ab, und wir setzten unseren Weg gemeinsam fort. Wir zogen nun in die Region von Kongpo, zu einem Ort namens Tzari, wo ich in meiner vorherigen Inkarnation spezielle Meditationsübungen hatte ausführen sollen, um mein Leben zu verlängern. Gewisse Umstände hatten mich daran gehindert, dies zu tun, und deshalb war ich kurz darauf im Alter von 28 Jahren gestorben.

Auf dem Weg nach Tzari mußten wir einen schmalen, sehr schnell fließenden Fluß überqueren. Die Bewohner jenes Gebietes rieten uns, während der Überquerung still zu bleiben, weil der Fluß immer nur so ruhig sei, wie die Reisenden, die ihn überquerten. Wir folgten diesem Rat, doch als wir sicher auf der anderen Seite angekommen waren, stießen wir, undankbar und unehrerbietig, jene entsetzlichen Schreie aus, die Khampas von sich geben, wenn sie einen Bergpaß überqueren oder wenn sie auf ihren Pferden in eine Schlacht reiten. Sogleich wurde der Fluß aufgewühlt, und er stieg in der kurzen Zeit, die ich an seinem Ufer stand, um mindestens 35 Zentimeter an.

Als wir in Tzari ankamen, sagte ich zu meinen Mönchen, ich würde dort eine Woche bleiben, um zu meditieren. »Einer von euch wird bei mir bleiben, um zu kochen; ihr übrigen zieht durch dieses Tal in Richtung Zentral-Tibet weiter. Ich werde später wieder zu euch stoßen.« Da die Mönche die Geschichte über meinen vereitelten Besuch in Tzari in meiner vorherigen Inkarnation kannten, erklärten sie sich einverstanden, meinen Anweisungen zu folgen. Sie setzten ihren Weg fort, und der junge Mönch, den ich ausgewählt hatte, als Diener bei mir zu bleiben, baute für die Nacht unser Lager auf.

Am nächsten Morgen sagte ich zu ihm: »Ich werde jetzt nach Padma Kod reisen. Möchtest du mit mir kommen?« – »Ja, Rinpoche«, antwortete er. Als wir in die Richtung dieses Ziels ritten, fühlte ich mich sehr glücklich und empfand tiefen inneren Frieden. Am Abend bereiteten wir uns in einer warmen, trockenen Höhle ein Nachtlager, und ich schlief in einem Zustand tiefer Zufriedenheit ein, die sich jedoch im Morgengrauen rasch verflüchtigte, als ich bemerkte, daß mein Diener weggelaufen war, um die übrigen Mönche zu warnen. Vollends veränderte sich meine Stimmung, als mir an diesem Tag ein Mann aus Tzari begegnete, der sich darüber beschwerte, daß einer meiner Mönche einen wertvollen Halsschmuck aus Türkis und Korallen gestohlen hätte, und der mich bat, ihm zu helfen, das Schmuckstück wiederzubekommen.

Als ich schließlich mit meinen Mönchen zusammentraf, war ich in einer sehr schlechten Stimmung. Zuerst leugneten alle den Diebstahl. Dies versetzte mich derart in Wut, daß ich beschloß, das Gepäck der ganzen Gruppe zu durchsuchen, bis ich den Halsschmuck gefunden hatte. In diesem Augenblick gestand der jüngste Mönch in der Gruppe den Diebstahl. Er suchte in seinem Gepäck, fand das Geschmeide und übergab es mir, ohne mich dabei anzuschauen.

Allmählich legte sich mein Zorn wieder, doch fühlte ich mich zutiefst enttäuscht. Zwischen meinen Mönchen und mir bestand eine sehr starke spirituelle und auch soziale Beziehung. Die Mönche waren in einem gewissen Sinne meine spirituellen Kinder, obwohl ich damals erst 25 Jahre alt war und einige von ihnen älter waren als ich. So wie Eltern die guten Eigenschaften ihrer Kinder ebenso sehen wie ihre Fehler und wie sie ihre Kinder nicht verlassen, wenn deren Fehler zu überwiegen scheinen, konnte auch ich diese Mönche nicht einfach verlassen. Solange sie mich als ihren Lama ansahen und auf meine Anleitung bauten, war ich verpflichtet, jedes verfügbare und erforderliche Mittel einzusetzen, um ihren Geist zu bändigen.

Außerdem war ich mir natürlich der Verpflichtungen bewußt, die ich ihren Familien gegenüber hatte. Die Menschen in den Dörfern im Umkreis der Chagdud Gonpa vertrauten mir ihre Söhne zur Ausbildung an, und sie ließen sich von mir in wichtigen Familienangelegenheiten beraten. Auf diese Weise waren über viele Generationen enge Beziehungen entstanden, und ich als *Tulku* hatte seit vielen Leben meine Wiedergeburten bewußt so gewählt, daß meine Verbindung zur Gonpa und ihrer Laiengemeinde erhalten blieb. Würde ich diese Mönche bestrafen oder mich von ihnen trennen, demütigte ich dadurch in einem gewissen Sinne auch ihre Familien. Außerdem würde ich Zwietracht säen, und dadurch entstünde mehr Schaden als Nutzen. Dennoch mußte ich durchsetzen, daß sich diese jungen Männer an die

Moral- und Disziplinregeln hielten, denn diese sind die Grundlage der gesamten klösterlichen Ausbildung. Tief im Innern war mir klar, daß zwischen mir und all diesen Mönchen noch nicht jene Herzensverbindung entstanden war, die die Beziehung zwischen einem Lama und einem echten Schüler kennzeichnet. Sie respektierten mich, waren mir treu ergeben und sahen in mir einen guten Führer, doch waren sie andererseits nicht bereit, ihren Geist wirklich so weit zu öffnen, daß sie von meiner Anleitung profitieren könnten. Dies war mir deshalb klar, weil auch ich bei vielen Gelegenheiten meinen eigenen Willen der Führung meines Lama hatte unterordnen müssen. Meine Lamas hatten mir aber nicht gut zureden müssen und mich auch nicht von der Weisheit und Angemessenheit ihrer Vorstellungen darüber, wie ich mich verhalten sollte, zu überzeugen brauchen. Als beispielsweise Tulku Arig mir geraten hatte, meine Rachegelüste fallenzulassen und mich der Praxis zu widmen, war dies so, als hätte er den machtvollen Schlag seines reinen Herzens mit dem Schlag meines eigenen Herzens in Einklang gebracht. Nichts in mir hätte sich ihm widersetzen können; deshalb war ich damals auf seinen Rat hin sofort ins Retreat gegangen.

Nun mußte ich meine Mönche schon wieder darüber belehren, welche üblen Konsequenzen ihr Stehlen und ihr rüdes Verhalten für sie haben würde. Anschließend sagte ich, daß ich lieber nicht weiter mit ihnen reisen würde, weil ich mich dazu entschlossen hätte, nach Padma Kod zu ziehen. Wieder versprachen sie mir, nie mehr zu stehlen und sich fortan tugendhaft zu verhalten, und sie beschworen mich, die Reise nach Lhasa zusammen mit ihnen fortzusetzen. Und wieder machten wir uns gemeinsam auf den Weg, obwohl mir klar war, daß sich im Grunde nichts geändert hatte.

Wir waren in der Region Yarlung und besuchten die Kristallhöhle zu Shelgrak mit der zu seinen Lebzeiten entstandenen berühmten Padmasambhava-Statue. Padmasambhava selbst hatte gesagt, dieses Bildnis gleiche ihm völlig. Deshalb war ich fasziniert, es zu sehen.

Nicht weit von der Höhle entfernt befand sich im Kloster Tradrug eine Statue von Tara, die wegen ihrer Fähigkeit zu sprechen berühmt war. Wir widmeten uns in dem Raum, in dem diese Statue auf dem Altar stand, der Tara-Praxis. Als wir nach Abschluß unserer Praxis gehen wollten, hörte ich eine hohe, leise Stimme, die rief: »Lama! Lama!« Ich schaute zurück und sah, wie eine alte Nonne auf mich zu eilte, so schnell ihre Beine sie trugen. Als sie mich erreichte, deutete sie nach Westen und sagte: »Ich gehe dorthin und werde dich dort treffen.« Ich muß wohl sehr verblüfft gewirkt haben, denn sie deutete noch einmal in die gleiche Richtung und wiederholte: »Ich werde dich dort treffen.« Dann drehte sie sich um und ging davon. Ich wußte immer noch nicht, was sie meinte, doch sie hatte sich so bestimmt geäußert, daß mir die Begegnung in Erinnerung blieb. Tatsächlich traf ich sie 25 Jahre später in den Vereinigten Staaten wieder, wo sie meine Schülerin und Übersetzerin wurde.

Schließlich erreichten wir die Mindroling Gonpa, ein bekanntes Kloster in Drachi, das in Ost-Tibet eine Art Dépendance hatte, die einen Tagesritt von der Chagdud Gonpa entfernt lag. Als ich in Mindroling ankam, hatte ich das Gefühl, nach Hause zu kommen. Ich kannte viele der dort lebenden Lamas; ich kannte die speziellen Praktiken des Klosters; ich kannte die dort praktizierte besondere Art des Rezitierens; und ich wußte, daß ich eine Weile dortbleiben würde. Meine Mönche protestierten, und da sie diesmal keine Möglichkeit sahen, mich von meinem Entschluß abzubringen, wandten sie sich an den Abt des Klosters, der gleichzeitig der Regent des jungen spirituellen Erben des Dharma-Sitzes, Mindroling Khanchhen, war. Zu ihrem Entsetzen unterstützte mich der Abt jedoch. »Laßt euren Lama hierbleiben und seinen Dharma-Aktivitäten nachgehen, so wie er meint, dem Wohl fühlender Wesen am besten dienen zu können. Bringt inzwischen eure Pilgerreise zum Abschluß. Und wenn ihr danach zu eurem Kloster zurückkehrt, dann schickt mehrere Begleiter für euren Lama hierher.«

Die Mönche waren sehr bekümmert. Ich rief sie zusammen und

sprach sehr ernst mit ihnen. »Ihr müßt ganz genau zuhören und dann meinen Rat unbedingt befolgen«, fing ich an. »Ihr werdet jetzt ohne mich weiterreisen. Ich garantiere euch, daß euch keine Gefahr droht, wenn ihr nicht kämpft und nicht stehlt. Ihr werdet aber ganz sicher in große Schwierigkeiten geraten, wenn ihr euch weiterhin so untugendhaft verhaltet wie bisher. Irgend etwas läuft völlig falsch auf dieser ganzen Pilgerreise. Ich werde dafür beten, daß sich das ändert, aber ihr müßt dieses Mal wirklich auf mich hören und tun, was ich euch gesagt habe.«

Nach ihrer Abreise erhielt ich einen Monat lang Unterweisungen von Mindroling Khanchhen Rinpoche, der ein großer Gelehrter war. In dieser Zeit erreichte mich eines Tages eine schreckliche Nachricht über meine Mönche. Sie waren nach Lhasa und zu den in der Umgebung der Hauptstadt liegenden heiligen Orten aufgebrochen und hatten auf dem Weg dorthin um Almosen gebettelt. Dabei war es eines Tages zwischen ihnen und ein paar Einheimischen, die ihnen nichts oder ihrer Ansicht nach nicht genug hatten geben wollen, zu einem Streit gekommen. Die Leute hatten den aggressiven Forderungen der Mönche nicht nachgegeben, und es war daraufhin zu einem Kampf gekommen, bei dem der jüngste Mönch – der zuvor in Tzari die Halskette gestohlen hatte – erstochen und ein Laie schwer verletzt worden war. Nach diesem Vorfall änderten die Mönche ihr Verhalten und kehrten später ohne weitere Zwischenfälle zur Chagdud Gonpa zurück.

Ich führte für den verstorbenen Mönch die *P'howa* durch und betete inbrünstig für die Sicherheit der anderen. Ich bedauerte das Geschehene zutiefst und fühlte mich einsamer als jemals zuvor in meinem Leben. Ich war nun von meiner Familie, meinen Freunden und meinem Kloster getrennt, hatte keinen Diener und nicht einmal mehr ein Pferd. Doch abgesehen von diesen starken Einsamkeitsgefühlen erfüllte es mich mit großer Freude, nun nach eigenem Ermessen Entscheidungen treffen zu können, ohne zuvor mit anderen diskutieren und ohne Rücksicht darauf nehmen zu müssen, wie sich meine Handlungen auf die Menschen in meiner Umgebung auswirken könnten. Dies blieb zwar nicht lange so, aber in jenem Augenblick genoß ich meine Unabhängigkeit. Ich beschloß, eine Pilgerreise nach Samye anzutreten, zu Padmasambhavas eigenem Kloster. Nachdem ich diesen Plan verwirklicht hatte, entschloß ich mich zu einem Retreat in den Höhlen, die in der Nähe jenes Klosters lagen.

Sechhen Kongtrul

Khanpo Dorje

Chagdud Tulku,
kurz nach seiner Flucht
aus Indien; ca. 1961

S. H. Dilgo Khyentse Rinpoche (rechts)
und Trungpa Rinpoche

Die Berge von Tromt'har

Tenp'hel Gonpa

Gerstenfelder, Nyagrong

Häuser und trocknende Gerste, Nyagrong

Chagdud Gonpa

Tanzende Frauen, Nyagrong

S. H. Dudjom Rinpoche als junger Mann

Lamas, die sich für die »Kama«-Übertragung der Nyingma-Tradition versammelt haben. S. H. Dudjom Rinpoche sitzend, in der Mitte. Stehend: Chagdud Tulku, links; Mindroling Trichhen Rinpoche, dritter von links; Khanpo Dorje, achter von links; Trulzhig Rinpoche, fünfter von rechts; Tingboche Tulku, dritter von rechts. Kalimpong, Indien, 1961

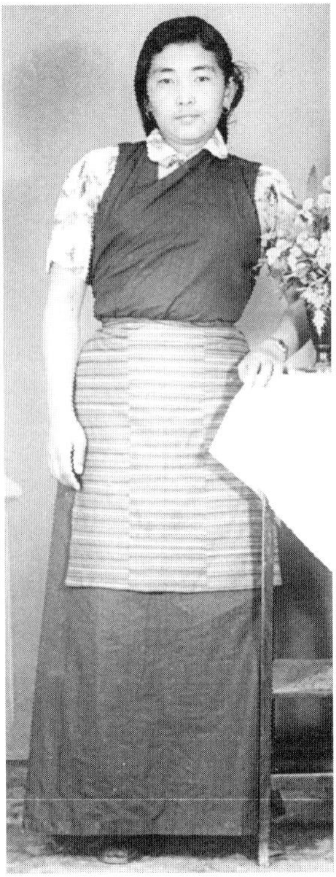

(links) Karma Drolma, Chagdud Tulkus erste Frau, Bir; (rechts) Chagdud Tulku, Bir; (unten) Chagdud Tulku und Freunde, Bir

Karma Drolma mit ihren Kindern Dawa Lhamo und Jigmed Norbu, Bir

Jigmed Norbu, Tibet, 1987

Majnukatilla, das tibetische Flüchtlingslager in Delhi

Chagdud Tulku in einer Prozession, Boudhanath, Nepal

 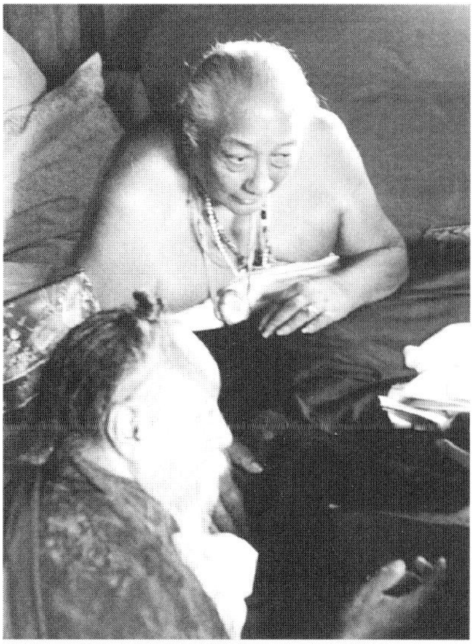

(links) S. H. Khyentse Rinpoche; (rechts) S. H. Khyentse Rinpoches letzte Unterweisung an Chagdud Tulku, Frankreich, 1990; (unten) Chagdud Tulku, Boudhanath, Nepal, 1978

Chagdud Tulku und Jane, am Hochzeitstag, South Lake Tahoe, Kalifornien, 1979

Chagdud Tulku vor dem Empfang von Initiationen von S. H. Khyentse Rinpoche, Bir

Jane, 1986

Chagdud Tulku in einer Prozession zur Tenp'hel Gonpa, 1987

T'hrinlay Wangmo, Chagdud Tulkus Schwester, 1987

Chagdud Tulku Tulku mit Jigmed Namgyal, Tromt'har, 1987

Tulku Jigmed Namgyal, sein Sohn T'hrinlay Odzer und seine Tochter Kunlu, 1987

Prozession zur Chagdud Gonpa, 1987

Chagdud Gonpa

Anjang Rinpoche, Chagdud Tulku, Tulku Ado, Gyurmed Dorje Rinpoche, in der Chagdud Gonpa, 1987

Mönche der Chagdud Gonpa, 1987

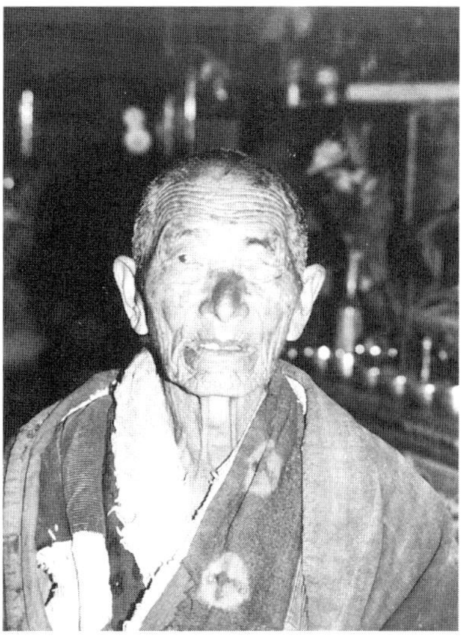

(oben) Chagdud Tulku erteilt Segen, 1987; (unten) der älteste Mönch der Chagdud Gonpa, der Zeuge war, als Tanpai Gyaltsan Dawa Drolma das Reliquiar gab

(oben) Tulku Arig,
wenige Monate vor seinem Tode, 1987

(unten) die neue Inkarnation
von Tulku Arig, 1991

8

Mein Lama

MINDROLING KHANCHHEN RINPOCHE beriet mich bezüglich meiner Reise nach Samye und meines geplanten Retreats in einer der Höhlen in der Nähe des Klosters. »Du kannst dir gern ein Pferd des Klosters leihen«, sagte er.

»Danke, aber nachdem ich den ganzen Weg von Kham hierher gegangen bin, müßte ich eigentlich die drei Stunden von Mindroling nach Samye zu Fuß schaffen können. Ich werde den größten Teil meines Gepäcks hier zurücklassen und nur ein paar Vorräte mitnehmen. Die restlichen Nahrungsmittel, die ich brauche, werde ich dort kaufen.«

»Nimm besser nicht so viel Geld mit. In der Gegend gibt es ziemlich viele Räuber, die manchmal nicht einmal davor zurückschrecken, Menschen zu töten. Außerdem kannst du dort fast nichts Eßbares kaufen. Mach dir keine Sorgen darüber, wie du dich während deines Retreats ernähren sollst. Ein großzügiger Wohltäter, den ich kenne, lebt dort, und es wird ihm sicherlich eine Freude sein, dich mit Nahrungsmitteln zu versorgen.«

Sobald ich den Fußmarsch nach Samye angetreten hatte, wußte ich, daß es ein Fehler gewesen war, das angebotene Pferd abzulehnen. Ich hatte mir einfach nicht klargemacht, daß auch schon ein kleiner Nahrungsvorrat eine ziemlich schwere Last ist. Für die relativ kurze Strecke, die jeder andere in einer Stunde zurückgelegt hätte, brauchte ich zwei Tage. Ich ging jeweils langsam ein kleines Stück, legte dann eine Pause ein, ging wieder ein Stück und machte erneut Pause. Gegen Abend kam ich zu einer Siedlung an einem Fluß, den ich am nächsten Tag überqueren wollte. In der Siedlung lebte der Wohltäter, den Mindroling Khanchhen erwähnte hatte, aber ich wollte nicht bei ihm anklopfen und ihn um Unterstützung bitten. Statt dessen ging ich zum Haus eines sehr armen Mannes, den ich fragte, ob ich bei ihm übernachten könne.

»Du kannst hierbleiben, aber du darfst nicht ins Haus kommen«, antwortete er. »Es gibt viele Diebe in Lama-Gewändern, die alles stehlen, was sie im Haus vorfinden.« Also setzte ich mich vor die Tür seines Hauses, und nach einer Weile brachte er mir eine Schale mit Suppe, wofür ich ihm dankte. Nachdem ich die Suppe getrunken hatte, begann ich mit meiner Praxis. Da wurde meinem Gastgeber klar, daß ich tatsächlich ein Lama war. Er reinigte daraufhin sein kleines Haus und lud mich anschließend ein, hereinzukommen und darin zu schlafen. Da ich vom Gehen ziemlich erschöpft war, schlief ich sehr fest.

Am nächsten Morgen ging ich zum Flußufer, wo ich einen anderen Lama aus Kham traf. Wir teilten uns ein Fährboot, und da auch er ein langsamer Wanderer war, setzten wir am anderen Ufer unseren Weg gemeinsam fort. Am Abend schliefen wir in der Zungkar Gonpa, die wegen ihrer fünf aus Stein gehauenen *Stupas* außergewöhnlich war.

Am dritten Morgen nach meiner Abreise aus der Mindroling Gonpa standen wir auf einem Gebirgskamm und sahen in einem tiefen Tal das Kloster Samye liegen. Der Weg dorthin führte um das Tal herum. Deshalb schlug ich meinem Weggefährten, Naygo Lama, vor, den Weg zu verlassen und quer durch das Tal zu gehen.

»Ich glaube nicht, daß das eine gute Idee ist«, antwortete er. »Es muß einen Grund dafür geben, daß jene, die vor uns hier waren, den langen Weg gewählt haben.«

»Gute Idee oder nicht«, entgegnete ich. »Ich werde auf jeden Fall querfeldein gehen. Wir können uns ja in Samye wiedertreffen.« Dann machten wir uns beide auf unseren Weg. Mir wurde ziemlich bald klar, warum der Weg nicht direkt auf das Kloster zuführte. Der Boden im ganzen Tal war sehr sandig und deshalb nachgiebig. Jeder Schritt wurde auf diesem Untergrund zu einem Kampf. Als ich dann doch nach großen Mühen das westliche Tor des Klosters Samye erreichte, stand ich ehrfürchtig vor einer fünf Meter hohen Statue von Hayagriva, der Zorn-Emanation von Buddha Amitabha. Der verheißungsvolle Umstand, daß ich den direkten Weg durch das Tal gewählt und so am westlichen Tor angekommen war, rechtfertigte in meinen Augen nachträglich die Mühen. Die Statue war in der Zeit Padmasambhavas errichtet und von König Trisong Detsen gestiftet worden. Als sie geweiht wurde, soll der grüne Pferdekopf, der aus Hayagrivas Kopf herausragt, tatsächlich gewiehert haben.

Ich betrat das Kloster und fragte einen Wächter, ob ich ein paar Tage im Altarraum übernachten könne. Der Mann war mir offenbar sehr wohlgesinnt, denn er sagte, ich könne so lange bleiben, wie ich wollte, wenn ich bereit sei, den Raum jeden Abend, bevor die Wachen ihren Kontrollgang machten, samt meinem Gepäck zu verlassen.

Am nächsten Tag hörte ich, daß Jigdral Yeshe Dorje, Seine Heiligkeit Dudjom Rinpoche, einer der großen Lamas der Nyingma-Tradition, Initiationen in *Rinchhen Terdzod* geben würde, eine Sammlung von Übungen, die von verschiedenen *Tertöns* offenbart worden waren. Als ich den Ort aufsuchte, wo die Initiationen stattfanden, fühlte ich mich überglücklich. Ich wartete eine Pause ab, trat dann ein und näherte mich Seiner Heiligkeit, um ihm einen langen blauen *Katag* darzubieten.

»Wer bist du?« fragte er. »Haben wir uns schon einmal gesehen?« Er sprach sanft und mit zentral-tibetischem Akzent, und seine sehr verfeinerten Verhaltensweisen fielen mir vom ersten Augenblick an auf.

»Ich bin Chagdud Tulku von der Chagdud Gonpa in Nyagrong, und meine Mutter war Delog Dawa Drolma.«

»Oh, ich habe deine Mutter gekannt!« rief er aus und lud mich dann ein, ihn am folgenden Tag in seiner Privatunterkunft zu besuchen. Als ich dort eintraf, stellte er mich seiner Frau, Sangyum Kushog Rigdzin Wangmo, als Sohn von Delog Dawa Drolma vor. Die *Sangyum* stand sofort auf, ging zum Tisch, auf dem die Essensopfer – *Tsog* genannt – standen, nahm einen Teller mit wundervoll geformtem, süßem *Tsampa* und forderte mich auf, davon zu essen. Als ich die Gabe erhielt, war ich mir der Bedeutung dieses Augenblicks voll bewußt, und ich ernährte mich mehrere Tage lang von dem *Tsog*, während ich die Initiationen empfing. In Samye lernte ich in dieser Zeit auch den Sohn Seiner Heiligkeit, Thinley Norbu Rinpoche, kennen.

Doch da meine Essensvorräte knapp wurden und ich fast kein Geld mitgebracht hatte, beschloß ich, mit meinem Retreat zu beginnen, solange ich noch über die dazu erforderlichen Mittel verfügte. Ich hoffte, daß bald Vorräte von meinem Wohltäter eintreffen würden. Deshalb verließ ich das Kloster Samye und machte mich zu den nahegelegenen Höhlen in Chenpu auf. Dort bezog ich eine Höhle, steckte Retreat-Grenzen ab und gelobte, einen Monat lang im Retreat zu bleiben, um eine Langlebenspraxis zum Abschluß zu bringen.

Für jeden der ersten vier Tage hatte ich einen kleinen Ball *Tsampa*; am fünften Tag beschloß ich, den verbleibenden Ball in vier Stücke zu teilen und diese in den nächsten vier Tagen in die Suppe zu geben. Dann hatte ich nichts mehr zu essen, doch meine Praxis war sehr klar und intensiv. In der folgenden Nacht hatte ich einen Traum über die Dharma-Beschützer, den ersten einer ganzen Serie. Die Beschützer manifestierten sich vor mir in ihrem vollen Glanz und in ihrer ganzen Macht und versicherten mir, sie würden mir Essen beschaffen. Ich solle nur unbeirrt meine Praxis fortsetzen.

Am nächsten Morgen hörte ich ein Klopfen, und als ich vor die Höhle trat, stellte ich fest, daß jemand eine Opfergabe hinterlassen hatte, die aus ein wenig Tee und Butter bestand. Aufgrund des krassen Gegensatzes zwischen dem wundervollen Traum und der winzigen Opfergabe vermutete ich, noch nicht genügend Verdienst angesammelt zu haben. Mir wurde klar, daß ich während dieses Retreats Hunger leiden würde, denn wenn es mir an Verdienst mangelte, konnten weder die Dharma-Beschützer noch irgend jemand sonst mich mit ausreichend Nahrung versorgen. Natürlich entging mir nicht die Ironie dessen, daß ich mich einer Langlebenspraxis widmete und mich gleichzeitig fast zu Tode hungerte.

In der folgenden Nacht hatte ich erneut einen Traum, in dem die Dharma-Beschützer mich beruhigten: »Natürlich werden wir dir Essen bringen. Mach dir keine Sorgen.« Am nächsten Morgen klopfte es wieder, und als ich draußen nachschaute, fand ich ein paar kleine Kartoffeln. Ich aß jeden Tag eine davon, und nachdem ich sie alle gegessen hatte, folgte ein weiterer beruhigender Traum, und ich erhielt im Anschluß daran am nächsten Morgen ein wenig *Tsampa*. Mittlerweile war mein Körper schon ziemlich geschwächt, und nachdem ich den letzten Rest *Tsampa* gegessen hatte und weder ein erneutes Klopfen ertönte noch eine weitere Opfergabe auftauchte, schien mir mein Hungertod nicht mehr fern. Doch an jenem Morgen besuchte mich ein Lama.

»Ich mache in einer Höhle ganz in der Nähe ein Drei-Jahres-Retreat, um das Langlebensgebet für Seine Heiligkeit den Dalai Lama zu rezitieren. Als ich hörte, ein Lama aus Kham sei hier, wollte ich dich gerne kennenlernen.«

Ich bat ihn einzutreten, und wir sprachen eine Weile miteinander. Nach einiger Zeit sagte er: »Es ist Zeit für dich zu essen; deshalb will ich dich nun nicht weiter aufhalten.«

»Ach, das macht nichts, ich habe sowieso nichts zu essen«, antwortete ich.

Darüber war mein Besucher sehr verwundert. Ich erklärte ihm, mein Wohltäter habe es versäumt, mir Essensvorräte zu schicken, und ich habe mein Geld in der Mindroling Gonpa zurückgelassen. Daraufhin ging der Lama fort, und kurz darauf kam er zurück und kochte für mich eine Suppe mit Weizenknödeln und ein wenig Fleisch – eine wahre Köstlichkeit. Noch mehrere Tage lang kochte er einmal täglich etwas für mich. Dann trafen endlich doch noch die Gaben meines Wohltäters ein, die ich mittlerweile gar nicht mehr erwartet hatte. In einem Begleitbrief äußerte er sein Bedauern darüber, mich völlig vergessen zu haben. Als ihm wieder eingefallen sei, daß er mich hatte unterstützen wollen, habe er sich sofort auf den Weg nach Mindroling gemacht und dort gehört, ich sei bereits vor mehr als drei Wochen aufgebrochen. Er schickte mir eine so große Menge *Tsampa*, daß ich diesen Vorrat mit den Armen teilen konnte, die zu meiner Höhle kamen. Ich verfügte nun über mehr als genug Nahrungsmittelvorräte, um mein Retreat-Gelübde erfüllen zu können.

Als ich von den Höhlen nach Samye zurückging, traf ich Naygo Lama wieder, der ebenfalls gerade ein Retreat beendet hatte. Wir besuchten gemeinsam die Meditationshöhle von Gyalwa Chhögyang, einem der 25 Schüler Padmasambhavas. Auf *T'hangkas* wird Gyalwa Chhögyang immer mit Hayagrivas grünem Pferdekopf abgebildet, der aus seinem Kopf herausragt. Obwohl seine Höhle gewöhnlich verschlossen war, hatten wir das Glück, die Tür offen zu finden, so daß wir die Nacht darin verbringen konnten. Es war eine außergewöhnliche, wundervoll ausgebaute Höhle. Das Gestein war völlig glatt. Als wir am nächsten Morgen aufwachten, hatte sich an den Wänden der Höhle eine schimmernde Flüssigkeit abgesetzt. Da nicht festzustellen war, woher sie stammte, vermuteten wir, daß es Weisheitsnektar sein müsse und daß dies ein Segen sei, der uns wegen unseres Retreats zuteil geworden war.

Als ich nach Samye zurückkehrte, war Seine Heiligkeit Dudjom Rinpoche gerade dabei, die mündliche Übertragung von *Dzod Dun*, der berühmten *Sieben Schätze* Longchenpas, zum Abschluß zu bringen. Ich kam noch rechtzeitig an, um die zweite Hälfte des letzten Textes zu hören und um an einer großen Opferzeremonie teilnehmen zu können. Da ich erst am Ende der Zeremonien, die viele Wochen lang gedauert hatten, eingetroffen war, hatte ich keinen festen Sitz und saß deshalb in einer der hinteren Reihen. An einem bestimmten Punkt des Zeremoniells standen alle auf. Um über die Menge hinwegschauen zu können, trat ich auf ein Kissen.

»Geh sofort von dem Kissen runter!«

Ich drehte mich blitzschnell um, weil ich feststellen wollte, wer es gewagt hatte, mich in diesem Befehlston anzufahren, und sah einem streitsüchtig wirkenden Mönch in die Augen. Wutentbrannt zog ich meine Faust zurück, um zum Schlag auszuholen. Doch glücklicherweise hielt mich irgend etwas in meinem Inneren davor zurück, mein Vorhaben auch tatsächlich auszuführen, und meine Hand sank wieder herab. Als mir klar wurde, wie katastrophal es gewesen wäre, an einem heiligen Ort wie Samye und in Gegenwart von Dudjom Rinpoche ein Sangha-Mitglied zu schlagen, durchflutete mich tiefes Bedauern. Schweigend rief ich die Weisheitswesen an, bekannte und bereute meinen Fehler zutiefst und betete um seine Reinigung durch Weisheitslicht und Weisheitsnektar. Doch mußte ich noch lange über diesen Vorfall nachdenken, und auch später erinnerte ich mich während Opferzeremonien oft mit tiefer Reue daran, wie leicht mich meine Unbeherrschtheit damals dazu hätte bringen können, etwas ungeheuer Schändliches zu tun.

Am nächsten Morgen führte Seine Heiligkeit in einer großen Prozession achthundert Menschen um Samye, und während dieser Prozession wurden ihm alle Schätze des Klosters gezeigt. Ich kam schon früh zu diesem Ereignis und nahm meinen Platz in den Reihen der Lamas ein, direkt hinter Dudjom Rinpoche. Dadurch konnte ich die heiligen Objekte gut sehen. Noch beeindruckender als die Ritualobjekte war aber das Orakel von Samye. In einem abgetrennten Bereich im Hof des zweiten Stocks des Hauptgebäudes tauchte ein ganz gewöhnlicher Mann auf. Plötzlich stieß er einen schrecklichen Schrei aus und fiel in Ohnmacht. Als er wieder zu Bewußtsein kam, hatte der mächtige und wilde Dharma-Beschützer Tzimara von seinem Körper Besitz ergriffen. Sein Gesicht war nun verzerrt und rot angelaufen, und er sprach merkwürdig heiser in einer eigenartigen Sprache. Mit einer tiefen, schwungvollen Verbeugung deutete er an, daß Seine Heiligkeit auf einem hohen Thron sitzen solle. Nachdem Dudjom Rinpoche Platz genommen hatte, setzte sich das Orakel neben ihn auf einen niedrigen Stuhl. Ein Diener brachte dem Mann einen wundervollen goldenen

Becher, der mit geweihtem Whiskey gefüllt war. Der Mann nahm den Becher und bot ihn ehrerbietig Seiner Heiligkeit an. Dudjom Rinpoche trank einen Schluck daraus und gab ihn dann dem Orakelpriester zurück, der den Rest mit einem einzigen riesigen Schluck herunterkippte. Dann sprach das Orakel. Für mich war zwar völlig unverständlich, was der Mann sagte, doch ging das offenbar nicht allen Anwesenden so.

Schließlich begleitete das Orakel Seine Heiligkeit zu einer Säule in der Mitte des Raumes, wo ein Objekt – das einige als Maske bezeichneten – in Stoff gehüllt wurde. Das Orakel hielt den Stoff so, daß nur Seine Heiligkeit sehen konnte, was darin eingehüllt war. Dann wurde der Mann erneut bewußtlos. Die Farbe wich aus seinem Gesicht, sein Körper wurde schlaff, und als er wieder zu sich kam, war er wieder ein gewöhnlicher Mensch, und er war so geschwächt, daß er beim Verlassen des Raumes gestützt werden mußte.

Nach diesen Ereignissen kehrte ich in die Höhlen von Chenpu zurück und blieb dort ebenso wie Naygo Lama für zwei weitere Monats-Retreats. Nachdem wir unsere Retreats beendet hatten, brachen wir zusammen nach Lhasa auf.

Die erste Nacht in Lhasa verbrachten Naygo Lama und ich im Haus eines seiner Freunde aus Kham. Wir gingen zum Jowo-Altar und meditierten dort vor der berühmten Statue. Auf dem Rückweg verirrte ich mich im Labyrinth der Gassen von Lhasa, bis ich mich schließlich an den Namen des Hauses neben dem unseres Gastgebers erinnerte und mir jemand den Weg dorthin erklären konnte. Am nächsten Tag ging ich zum Haus von Pomda Tsang, einem von Tulku Arigs Schülern, und fragte ihn, ob ich bei ihm wohnen könne.

»Im Augenblick wohnt Khanpo Dorje in unserem Gästeraum«, antwortete er. »Aber dort steht noch ein zweites Bett, und ich werde den *Khanpo* fragen, ob du es benutzen kannst.« Er ging fort und kam ein paar Minuten später mit der Nachricht zurück, Khanpo Dorje sei damit einverstanden.

Darüber war ich hocherfreut, denn Khanpo Dorje war ein sehr berühmter Gelehrter und Meditierender und ebenso wie Tulku Arig ein Schüler von Khanpo Ngaga. Die Möglichkeit, in der Nähe dieses großen Lama sein zu können, hielt ich für eine sehr glückliche Fügung.

Bei unserer ersten Begegnung gab der *Khanpo* mir allerdings eine Lektion in alltäglichem Verhalten. Die Frau des Hauses, Cham Padmala, begrüßte mich und zeigte mir den Gästeraum, wo sie Khanpo Dorje und mich miteinander bekannt machte. Dann ließ sie einen Diener Tee herbeibringen. Nun war es in Ost-Tibet üblich, daß man etwas Tee trank und der Becher sofort wieder aufgefüllt wurde; dann trank man wieder etwas, und der Becher wurde erneut aufgefüllt, und so ging es weiter, bis man zu erkennen gab, daß man genug Tee getrunken hatte, indem man die Tasse vollständig leerte und sie ausleckte.

In der Annahme, dies werde hier genauso gehandhabt, nahm ich den Becher Tee, den der Diener mir anbot, woraufhin er einen Augenblick wartete und dann für eine halbe Stunde verschwand. Da lange nichts geschah, vermutete ich, mir sei nur dieser eine Becher Tee angeboten worden und der Becher werde nicht mehr aufgefüllt – was in Kham ein unverzeihlicher Verstoß gegen die Etikette gewesen wäre. Also trank ich den Tee und leckte anschließend den Becher aus. Zu meiner Überraschung tauchte der Diener dann doch wieder auf, füllte unsere Becher erneut, wartete und entfernte sich dann wieder.

Bevor ich etwas hätte trinken können, sagte Khanpo Dorje: »Die Tee-Sitten in Zentral-Tibet unterscheiden sich von der Art, wie wir in Kham Tee trinken.« Er war sieben oder acht Jahre vor mir von Kham nach Lhasa gekommen. »Wenn du hier Tee bekommst, solltest du zuerst nicht davon trinken. Der Diener geht fort, und wenn er zurückkommt, bläst du vorsichtig die Butter auf der Oberfläche zurück und trinkst dann die Hälfte des Tees. Daraufhin füllt der Diener den Becher auf und geht wieder fort. Wenn er nach einer Weile wiederkommt, bläst du wieder die Butter zurück, trinkst den Becher zur Hälfte leer und läßt ihn auffüllen. Bei jedem erneuten Auftauchen des Dieners wiederholt sich diese Prozedur. Wenn du keinen Tee mehr möchtest, trinkst du den ganzen Becher leer. Aber du solltest nie, wirklich nie den Becher auslecken.«

Als ich später zu einem akzeptierten Mitglied des Haushalts geworden war, neckte mich die Familie oft damit, daß ich bei meiner Ankunft den Teebecher ausgeleckt hatte.

Ich blieb ein ganzes Jahr und erhielt jeden Tag Unterweisungen von Khanpo Dorje. Seine Qualität als Lehrer war unvergleichlich. Sie basierte auf einem ungeheuren Wissen und ebenso großer Meditationserfahrung. Er hatte zwölf Jahre im Einzel-Retreat verbracht. Die Integrität seiner Praxis kommt in der folgenden Geschichte zum Ausdruck: Er war drei Jahre im Retreat gewesen, und es hatten sich bereits viele außergewöhnliche Zeichen für Errungenschaften bei ihm eingestellt – Visionen, Hellsichtigkeit, verheißungsvolle Träume und die Realisation der wahren Natur der materiellen Welt, deren Gesetze keine Macht mehr über ihn hatten. Doch da er seinen Geist unablässig mit schonungsloser Ehrlichkeit überprüfte, war er unzufrieden mit den emotionalen und intellektuellen Mustern, die er darin entdeckte. Er unterbrach sein Retreat und empfing erneut die Belehrungen der Großen Vollkommenheit über die Natur des Geistes, diesmal von Khanpo Ngaga. Anschließend setzte er sein Retreat fort, um das Gehörte vollständig zu realisieren. Erst danach war er zufrieden.

Khanpo Dorje war mir gegenüber unendlich gütig. Ich vertraute darauf, daß seine Übermittlung mir helfen würde, die Essenz des Geistes zu realisieren. Was er mich lehrte, war tiefgründiger als alles, was Worte auszudrücken vermögen, außerdem subtil und nicht zuletzt auch ungeheuer einfach, so wie der absolute Geist selbst.

Eines Tages gingen wir gemeinsam durch die Straßen von Lhasa, um einen alten Begräbnisplatz aufzusuchen. Das Gelände war mittlerweile mit Häusern bebaut, doch in einem der Hinterhöfe stand ein großer flacher Stein, auf dem einst das Fleisch der Verstorbenen in kleine Stücke zerschnitten und als Opfergabe an die Geier verfüttert worden war. Khanpo Dorje setzte sich darauf und sagte: »Tulku, hol etwas *Chang*.« *Chang* ist tibetisches Bier.

Ich ging also zum *Chang*-Laden, kaufte einen großen Behälter voll *Chang* und kehrte zurück. Khanpo Dorje zog einen kleinen Becher aus seiner *Chuba*. Ich füllte ihn, und er trank ihn aus. Dann füllte ich den Becher erneut, und er bot ihn mir an. Aus Respekt setzte ich den Becher nicht an meine Lippen, sondern goß den Inhalt in meine Handfläche, aus der ich dann trank. Es war das erste Mal seit meinem Drei-Jahres-Retreat in Tromt'har, daß ich *Chang* kostete, und es schmeckte mir gut – und diese Qualität war für mich in diesem Augenblick untrennbar von der Vollkommenheit jenes Augenblicks, in dem ich die Opfergabe aus dem Becher meines Lama trank.

»Rinpoche, glaubst du, es besteht auch nur die geringste Chance, die Unterjochung unseres Volkes durch die Chinesen rückgängig zu machen?« Ich hatte schon seit einiger Zeit gründlich darüber nachgedacht, wie wir uns in Anbetracht der Besetzung Tibets verhalten sollten, und nun wollte ich über dieses Thema mit Khanpo Dorje sprechen.

»Nein«, antwortete er. »Ich glaube, es ist zu spät, um noch irgend etwas rückgängig zu machen. Vor acht oder neun Jahren wäre das vielleicht noch möglich gewesen. Mehrere große Lamas haben damals erläutert, was getan werden müsse, um äußere Hindernisse abzuwenden und die innere Zwietracht zu überwinden. Doch ihr Rat wurde mißachtet. Unserem Volk steht großes Leiden bevor.«

»Du glaubst also nicht, daß die zentral-tibetische Regierung in der Lage sein wird, mit Hilfe von Verhandlungen den Frieden zu wahren?«

»Nein. Glaubst du das?«

»Nein. Ich glaube, daß die Chinesen die Hälfte der Mahlzeit gegessen haben und nun dabei sind, diese zu verdauen, bevor sie den Rest aufessen. Meiner Meinung nach hat die Regierung in Lhasa schlicht ignoriert, daß Kham bereits gefressen worden ist, und sie ist blind gegenüber der Tatsache, daß Zentral-Tibet als nächstes aufgefressen werden wird.« Ich hielt inne, bevor die Wut und Frustration, die ich empfand, vor meinem Lehrer völlig offen zutage traten. Er hatte meine Gefühle aber ohnehin schon bemerkt.

»Auf deinem Gesicht spiegelt sich das, was du denkst und fühlst, immer sofort wider«, bemerkte er. »Wegen dieser Eigenschaft wirst du in deinem Leben sicherlich große Schwierigkeiten bekommen. Du solltest versuchen, das zu ändern.« Dann fragte er mich nach meiner Meinung darüber, was wir tun sollten.

»Ich meine, wir sollten nach Padma Kod gehen.« Meine Begegnung mit dem geheimnisvollen Einbeinigen auf dem Gebirgspaß und sein Drängen, ich solle nach Padma Kod reisen, hatte ich nie vergessen. Und auch die Schriften meiner Familie, in denen ein *Tertön* die Prophezeiung Padmasambhavas offenbart hatte, daß Padma Kod in dunklen Zeiten ein wichtiger Zufluchtsort sein werde, waren mir noch gut in Erinnerung.

Khanpo Dorje wies mich darauf hin, daß es nicht leicht sein werde, sich in einer unbewohnten Gegend wie Padma Kod niederzulassen, und daß er zu alt sei, um bei solch einem Vorhaben besonders hilfreich sein zu können. Er war damals schon über siebzig Jahre alt. Er fragte, ob ich bereit sei, die Vorbereitungen allein zu treffen. Ich erklärte mich dazu bereit und sagte, ich sei der Meinung, wenn wir nach Padma Kod übersiedelten, so hätten wir die größte Chance, in Tibet in einer akzeptablen Situation zu leben, und ich wolle sofort mit den Vorbereitungen für die Abreise beginnen. Khanpo Dorje war mit diesem Plan einverstanden.

Es war Anfang 1957, und in Ost-Tibet waren bereits offene Konflikte zwischen den Chinesen und den Khampas ausgebrochen. In Zentral-Tibet trafen täglich Flüchtlinge ein, und sie brachten haarsträubende Berichte über die Vernichtung ganzer Dörfer und über brutale chinesische Standgerichte mit, bei denen unvorstellbare öffentliche Folterungen und Exekutionen angeordnet und ausgeführt wurden. Mönche, die ihre Lamas verteidigten, wurden abgeschlachtet, die Lamas wurden ebenfalls ermordet und ihre Klöster zerstört.

Die fragile Waffenruhe, die in Kham nach der chinesischen Invasion im Jahre 1950 ausgehandelt worden war, endete im Jahre 1955, kurz nach meinem Aufbruch zur Pilgerreise. Nachdem die Chinesen ihre Straßen fertiggestellt und ihre militärischen Strukturen etabliert hatten, beendeten sie ihre Politik scheinbarer Toleranz und Großzügigkeit und fingen an, die traditionellen zivilen und klösterlichen Strukturen durch kommunistische zu ersetzen. Zur Verwirklichung dieses Ziels bedienten sie sich unvorstellbar grausamer Methoden. Um die bestehende Sozialstruktur zu zerstören, führten sie kommunistische »Volksgerichtsprozesse« ein, in denen hohe Familien öffentlich angeklagt und gefoltert wurden, bis sie bekannten, »Verbrechen gegen das Volk« begangen zu haben. Nach diesen »Geständnissen« wurden sie hingerichtet. Die Chinesen entführten auch Tausende von Kindern, um sie in ihren Schulen zu erziehen, und sie versuchten, die Klöster unter ihre Kontrolle zu bringen. Diesen Versuchen, die gesamte traditionelle Gesellschaftsstruktur zu vernichten, begegnete die Bevölkerung mit offenem, gewaltsamem Widerstand.

Die Krieger der Khampa-Klans, die sich während der Invasion im Jahre 1950 aufgrund von Zwistigkeiten nicht auf die Bildung einer gemeinsamen Armee hatten einigen können, formierten sich Ende 1955 zu einer Guerilla-Streitmacht und besetzten die chinesischen Garnisonen in Dege, Kanze und Nyagrong sowie anderen strategisch wichtigen Stützpunkten. Doch gelang es den Chinesen mit Hilfe ihrer neuen Straßen und der neu angelegten Flugplätze in Chamdo und Kanze, ihre Truppen zu verstärken. Der Rückzug der chinesischen Truppen im Jahre 1955 signalisierte keineswegs die Niederlage der Chinesen, sondern den Anfang einer blutigen Eskalation des Konflikts.

In Lhasa schrieb man die problematische Lage in Kham im allgemeinen den Khampas selbst zu, weil sie angeblich nur kämpfen und nicht verhandeln konnten. Dabei wurde völlig ignoriert, daß die Chinesen in Kham ganze Dörfer vernichtet und die bestehenden regionalen und klösterlichen Strukturen zerstört hatten. Ebenso wurden in der Hauptstadt auch die vielen tausend chinesischen Soldaten ignoriert, die sich mittlerweile im Umland von Lhasa gesammelt hatten, sowie die Bedeutung der chinesischen Straßen für den militärischen

Nachschub und schließlich auch die schleichende Entmachtung der zentral-tibetischen Regierung durch ein von den Chinesen eingesetztes Verwaltungskomitee, mit dessen Hilfe sie allmählich ihre Interessen durchsetzten. Die zentral-tibetische Regierung hatte längst keine reale Macht mehr, da die Chinesen sie ganz einfach umging.

In jenen Tagen des Zerfalls wurde viel über politische Entwicklungen debattiert. Ich nahm an solchen Debatten nur selten teil, denn wie Khanpo Dorje völlig richtig erkannt hatte, waren meine wahren Gefühle stets an meinem Gesicht abzulesen, so vorsichtig ich meine Worte auch wählen mochte.

KHANPO DORJE BESASS VIELE BÜCHER, Statuen und andere kostbare religiöse Artefakte, die wir mitnehmen wollten. Ich packte einen Teil davon zusammen und veranlaßte, dieses Gepäcks nach Kongpo zu befördern, einen Ort, der per Lastwagen in einem Tag zu erreichen war. Kongpo liegt östlich von Lhasa und nördlich von Padma Kod, in einer stark bewaldeten Gebirgsregion, die durch den großen Tsangpo-Fluß geteilt wird. Der Tsangpo fließt Hunderte von Kilometern ostwärts über die tibetische Hochebene, bevor er nach Süden abbiegt und Indien erreicht, wo er Brahmaputra genannt wird. Da es keine Brücken über diesen Fluß gab, fungierte er als natürliche Barriere gegen größere Truppenbewegungen und bot Tibetern, die sich auf die Umsiedlung in ein anderes Gebiet oder auf die Flucht vorbereiteten, eine Zeitlang einen gewissen Schutz.

Als ich in Kongpo ankam, fiel mir sofort auf, daß es dort ganze Lager entwurzelter Khampas gab. Ihre Anwesenheit in Kongpo beunruhigte sowohl die ortsansässige Bevölkerung als auch das chinesische Militär. In ganz Tibet standen die Bewohner von Kham sei eh und je im Ruf besonderer Wildheit und der Neigung zum Banditentum, obwohl ihnen andererseits auch besonderer Mut, Loyalität, Heiterkeit und Vertrauenswürdigkeit als Eigenschaften zugeschrieben wurden. Bei den Chinesen standen sie in dem Ruf, im Krieg wilde Kämpfer und im Frieden unbeherrschbar zu sein.

Am südlichen Ufer des Tsangpo fand ich an einem Berghang eine kleine Einsiedelei. Um Khanpo Dorjes Ankunft vorzubereiten, reparierte und vergrößerte ich diese Unterkunft und führte dann eine sechzehntägige *Nyung-Nay*, eine Reinigungspraxis, durch, bei der ich jeden zweiten Tag weder Speisen noch Flüssigkeiten zu mir nehmen durfte.

Vor meiner Abreise aus Lhasa hatte ich Khanpo Dorje vorgeschlagen, meine Zeit in Kongpo im Retreat zu verbringen. Darauf hatte er entgegnet: »Jetzt ist nicht der richtige Zeitpunkt für ein Retreat. Du mußt lehren, denn in den schwierigen Zeiten, die auf uns zukommen, werden die Menschen am meisten von den Lehren des Buddha profitieren.« Deshalb reiste ich von meinem Retreat-Haus aus umher, gab Initiationen und führte Zeremonien durch.

Als der Winter sich näherte, begann ich zusammen mit einem anderen Lama, Kham Wang Tulku, eine Vajrakilaya-*Drubchhen*, die Praxis der »großen Vollendung«. Die Meditationsgottheit Vajrakilaya ist eine zornige Ausdrucksform von Mitgefühl und Weisheit. Der Übende nimmt dabei die unbezwingbare Haltung von Vajrakilaya ein und benutzt die Fähigkeiten der Meditation und des Rituals, um die Gifte der Wut, des Anhaftens, der Dummheit, der Eifersucht und des Stolzes vollständig zu reinigen. Wenn diese inneren Gifte aufgelöst sind, verschwinden auch ihre äußeren Spiegelungen: Feinde, Krankheiten und widrige Umstände der gewöhnlichen Existenz.

In jener Zeit, in der die Tibeter mit dem chinesischen Militär konfrontiert wurden, mußten die Lamas so vielen Menschen wie möglich die Reinigungsmethoden vermitteln. Wir gaben uns nicht der Hoffnung hin, daß die Gewalttätigkeiten, die ganz Ost-Tibet erfaßt hatten und die allmählich auch auf Lhasa übergriffen, sich in Kongpo allein mit Hilfe religiöser Zeremonien, so machtvoll diese auch sein mochten, abwenden lassen würden. Aber wir hofften, daß für die Menschen, die an den Zeremonien teilnahmen, die karmischen Ursachen für die Erfahrung von Gewalt gereinigt werden würden. Wir wollten es ihnen ermöglichen, in ihrer Reaktion auf die im Krieg dominierenden feindseligen Kräfte keinen Haß zu entwickeln. Wir hofften, daß die in den Zeremonien erzeugte Tugend sie schützen würde und daß sie im Fall des Todes Befreiung finden würden.

Nach der *Vajrakilaya*-Zeremonie traf Khanpo Dorje aus Lhasa ein und wohnte dann zunächst sechs Monate lang mit mir zusammen in der Einsiedelei. Die ersten anderthalb Jahre in Kongpo waren für mich eine Zeit tiefster innerer Zufriedenheit. Ich konnte mit meinem Tun den Menschen und meinem hochverehrten Lama dienen, und außerdem war es damals in dieser Region relativ friedlich, weil die dort lebenden Tibeter ihre kulturelle und religiöse Integrität noch zu wahren vermochten.

Im Frühling organisierten Kham Wang Tulku, drei andere Lamas und ich eine Guru-Rinpoche-*Drubchhen*, an der mehrere hundert Menschen teilnahmen. Gemeinsam rezitierten wir zehn Millionen Guru-Rinpoche-Mantras. Diese große Zeremonie stellte für mich und die übrigen vier Lamas einen Wendepunkt dar, obgleich dies in jenem Augenblick für uns noch nicht zu erkennen war. Die Chinesen waren nämlich sehr beunruhigt darüber, daß wir so viele Menschen um uns scharen konnten. Sie glaubten nicht, daß wir dies ausschließlich aus religiösen Motiven taten, und sie befürchteten, wir könnten einen politischen und religiösen Widerstand organisieren. Sie ergriffen zwar nicht sofort entsprechende Maßnahmen, doch als sie es dann taten, mußten wir Lamas wie die Füchse leben und uns permanent vor unseren Jägern verstecken.

Zu Frühlingsanfang im Jahre 1958, als der Schnee in den Bergen noch sehr hoch lag, brach ich zusammen mit sieben anderen Männern zu einer Erkundungsreise nach Padma Kod auf. Wir wollten einen Plan für einen Umzug oder eine Flucht entwerfen, je nachdem wie sich die Situation entwickeln würde. Padma Kod liegt südlich von Kongpo, und man mußte hohe Himalaya-Pässe überqueren, um dorthin zu gelangen. In jener Region hatten nie viele Menschen gelebt, weshalb es viele unbewohnte Täler und tiefe Wälder gab, die in der Nähe der indischen Grenze zu Dschungeln geworden waren. Mittlerweile jedoch hatten sich dort bereits viele Tibeter angesiedelt, weil sie hofften, auf diese Weise den Unannehmlichkeiten der chinesischen Besetzung entgehen und trotzdem weiter in Tibet leben zu können.

Zu dieser Jahreszeit war die Gefahr der Lawinenbildung sehr groß, und viele rieten uns dringend von unserem Vorhaben ab. Schließlich sagte ich, ich wolle in meinen Träumen nach Zeichen Ausschau halten. Eine oder zwei Nächte danach träumte ich, zwei Seen sowie einen Felsen zu entdecken, der die Form einer Langlebensvase hatte. Dies schienen günstige Vorzeichen zu sein. Am nächsten Tag fragte ich Jäger, ob sie jemals in eine Gegend gekommen seien, die diese Merkmale aufweise. Die Jäger kannten einen Pfad durch die Berge, der zwischen zwei Seen hindurchführte, doch eine Felsformation, die meiner Beschreibung entsprach, hatten sie nie gesehen.

Alle waren der Ansicht, wir sollten den Paß auf dem beschriebenen Pfad überqueren. So brachen wir also auf. Noch ein zweiter Lama, Kat'hog Ontrul Rinpoche, nahm an der Expedition teil. Er war sehr stark und trug viel Gepäck. Auch die anderen Teilnehmer trugen Gepäck. Wegen meiner Gehschwierigkeiten trug ich nur eine kleine Schlafrolle.

Der Schnee war sieben Meter tief, so daß die Baumwipfel, die aus dem Boden ragten, wie kleine Büsche wirkten. Wir durchquerten das Gebiet, in dem sich die beiden Seen befanden, und erreichten einen langen, vereisten Hang, den wir hinabsteigen mußten. Der Abstieg war so anstrengend, daß mir selbst meine Schlafrolle zur schweren Last wurde. Deshalb warf ich sie den Abhang hinab. Ich vermutete, sie würde der natürlichen Krümmung des Berges folgen und unten in der Nähe unseres Pfades liegenbleiben. Sie rollte jedoch in eine völlig andere Richtung und verschwand hinter einem Felsvorsprung. Meine Begleiter waren über meine Eigenmächtigkeit etwas gereizt, sagten aber nichts. Wahrscheinlich fragte sich die eine Hälfte der Gruppe, warum ich mein Gepäck hinabgeworfen hatte, und die andere, was nun zu tun sei. Dann sagte irgend jemand: »Laßt uns weiter den Pfad hinabgehen. Etwas unterhalb ist ein Sims. Dort können wir Tee machen und überlegen, was zu tun ist.«

Der Pfad verlief in einer scharfen Kurve, und dann hatten wir von dem Sims aus den Felsvorsprung vollständig im Blick. Während die anderen Holz für ein Feuer sammelten und Tee zubereiteten, suchte ich zusammen mit einem Mann den Felsvorsprung nach meiner Schlafrolle ab. Plötzlich rief der andere: »Tulku, ich sehe sie!« Ich folgte seinem Blick und sah plötzlich, daß aus dem Felsvorsprung ein Fels aufragte, der erstaunliche Ähnlichkeit mit einer Langlebensvase hatte. Dies war der Fels aus meinem Traum!

An der Spitze des Felsens tröpfelte ein winziges Rinnsal, und in der Nähe dieser kleinen Quelle wuchs ein kleiner Baum, in dessen Geäst sich meine Schlafrolle verfangen hatte. Mit großer Mühe legten wir einen Teppich aus Zweigen auf den Schnee und kletterten, durch Seile abgesichert, über die Felswand und auf den Felsen, um die Schlafrolle zurückzuholen. Es war so ermutigend für uns, diesen Felsen in Form einer Langlebensvase zu sehen, daß die Unannehmlichkeiten, in die ich die Gruppe durch meine spontane Aktion gebracht hatte, eine nachträgliche Rechtfertigung erfuhren.

In Padma Kod entdeckten wir ein unbewohntes Tal, das sich für eine Siedlung eignete. Nachdem wir es gefunden hatten, machten wir uns auf den Rückweg, und wir erreichten unseren Ausgangspunkt ohne weitere Schwierigkeiten.

IN KONGPO hatten mich viele darauf hingewiesen, daß es in Padma Kod keine Mönche geben würde, die mir bei der Erfüllung meiner Aufgaben im Dharma helfen könnten. Sie empfahlen mir deshalb zu heiraten, so daß ich auf die Hilfe einer Ehefrau zählen könnte. Ich hatte meine Mönchsgelübde formell Khanpo Dorje zurückgegeben, denn im tibetischen Buddhismus kann man Gelübde, solange man sie nicht gebrochen hat, dem Lama, von dem man sie empfangen hat, zurückgeben. Eigentlich hätte ich meine Gelübde Tulku Arig zurückgeben müssen, denn bei ihm hatte ich sie anläßlich meines zweiten Drei-

Jahres-Retreats erneuert. Doch da ich unmöglich eigens zu diesem Zweck nach Tromt'har zurückkehren konnte, war Khanpo Dorje als mein Wurzel-Lama derjenige, an den ich mich in dieser Angelegenheit wenden mußte.

In meiner Zeit als Mönch lernte ich zwei Frauen kennen, bei denen ich eindeutig die Qualitäten einer spirituellen Gefährtin im höchsten Sinne erkannte. Eine war die Tochter einer Familie, in deren Haus ich Zeremonien durchführte. Diese junge Frau war äußerlich eher unscheinbar, doch als beim Servieren einer Schale Tee die Spitzen ihrer Mittelfinger leicht die meinen berührten, löste sich meine gewöhnliche Wahrnehmung auf, und ich erfuhr einige Minuten lang die absolute Natur der Wirklichkeit. Etwas ähnliches erlebte ich auch einmal in Lhasa in Gegenwart einer Frau. Doch als es zu diesen Begegnungen kam, war ich ja Mönch gewesen, und auch andere Umstände hinderten mich daran, mich einer dieser beiden Frauen zu nähern. Vergleichbare Erfahrungen habe ich später nie mehr gemacht.

Ungefähr zur Zeit der großen Guru-Rinpoche-Zeremonie schlug mir ein Freund vor, ich solle den Vater einer bestimmten hochangesehenen Familie aus Kongpo um die Hand einer seiner vier wunderschönen Töchter bitten. Nachdem ich mit ihm lange über den Charakter der Familie und über die Erfolgsaussichten einer solchen Bitte gesprochen hatte, machte ich mich mit einem Pferd als Geschenk für den Vater auf den Weg. Er akzeptierte meine Bitte und bot mir seine Tochter Karma Drolma als Ehefrau an.

In Tibet wurden damals fast alle Ehen von den Eltern für ihre Kinder oder zumindest für ihre Töchter arrangiert. Allerdings konnte ein Bewerber den Vater um die Hand seiner Tochter bitten, so wie ich es getan hatte. Daß ich von Karma Drolmas Vater akzeptiert wurde, hing teilweise mit meiner Position als Lama zusammen, denn Lamas, die zur Eheschließung bereit waren, galten in den Augen vieler Tibeter als eine »gute Partie«. Doch ganz gleich, wie eine Ehe zustande kam, sie wurde in jedem Fall als eine wichtige Allianz zwischen den Verwandten beider Partner und sowohl in sozialer als auch in ökonomischer

Hinsicht als eine sehr pragmatische Angelegenheit angesehen. Dabei war der Charakter der Familie, in die jemand einheiratete, von ausschlaggebender Bedeutung.

Meine Familie in Tromt'har und Karmas Familie in Kongpo waren in ihrem jeweiligen Umfeld hoch angesehen, und aus beiden Familien waren viele hohe Lamas hervorgegangen. Karmas Eltern waren sehr ehrenvolle Leute, und ihre Mutter war selbst die Tochter eines Lama. Mir gefiel, daß die ganze Familie hart arbeitete, sogar mit den Dienern zusammen Feldarbeiten verrichtete und ihre Wohlhabenheit nicht in übertriebenem Maße zur Schau stellte. Auch in dieser Hinsicht ähnelte sie meiner eigenen Familie. Hingegen hatte ich mich unter den Frauen der hochgestellten Familien in Lhasa, die ständig Brokatgewänder trugen und ihre Diener herumkommandierten, nie besonders wohl gefühlt.

Karmas Vater legte fest, daß die Hochzeitszeremonie am glückverheißenden zehnten Tag des sechsten Mond-Monats gefeiert werden sollte – im August 1958. Nachdem diese Vorbereitungen getroffen waren, berichtete ich Khanpo Dorje davon. Er sagte: »Oh, gut! Das alles ist sehr gut!« Kurz darauf reiste er nach Lhasa zurück, wo er noch ein paar Dinge regeln wollte.

Meine Hochzeit sollte ein großes Fest werden. Ungeheure Mengen *Chang* wurden eigens dafür gebraut. Doch ein paar Tage vor dem festgelegten Termin baten mich die Bewohner eines Dorfes, das einen Tageritt von Karmas Dorf entfernt lag, wegen einer langen Dürre eine Feueropfer-Zeremonie durchzuführen. Die Zeremonie sollte am Ufer eines Sees stattfinden. Als ich in Begleitung einer kleinen Gruppe von Mönchen und Bewohnern jenes Dorfes zu der Stelle am Seeufer ritt, wurde mir plötzlich ziemlich schlecht, so daß ich nicht mehr weiterreiten konnte. Daraufhin ließen mich meine Begleiter am Weg zurück und führten die Zeremonie ohne mich durch. Ich gab ihnen einen Beitrag zu den Opfergaben, die bei der Zeremonie benötigt wurden – Getreidekörner, Juwelen, Butter und andere Dinge – und versicherte ihnen, daß ich während ihres Feueropfers an der Stelle, wo ich auf ihre

Rückkehr wartete, andere Aspekte des Rituals durchführen würde. Als der Zeitpunkt zur Einlösung dieses Versprechens gekommen war, schüttelten mich heftige Kälteschauer. Doch wie versprochen erfüllte ich meine Funktion.

Nach einigen Stunden kamen sie zurück. Während wir nach Hause ritten, prasselte plötzlich eine wahre Sintflut auf uns nieder. Wir alle wurden bis auf die Haut durchnäßt, denn niemand von uns war auf die Idee gekommen, vorsichtshalber Kleidung zum Schutz gegen Regen mitzunehmen, obwohl wir die Zeremonie ja durchgeführt hatten, um den Regen herbeizulocken. Nun wurde ich wirklich sehr krank. Ein Ausschlag bedeckte meinen ganzen Körper, wahrscheinlich Windpocken, und ich hatte hohes Fieber. Ich wußte, daß diese Krankheit ansteckend war, und da ich weder Karmas Familie noch die Dorfbewohner in Gefahr bringen wollte, ließ ich ihnen die Nachricht überbringen, daß die Hochzeitszeremonie nicht zum festgesetzten Zeitpunkt stattfinden könne.

Sofort nach meiner Genesung wollte ich zu Karmas Elternhaus reisen, das anderthalb Tagereisen von dem Ort, an dem ich lebte, entfernt lag. Doch dann erreichte mich die Nachricht, daß Khanpo Dorje aus Lhasa nach Kongpo zurückgekehrt sei. Er hatte sich eine Tagereise entfernt in der entgegengesetzten Richtung niedergelassen. Ich beschloß, zuerst ihn aufzusuchen, bevor ich mich auf den Weg zu Karma Drolma machte. Tatsächlich vergingen viele Monate, bis ich meine versprochene Braut wiedersah, und als ich dann endlich zu ihr kam, war ich als Bräutigam keine »gute Partie« mehr, sondern ein Mann, der vor seinen Henkern auf der Flucht war.

KHANPO DORJES VERPFLICHTUNGEN in Lhasa nahmen längere Zeit in Anspruch, als er erwartet hatte, und in der Zwischenzeit zogen die Chinesen ihre Schlingen enger, und dies machte es für ihn schwierig, die Stadt zu verlassen. Zurück in Kongpo, ließ er sich, um möglichst wenig Aufsehen zu erregen, in einem Bergwald auf der Nordseite des Tsangpo nieder und mied äußere Dharma-Aktivitäten so weitgehend wie möglich, um nicht die Aufmerksamkeit des chinesischen Militärs auf sich zu ziehen. Die Chinesen waren dabei, auf der Nordseite des Flusses Verstärkung zusammenzuziehen, doch wie viele Soldaten sich dort tatsächlich versammelten, hielten sie geschickt verborgen. Die Gegenwart der chinesischen Armee ähnelte der eines riesigen, gefährlichen Raubtiers, das in der Dämmerung lauert. Konkret manifestierte sich die zunehmende Präsenz der Chinesen zunächst nur in Form der häufiger werdenden willkürlichen Festnahmen und einer wachsenden Zahl von Gewalttätigkeiten.

Drei Freunde aus Kham beschlossen, mit mir zusammen Khanpo Dorje zu besuchen. Doch an dem Tag, an dem wir gemeinsam aufbrechen wollten, wachte ich in einer so schlechten Stimmung auf, daß ich nicht einmal Lust hatte, mein eigenes Gesicht zu sehen. Ich stellte mich schlafend, und als sie merkten, daß sie mich nicht aus dem Bett bekamen, vermuteten sie, ich sei krank, und machten sich ohne mich auf den Weg. Als sie fort waren, fühlte ich mich wesentlich besser. Ich frühstückte, packte mein Reisegepäck und brach in Begleitung eines Dieners auf.

Wir reisten am Fluß entlang nach Osten. Dann ließ ich mein Pferd bei einer Familie, die in der Nähe eines Bootsanlegeplatzes wohnte, und wir setzten zum nördlichen Ufer über. Als ich bei Khanpo Dorjes Haus ankam, waren die drei Männer, mit denen ich eigentlich zusammen hatte reisen wollen, schon eingetroffen. Trotz der unerklärlichen starken Aversion, die ich am Morgen empfunden hatte, verspürte ich keinerlei feindselige Gefühle ihnen persönlich gegenüber. Vor allem war ich sehr glücklich darüber, Khanpo Dorje wiederzutreffen, und darüber, daß er sicher aus Lhasa zurückgekehrt war und sich in Kongpo niedergelassen hatte, wo ich ihm nötigenfalls helfen konnte.

Die Nachrichten, die er mitbrachte, waren ziemlich trübe. Die Kämpfe zwischen Chinesen und Tibetern hatten sich auf Zentral-Tibet ausgeweitet und ein Gebiet erreicht, das nur wenige Kilometer von Lhasa entfernt lag. Die Chinesen bemühten sich der Bevölkerung gegenüber längst nicht mehr um eine freundliche Fassade, vielmehr waren sie nun dabei, die Macht in ganz Tibet an sich zu reißen. Wann oder bei welchem Anlaß die Chinesen ihre Zurückhaltung ganz aufgeben und ihre militärische Macht voll ausspielen würden, ließ sich nicht genau vorhersagen, doch schien dieser Zeitpunkt unausweichlich näher zu rücken.

Auch die Nachrichten, die ich zu übermitteln hatte, waren nicht gerade gut. Die in Kongpo lebenden Flüchtlinge aus Kham waren bei der ansässigen Bevölkerung nicht besonders beliebt. Einige Khampas benahmen sich rüpelhaft und stellten ziemlich unverblümte Forderungen, um sich Nahrung und eine Unterkunft zu verschaffen, und es waren auch Diebstähle vorgekommen. Einige Einheimische hatten sich bei den chinesischen Behörden beschwert, und die Chinesen waren natürlich hocherfreut, nun endlich einen Grund zum Eingreifen zu haben. Sie hatten daraufhin angefangen, alle Khampas, die sie fanden, festzunehmen. Der *Khanpo* war ebenso wie ich ein Khampa, und Khampa-Lamas schwebten in besonders großer Gefahr, weil die Chinesen fürchteten, sie könnten ihre Landsleute zum Widerstand aufhetzen. Es kursierten auch Gerüchte, nach denen es die Chinesen insbesondere auf mich abgesehen hatten, und zwar wegen der Rolle, die ich fünf Monate zuvor bei der Organisation der Guru-Rinpoche-*Drubchhen* gespielt hatte. Spontan entschloß ich mich, sofort nach Padma Kod zu flüchten, doch Khanpo Dorje riet mir, noch zu warten. Deshalb machten wir auch noch keine konkreten Pläne. Er erklärte mir den Grund seines Zögerns, und obgleich sein Rat in mir eine gewisse Verzweiflung hervorrief, vertraute ich seiner Weisheit so tief, daß ich meine eigenen Pläne aufgab.

Am Nachmittag des dritten Tages meines Besuchs ging ich zu einem Kloster in der Nähe und legte vor die Bildnisse aller Dharma-Beschützer jeweils einen weißen *Katag*. Ich betete aus tiefstem Herzen um Schutz – darum, daß in diesen dunklen Zeiten das Licht des Dharma nicht erlöschen möge, daß meine eigenen spirituellen Qualitäten unter dem Einfluß der Unterdrückung und der Gewalt nicht litten, daß das heilsame Wirken meines kostbaren Lama und der übrigen

Halter der Realisation der Menschheit nicht verlorenginge und daß das tibetische Volk nicht durch Tod und Täuschung vernichtet würde.

Eine tiefe Ruhe überkam mich. Der Konflikt mit den Chinesen, Angst um meine Verwandten in Kham, meine Beziehung zu anderen Menschen, meine Ehe, meine Angst um Khanpo Dorje, die drohende Gefangennahme, Tibet selbst – all dies erschien mir plötzlich unwirklich, vergänglich, wie ein Trugbild. Im innersten Zentrum meines Seins erkannte ich das traumartige Wesen aller Phänomene.

In jenem Augenblick spürte ich, wie die Fesseln der Hoffnung und Angst sich lösten, wie sich die Beengtheit meines gewöhnlichen Geistes in offenes, vorstellungsfreies Gewahrsein hinein auflöste. Als ich das Kloster verließ, erfüllte mich ein ungeheuer starkes Gefühl des Segens.

In der folgenden Nacht hatte ich in Khanpo Dorjes Haus einen Traum. Ein riesiges rotes Pferd, das sieben Reiter trug, donnerte heran. Einer der Reiter ergriff meinen Arm, zog mich in den Sattel empor und sagte: »Jetzt ist alles gut!« Dann ritten wir in den Himmel empor.

Am nächsten Morgen besprach ich mit meinen drei Freunden, wie wir uns in einem Dorf am anderen Ufer des Flusses treffen und von dort zusammen weiterreisen wollten. Wir mußten zunächst auf getrennten Wegen reisen, weil wir unsere Pferde an verschiedenen Übergängen auf der Südseite des Flusses zurückgelassen hatten. Vor vielen Jahren hatte es einmal ein großes Boot aus zwei hohlen Bäumen gegeben, das vierzig Menschen und ein paar Pferde auf einmal über den Fluß befördern konnte, doch war es durch einen Streit zwischen betrunkenen Passagieren während einer Überfahrt gekentert. Zwar war niemand ertrunken, doch das Boot war nach diesem Unglück nicht mehr zu gebrauchen. Danach waren am gesamten Flußufer Anlegeplätze für kleinere Boote gebaut worden.

Ich ging mit meinem Diener auf der Südseite des Flusses zu dem Haus, wo ich mein Pferd zurückgelassen hatte. Die Familie, die dort wohnte, war immer sehr freundlich zu mir gewesen, doch als sie mich einluden einzutreten, überkam mich ein ungutes Gefühl, und ich lehnte ab und sagte, ich wolle lieber im Hof sitzen. Sie brachten mir eine große Flasche *Chang*, die ich austrank. Danach schlief ich lange, bis mein Diener mich weckte und sagte: »Tulku, es ist schon spät. Wir sollten entweder hier übernachten oder jetzt sofort aufbrechen.«

»Ich möchte hier nicht bleiben. Brechen wir auf«, antwortete ich. Also brachen wir auf – wie sich herausstellte, gerade noch rechtzeitig, um einem Trupp chinesischer Soldaten zu entgehen, die nach Khampas suchten. Wir ritten noch lange nach Einbruch der Dunkelheit weiter, bis wir das Haus einer anderen Familie, die ich gut kannte, erreichten. Wir betraten es, ohne irgend jemanden aufzuwecken, und übernachteten dort. Am nächsten Morgen hörte ich um etwa 5.30 Uhr einen Schuß. Keine hundert Meter entfernt hatten die Chinesen auf der Straße einen Mönch erschossen, der auf dem Weg zu seinem Kloster war.

Ich brach so schnell wie möglich auf und ritt auf das Dorf zu, um meine drei Freunde aus Kham zu treffen. Plötzlich hörte ich jemanden rufen: »Tulku! Tulku! Warte!« Es war einer der drei Freunde, ein einfacher Bursche, der auf mich zulief und vor Erschöpfung keuchte.

»Tulku! Du mußt mit mir kommen! Sie haben uns drei und noch einen anderen Mann gefangengenommen, und sie werden uns nicht gehen lassen, wenn du nicht für uns bürgst!«

»Was ist denn passiert?«

»Gestern abend haben wir am Fluß unser Lager aufgeschlagen. Nachdem wir uns bei Khanpo Dorje von dir getrennt hatten, trafen wir einen Mann, der sich uns anschloß. Wir schlugen ein Zelt auf, kauften *Chang* und ein großes Stück Fleisch und machten dann ein Feuer, um das Fleisch zu braten. Wir saßen da, tranken, erzählten uns Geschichten und ließen uns das Essen schmecken, als plötzlich eine chinesische Patrouille auftauchte und uns fragte, was wir da machten. Wir sagten, wir wollten nur übernachten und am nächsten Morgen weiterziehen. Sie warfen uns vor zu lügen; in Wirklichkeit seien wir Khampa-Diebe. Zuerst glaubten wir nicht, daß sie das ernst meinten, denn sie hatten keinen Grund, uns Diebe zu nennen. Doch dann behaupteten sie, sie hätten den Auftrag, Diebe festzunehmen, und wir müßten mit ihnen kommen.

Daraufhin sagten wir: ›Wir sind keine Diebe, und wenn euch das jemand bestätigen soll, dann fragt doch Chagdud Tulku. Er kennt uns, und wir waren noch gestern mit ihm zusammen. Er wird sicher für uns bürgen.‹

Sie meinten, wenn du für uns bürgen würdest, würden sie dies akzeptieren. Aber sie haben die anderen beiden trotzdem in das Gefängnis der Militärstation gebracht. Mich haben sie freigelassen, damit ich dich suche und dich bitte, mit dorthin zu kommen.«

»Dir ist doch wohl klar, daß das nichts nützen wird!« rief ich aus. »Glaubst du wirklich, sie würden uns alle frei ziehen lassen, nachdem ich für euch gebürgt habe?«

»Ganz bestimmt werden sie das tun, Tulku. Du mußt mit mir kommen, damit sie uns freilassen. Wer weiß, was sonst passieren wird.«

Ich schaute ihn sehr fest an. Es war mir zwar unverständlich, doch offenbar zweifelte er nicht im geringsten an den guten Absichten der Chinesen. Ich würde wohl oder übel zu der Militärstation gehen müssen, denn andernfalls würde er sich verraten fühlen wie ein Kind, dessen Eltern sich weigern, es zu schützen.

»Wenn es dir wirklich so wichtig ist, gehe ich zu der Militärstation«, sagte ich schließlich. »Du kannst schon aufbrechen. Ich muß noch ein paar Dinge regeln, dann komme ich nach.« Der Mann war hocherfreut. Ich ließ meinen Diener das Pferd abholen und beauftragte ihn, meinen Wohltätern eine Botschaft zu übermitteln. Mein Diener warnte mich vor meinem Vorhaben, doch ich hörte nicht auf ihn. Mit einem mürrischen Abschiedsgruß brach er auf.

Dann setzte ich erneut zum Nordufer des Flusses über, und während ich am Ufer entlangging, traf ich einen Jungen mit drei Pferden. Ich fragte ihn, was er vorhabe, und er antwortete: »Ich warte auf die Chinesen. Gestern haben mir ein paar Soldaten befohlen, heute Pferde hierher zu bringen und auf sie zu warten.«

»Wahrscheinlich werden sie nicht kommen. Du kannst genausogut wieder nach Hause gehen«, schlug ich ihm vor. Wir gingen zusammen vom Fluß zur Straße und dann ein kurzes Stück auf der Straße entlang. Nachdem wir eine Weile schweigend nebeneinander hergegangen waren, sahen wir plötzlich Soldaten näher kommen. Der Junge geriet sofort in Panik und verschwand im Wald. Die Chinesen, die seine verdächtigen Bewegungen gesehen hatten, liefen auf mich zu und zielten mit ihren Waffen auf mich.

»Wer war der andere, der bei dir war?« fragte der Führer der Gruppe mich.

»Das ist einer eurer Helfer. Er hat mit diesen Pferden am Fluß auf euch gewartet, und ich habe zu ihm gesagt, wahrscheinlich würdet ihr nicht kommen. Dann sind wir zusammen weitergegangen. Ich kenne ihn nicht einmal.«

»Und wer bist du?« fragten sie.

»Ich bin Chagdud Tulku. Ich bin auf dem Weg zu eurer Militärstation, um für ein paar Freunde zu bürgen, die gestern abend festgenommen wurden.«

»Sehr gut. Ruf jetzt den Jungen zurück.«

Ich rief dem Jungen im Wald zu, er solle sich keine Sorgen machen. Daraufhin kletterte er aus einem Baum und übergab den Chinesen die Pferde. Als sie die Pferde bestiegen, bat ich sie, mein Gepäck mitzunehmen, damit ich es nicht weiter zu tragen brauchte. Sie nahmen es, und nachdem sie mich noch einmal ermahnt hatten, meinen Weg zur Militärstation fortzusetzen, ritten sie davon. Daraufhin setzte ich zusammen mit dem Jungen meinen Weg fort, bis wir eine Abzweigung erreichten, die zu dem Haus führte, in dem er wohnte.

Die chinesische Militärstation befand sich ungefähr dreißig Kilometer vom Flußufer entfernt, und ich hatte mit dem Gehen wie immer große Schwierigkeiten. Außerdem war es heiß. So ging ich immer wieder ein kürzeres Stück, machte dann eine Pause und ging anschließend wieder ein kleines Stück weiter. Dadurch kam ich nur sehr langsam voran. Als ich wieder einmal am Wegesrand saß und mich ausruhte, kam ein alter Mann zu mir und fragte mich, wohin ich unterwegs sei. Ich sagte: »Zur chinesischen Militärstation.«

»Du bist doch ein Khampa-Lama, nicht wahr?«

»Ja.«

»Weißt du, daß die Chinesen die Khampas festnehmen, auch die Lamas, und sie ins Gefängnis werfen?«

»Ja, das weiß ich.«

»Dann ist dir ja klar, daß du vorsichtig sein mußt. Warum versteckst du dich nicht? Wenn du dich heute tagsüber versteckt hältst, kann ich dich heute nacht in einem kleinen Boot über den Fluß bringen.«

Als ich ihm die Situation erklärte, sagte er: »Das wird nichts nützen. Das einzige, was dabei herauskommen wird, ist, daß auch du noch festgenommen und vielleicht sogar erschossen wirst. Es sind schon viele Khampa-Lamas hingerichtet worden.«

»Wahrscheinlich hast du recht, aber es könnte auch sein, daß sie mich einsperren und die anderen gehen lassen. Sie sind für die Chinesen nicht wichtig. Wenn ihnen das Leben erhalten bleibt und nur meines geopfert wird, dann bin ich schon zufrieden. Diese Männer haben mich gebeten zu kommen; also werde ich kommen.«

Der alte Mann schüttelte den Kopf und murmelte: »Es wird nichts nützen. Wirklich, es wird nichts nützen.«

Ich verabschiedete mich von ihm und ging weiter.

Später traf ich einen Mann aus Kham, der in die entgegengesetzte Richtung ging. Nachdem wir einander begrüßt hatten, fragte auch er mich, wohin ich unterwegs sei. Ich sagte, ich sei auf dem Weg zur chinesischen Militärstation. »Geh nicht dorthin, Lama«, sagte der andere. »Sie werden dich ins Gefängnis werfen. Hier in der Nähe gibt es eine Bande von Widerstandskämpfern aus Kham, die dich verstecken werden, bis dich jemand über den Fluß bringen kann.« Instinktiv wußte ich, daß er log, daß es keine Khampa-Kämpfer in der Nähe gab und daß er ein Kollaborateur der Chinesen war.

»Nein. Ich werde zur Militärstation gehen«, entgegnete ich und ging weiter.

Ich kam an einem Haus vorbei und fragte dort, ob ich ein Pferd leihen könne. Die Bewohner weigerten sich, mir eines zu geben, weil die Chinesen ihnen unter Androhung von Strafe verboten hätten, einem Khampa irgend etwas zu verkaufen oder ihn auch nur ins Haus zu lassen. Falls sie dies dennoch täten, drohe ihnen die gleiche Strafe, die auch ein Khampa erhalte. »Es tut uns leid, Lama, aber wir können dir nichts geben, wenn wir unsere Familie nicht in Gefahr bringen wollen.«

Ich setzte meinen Weg fort. Als die Nacht anbrach, ging ich zu einem weiteren Haus und bat um ein Nachtlager. Auch die Familie, die dort lebte, war von den Chinesen gewarnt worden. Die Bewohner sagten, es täte ihnen leid, aber sie könnten mir keine Gastfreundschaft gewähren. Ich brach also wieder auf und wollte mich irgendwo neben der Straße zum Schlafen hinlegen. Doch dann hörte ich hinter mir jemanden rufen: »Tulku! Tulku! Komm zurück!«

Ich drehte mich um und sah einen sehr alten Mann, der auf mich zu humpelte.

»Tulku! Bitte komm, und bleib in meinem Haus!« Als er näher kam, erkannte ich, daß er an den von mir geleiteten großen Zeremonien teilgenommen hatte.

»Nein«, sagte ich. »Es könnte gefährlich für dich sein, denn die Chinesen werden dich bestrafen, wenn sie erfahren, daß du einem Khampa geholfen hast.«

»Tulku, bitte komm. Ich bin arm, und mein Haus ist nicht besonders schön, aber wenn du bei mir übernachtest und die Chinesen morgen kommen und mich töten, werde ich es dennoch nicht bereuen, dich aufgenommen zu haben.«

Es war ihm so ernst mit seinem Angebot, daß ich es schließlich annahm. Er reinigte sein Haus ein wenig, legte ein Stück Tuch auf ein Strohkissen, um mir einen besonderen Platz zu geben, und kochte dann für mich. Aus der offenen Großzügigkeit seines guten Herzens heraus bot er mir alles an, was er hatte. Als es jedoch Schlafenszeit war, beschloß ich, wegen der vielen Fliegen im Haus im Freien zu schlafen.

Ich lag noch lange wach, denn mich beschäftigte natürlich, daß das Gefängnis und wahrscheinlich sogar der Tod auf mich wartete, wenn ich tatsächlich zur Militärstation gehen würde. Kurz vor Sonnenaufgang schlief ich dann doch noch ein und träumte, daß ein sehr großer Mann mir einen Becher Milch reichte, den ich trank. Durch dieses gute Omen ermutigt, verabschiedete ich mich am frühen Morgen von dem gütigen alten Mann und machte mich in der Kühle des Tagesanbruchs wieder auf den Weg.

Der nächste Mensch, den ich traf, war ein Lama aus Amdo, einer Region hoch im Norden; er war der Abt eines in der Nähe liegenden Bön-Klosters. Bön ist die alte schamanistische Religion Tibets, und trotz anfänglicher Konflikte und großer philosophischer Differenzen hat sich im Laufe der Zeit zwischen den Klöstern der Bön-Anhänger und der Buddhisten eine jahrhundertelange friedliche Koexistenz entwickelt.

Wieder erklärte ich, wohin ich unterwegs war und warum. Auch der Abt versuchte, mich von meinem Vorhaben abzubringen, und erbot sich, mich in seinem Kloster zu verstecken, bis mich ein Boot zum Südufer des Flusses bringen könnte. Wieder lehnte ich ab und ging weiter.

Ich war sehr müde – vom zweitägigen Gehen, vom schlechten Schlafen in der vergangenen Nacht und vom ständigen Wiederholen meiner Geschichte. Es erschien mir mittlerweile sogar tröstlich, daß die chinesische Militärstation nur noch fünf Kilometer entfernt war. Wieder einmal setzte ich mich hin, um mich auszuruhen.

Da kam mir ein Lama, der mir verblüffend ähnlich sah, entgegen und bat mich um Almosen. Er fragte mich, wohin ich unterwegs sei, und als ich daraufhin erneut meine Geschichte erzählte, sagte er: »*Vajra Guru chin chenno*« – »Vajra Guru weiß«. Dann fuhr er fort: »Ich glaube, heute könnten wir sterben.«

Ich sagte: »Ja, vielleicht sterben wir heute.«

»Du solltest nicht gehen.«

»Ich habe meinen Entschluß gefaßt.«

»Dann sei vorsichtig.«

»Sei auch du vorsichtig«, antwortete ich und stand dann auf, um weiterzugehen.

In einiger Entfernung sah ich plötzlich, als wiederhole sich ein Traum, erneut chinesische Soldaten auf mich zu eilen. Als sie mich erreichten, umringten sie mich. Es waren andere Soldaten als diejenigen, die ich am Vortag getroffen hatte. Sie fragten mich, wer ich sei und wohin ich ginge. Nachdem ich es ihnen erklärt hatte, ließen sie mich meinen Weg zur Militärstation fortsetzen.

Etwa anderthalb Kilometer von meinem Ziel entfernt hörte ich plötzlich eine Pfeife. Ich achtete zunächst nicht weiter darauf, weil die chinesischen Autos und Maschinen immer merkwürdige Geräusche produzierten. Doch schließlich drehte ich mich um und sah zwei tibetische Männer, die sich auf ihren Pferden näherten. Ich blieb stehen und wartete auf sie. »Wohin bist du unterwegs?« fragte mich einer der beiden, und ich erzählte erneut meine Geschichte.

»Geh auf keinen Fall weiter!« rief einer der beiden. »Die Chinesen haben uns gestern abend festgenommen und uns nur deshalb wieder ziehen lassen, weil sie glauben, wir hätten tatsächlich vor, ihre Befehle auszuführen und die Leute in den Bergdörfern dazu zu bringen, ihre Waffen abzuliefern. Wenn wir nicht in ein paar Tagen mit einem Haufen Gewehre zurückkommen, werden sie uns verfolgen und uns wieder festnehmen.

Als wir im Gefängnis waren, haben die Chinesen alle Gefangenen gefragt, wo du seist, und auch nach Kham Wang Tulku und Padlo haben sie gefragt. Sie suchen dich und Kham Wang Tulku wegen der großen Zeremonien, die ihr geleitet habt, und Padlo, weil er hier in Kongpo sehr angesehen ist. Sie wollen verhindern, daß ihr drei auf irgendeine Weise euren Einfluß geltend macht, und sie werden dich ganz bestimmt umbringen, wenn du dorthin gehst. Sie sind Lügner und heimtückische Mörder. Wenn du dich ihnen auslieferst, hilfst du dadurch niemandem und verschaffst ihnen obendrein noch die Genugtuung, dich erwischt zu haben. Tu es nicht! Komm mit uns!«

Als ich ihren Rat nicht annahm, rissen sie wütend die Pferde herum, um davonzureiten. Doch dann hielten sie noch einmal an, und einer von ihnen sagte ganz ruhig mit Tränen in den Augen: »Bitte, Tulku, geh nicht dorthin. Es würde niemandem helfen. Bitte komm mit uns.« Da stand mir plötzlich die völlige Sinnlosigkeit meines Vorhabens so klar vor Augen, daß ich es endlich aufgeben konnte.

Ich verschwand kurz hinter einem Baum, zog meine Lama-Gewänder aus und legte statt dessen eine *Chuba* an, die sie mir gegeben hatten. Außerdem setzte ich mir einen riesigen Hut auf. Dann bereiteten wir Tee zu, damit die Männer notfalls ein Alibi dafür vorweisen konnten, weshalb sie nach ihrer Freilassung nicht zügig fortgeritten waren. Tatsächlich tauchten kurz darauf ein paar chinesische Soldaten von der Militärstation auf. Die beiden Tibeter ritten ihnen entgegen, während sie mich am Feuer sitzen ließen. Sie hatten beide Passierscheine. Als die Chinesen sie fragten, wer ich sei, antworteten sie, ich sei ein Verwandter, der aus ihrem Dorf gekommen sei, um nach ihnen zu suchen. Nachdem sie nun freigelassen worden seien, würde ich sofort wieder in das Dorf zurückkehren. Offenbar glaubten die Chinesen diese Geschichte, denn sie brachen daraufhin wieder auf.

Doch dann kehrten sie noch einmal unerwartet zurück. Einer der Tibeter sagte zu mir: »Bleib hier, Tulku. Wenn sie aus irgendeinem Grund Verdacht geschöpft haben und uns deshalb jetzt Schwierigkeiten machen wollen, werden wir mit unseren kurzen Messern kämpfen und notfalls sterben, um dein Leben zu retten.« Wieder ritten sie den Chinesen entgegen, die jedoch nur irgend etwas auf einem der Passierscheine nachschauten und sich dann wieder entfernten.

Einer der Tibeter lieh ein Pferd für mich aus. Wir schütteten den Tee aus und ritten zu einer abgelegenen Stelle am Flußufer. Ich versteckte mich den ganzen Tag über allein im Wald in der Nähe des Ufers, und spät am Abend setzte mich ein Freund meiner beiden Retter zum Südufer über.

Um Mitternacht klopfte ich an die Haustür einer Familie, die ich kannte, um mir ein Pferd zu leihen. Die Leute gaben es mir, ohne irgendwelche Fragen zu stellen. Als ich zu Hause ankam, raffte ich nur schnell ein paar Essensvorräte zusammen und brach dann gleich wieder auf. Das Pferd ließ ich zurück und hinterließ die Nachricht, es möge zu seinen Besitzern zurückgebracht werden.

Während der nächsten sechs Monate lebte ich im verborgenen. Ich blieb nie länger als eine oder zwei Nächte an einem Ort, nicht einmal in entlegenen Wäldern oder Höhlen. Lange Zeit waren die einzigen, die wußten, daß ich noch lebte, jene beiden Tibeter, die mich zum Fluß gebracht hatten, außerdem der Fährmann, der mich übergesetzt hatte, die Familie, die mir das Pferd geliehen hatte, und noch zwei andere Familien, eine sehr arme und eine sehr wohlhabende, die mich in dieser Zeit mit Nahrung versorgten.

Alle anderen in Kongpo glaubten, ich sei von den Chinesen umgebracht worden, denn der bettelnde Lama, den ich auf meinem Weg zum Militärposten getroffen hatte, war noch am gleichen Tag von chinesischen Soldaten erschossen worden. Möglicherweise hatten die Chinesen ihn durch Zeichen aufgefordert, er solle zu ihnen kommen, und er war daraufhin davongelaufen, denn sie schossen auf jeden, der zu fliehen versuchte. Bei genauerer Betrachtung des Toten hatten sie möglicherweise geglaubt, sie hätten mich erwischt. Vielleicht hatten sie ihn auch einfach deshalb erschossen, weil sie ihn mit mir verwechselten. Mir fiel unser kurzes Gespräch über das Sterben an jenem Tag wieder ein, und ich bedauerte den Tod jenes Lama zutiefst.

Khanpo Dorje schickte ich eine Botschaft und fragte ihn darin, ob ich nach Padma Kod reisen könne, bevor der Winter die Pässe unpassierbar machen würde. Er antwortete mir, ich solle auf ihn warten. Es war mir zwar nicht gerade wohl bei der Vorstellung, mich noch weitere Monate verbergen und ständig mein Versteck wechseln zu müssen, doch wurde diese Zeit für mich zu einer wichtigen Gelegenheit, mich der Übung zu widmen, das Leben eines in der Einsamkeit lebenden Yogi kennenzulernen und mich intensiv mit Vergänglichkeit und Tod auseinanderzusetzen.

In den ersten Monaten des Jahres 1959 erreichte die Khampa-

Armee Kongpo und schlug in der Gegend, in der Karma Drolmas Familie wohnte, ihr Biwak auf. Da sich nun tibetische Soldaten in der Nähe befanden, wagte ich es, meine Frau im Haus ihrer Familie aufzusuchen und bei ihr zu bleiben. Dies war unser erstes Zusammentreffen seit den Hochzeitsvorbereitungen vor fast einem Jahr. Ihr Vater stand nach wie vor zu dem Eheversprechen, und nach tibetischer Sitte brauchte eine Eheschließung nicht durch irgendwelche offiziellen Dokumente bestätigt zu werden. Wir waren also verheiratet.

In den zehn Tagen, die ich nun mit meiner Frau verbrachte, lernte ich Freuden kennen, die für mich völlig neuartig waren. Da ich mein ganzes bisheriges Leben in der Welt der Mönche und Lamas und unter Khampas verbracht hatte, war die Intimität mit einer Frau – nicht nur die körperliche Nähe, sondern auch die Gespräche und das gemeinsame Alltagsleben – für mich eine völlig neue Erfahrung, die ich sehr genoß. Karma war zwanzig Jahre alt und damit acht Jahre jünger als ich. Sie war sehr hübsch und hatte eine wohltönende Stimme. Außerdem schien sie äußerst intelligent und tüchtig zu sein.

Als ich eines Abends spät im Bett auf sie wartete, hatte ich eine Vision. Ich sah auf dem Weg, der durch das Dorf führte, zwei merkwürdige Frauen. Als Karma unser Schlafzimmer betrat, berichtete ich ihr von dem, was ich sah. »Zwei Frauen mit Körben auf dem Rücken gehen durch das Dorf.«

»Was redest du da? Um diese Tageszeit ist niemand draußen unterwegs.«

»Zwei Frauen mit Körben auf dem Rücken gehen durch das Dorf, und sie betreten das Haus, das unten am Berg liegt.«

Sie starrte mich verwirrt an. Ich fuhr fort: »Jetzt verlassen sie das Haus und gehen die Straße hinab, und sie haben Fleischstücke in ihren Körben.« Die merkwürdige Vision endete, und Karma und ich schliefen ein.

Am nächsten Morgen sprachen alle im Haus über den unerwarteten Tod einer Frau, die in einem Haus unten am Berg gewohnt hatte. Nach dem, was ihre Familie sagte, war sie ohne jeden erkennbaren

Grund spät am Abend gestorben, ungefähr zu der Zeit, als wir uns zum Schlafen hingelegt hatten. Ich vermutete aufgrund meiner Vision, daß ihr Leben von Unsterblichen in Besitz genommen worden war, entweder von wohltätigen Kräften, die die Befreiung ermöglichen, oder von dämonischen Kräften.

Diese für mich angenehme Zeit ging zu Ende, als die Khampa-Truppen beschlossen, ihr Biwak an einen Ort hoch über der Baumgrenze zu verlegen. In der Nähe des geplanten Lagers lag ein Kloster, das Beziehungen zur Familie meiner Frau unterhielt. Ich hatte das Gefühl, daß ich dort relativ sicher sein würde. Da Karma im Gegensatz zu mir kein Flüchtling war, erschien es uns einfacher und sicherer, wenn sie bei ihrer Familie bliebe, bis ich von Khanpo Dorje Nachricht darüber erhielte, wann er nach Padma Kod aufbrechen wollte. Es fiel mir nicht leicht, mich von Karma und ihrer Familie zu trennen. Sie gab mir beim Abschied ein sehr wertvolles Geschmeide aus Korallen, Türkis und *Zi*, Steinen, die Tibetern besonders kostbar sind.

Außerdem gab sie mir eine kostbare Gußform für die Herstellung von Tonstatuen eines großen Schatzentdeckers namens Gyaltsan Nyingpo. Nachdem ich in dem Kloster angekommen war, stellte ich tausend solcher Statuen her. Unter den Ton mischte ich viele heilige Substanzen, mit deren Hilfe die Statuen mit Segen durchtränkt wurden. Die Khampa-Krieger baten mich, eine große Vajrakilaya-Zeremonie für sie durchzuführen, und während dieser dreitägigen Zeremonie gab ich jedem der Soldaten als Segens- und Schutzamulett eine der Statuen von Gyaltsan Nyingpo.

Am Abend vor dem Beginn der Zeremonie hatte ich eine Vision, in der sich der Raum, in dem ich wohnte, in ein riesiges Gefängnis verwandelte. Ich weiß nicht, was aus jenem Haus geworden ist, doch in Kongpo wurde nach der chinesischen Machtübernahme ein riesiges Konzentrationslager errichtet.

Am zweiten Abend während der Zeremonie hatte ich einen Klartraum, in dem ich erkannte, daß ich mich im Traumzustand befand. Ich reiste in Guru Rinpoches Reines Land Zangdog Palri – zum glorreichen kupferfarbenen Berg. Guru Rinpoche, der in diesem Himmelspalast auf seinem Thron saß, wirkte wie eine Statue. Nachdem ich durch die Kraft meines Geistes ein Opfer geschaffen hatte, das so riesig war wie das gesamte Universum, näherte ich mich ihm und berichtete ihm von den Schwierigkeiten, in denen ich mich befand. Er antwortete mit einer Prophezeiung, und als ich aufwachte, fühlte ich mich wesentlich ruhiger.

Am dritten Nachmittag der Zeremonie wurde das Vajrakilaya-Ritual beendet, indem geweihte Stoffe in ein Feuer gegeben wurden, um den Weisheitswesen ein völlig gereinigtes Opfer zu widmen. Im Augenblick der Darbringung dieses letzten Opfers loderte das Feuer gewaltig auf, so daß uns Funken und Rauch ins Gesicht schlugen. Gleichzeitig hörten wir in der Ferne hinter uns Schüsse.

Sogleich brach unter den Teilnehmern der Zeremonie ein riesiger Tumult aus. Die drei Khampa-Generäle scharten ihre Soldaten um sich, um die Angreifer fernzuhalten, während mehr als tausend Zivilisten samt ihren Yaks, Pferden und Schafen flohen. Den Khampa-Kämpfern gelang es zu verhindern, daß wir von den Chinesen gefangengenommen wurden. Schon bald befand ich mich in einer hastig vorwärtspreschenden Menge aus Menschen und Tieren, deren Flucht nach beiden Seiten und nach hinten von den Khampas gesichert wurde. Es war unser Glück, daß wir uns in einem so zerklüfteten, bergigen Gelände befanden, denn dadurch konnten die Khampas die Chinesen, die uns zu verfolgen versuchten, aus dem Hinterhalt angreifen, während wir uns durch die engen Schluchten in Sicherheit brachten.

Das Unglaublichste, was ich in diesem ganzen Chaos erlebte, war das völlig unerwartete Wiedersehen mit Khanpo Dorje, der plötzlich zusammen mit seinem Bruder und seinem Neffen vor mir stand. Ich war sehr glücklich über dieses unerwartete Wiedersehen, doch war mir natürlich klar, daß das Ziel unserer Reise nun nicht mehr Padma Kod sein konnte. Tatsächlich waren wir auf dem Weg nach Indien.

9

Flucht

UNSERE FLUCHT AUS TIBET bestand aus einer Reihe von glücklichen Begebenheiten und Unglücksfällen, und sie verlangte uns ununterbrochen eine zermürbende Ausdauer ab. Mein Lehrer und sein Bruder waren schon ziemlich alt, ich selbst war schlecht zu Fuß, und Khanpo Dorjes Neffe war ein eigensinniger junger Mann, der zwar ein gutes Herz, aber kein besonders zuverlässiges Urteilsvermögen besaß. Diesem Neffen war übrigens unser erstes Mißgeschick zuzuschreiben.

Nachdem die Vajrakilaya-Zeremonie mit einer Hals-über-Kopf-Flucht der Teilnehmer vor den Chinesen geendet hatte, versuchten die meisten der tibetischen Zivilisten im Schutz der Khampa-Krieger das Kloster Sang-ngag Chhöling jenseits des Dagpo-Passes zu erreichen. Auf dem Weg dorthin kamen wir an eine Weggabelung. Khanpo Dorje, sein Bruder, sein Neffe und ich hielten an dieser Stelle an, um durch eine Zukunftsschau herauszufinden, welchen Weg wir am besten nähmen. Das Ergebnis der Befragung deutete darauf hin, daß wir uns von der Gruppe trennen und die Abzweigung wählen sollten. Doch Khanpo Dorjes Neffe war sofort gegen diesen Plan.

»Wieso sollte es sicherer sein, wenn wir ohne den Schutz des Militärs weitergehen?« rief er aus. »Wir sind dann völlig ungeschützt in einem langen Tal und haben die Chinesen im Rücken.«

Khanpo Dorje wies ihn noch einmal darauf hin, daß nach dem

Ergebnis der Zukunftsschau alles dafür spräche, den anderen Weg zu gehen.

»In dieser Zeit führen viele Lamas solche Befragungen durch, und trotzdem sind viele von ihnen getötet worden«, entgegnete der Neffe störrisch.

Da wies sein Vater ihn zurecht: »Sprich nicht so! Khanpo Dorje ist ein großer Lama, und er ist der Älteste von uns. Es steht dir nicht zu, die Weisheit seiner Entscheidung in Frage zu stellen.«

Doch der Neffe beharrte weiter auf seiner Ansicht. Er war überzeugt davon, daß sein Vater und sein Onkel in den sicheren Tod gehen würden, wenn sie nicht im Schutz des Militärs blieben. Mit Tränen in den Augen bat er sie: »Bitte, bleibt nicht bei dieser Entscheidung.«

Schließlich gab Khanpo Dorje nach. Er sagte: »Wenn du darauf bestehst und du dich andernfalls schlecht fühlst, werden wir dem Militär folgen.« Später hörten wir, daß diejenigen, die den anderen Weg durch das Tal gewählt hatten, ihren Besitz retten konnten und daß sie ohne Umwege in den Schutz der indischen Armee auf der anderen Seite des Himalaja gelangten. Wir jedoch sahen uns gezwungen, allmählich unsere gesamte Habe auf dem Weg zurückzulassen und auf einer gefährlichen Route mit vielen Umwegen zu fliehen, wodurch wir Indien erst Monate später erreichten.

Wir reisten vier Tage zu Pferd, ohne abzusitzen, und erreichten am Morgen des fünften Tages vor Anbruch der Dämmerung den Dagpo-Paß. Da wir weder Tee noch etwas Eßbares bei uns hatten und außerdem sehr unter Schlafmangel litten, sah ich sehr merkwürdige Trugbilder. Der Pfad, der über den Paß führte, war befestigt, doch zu seinen beiden Seiten lag tiefer Schnee. Immer wenn unser langer Zug endlich ein kleines Stück weitergekommen war, stürzte plötzlich ein Mensch oder ein Packtier, und dann mußten alle anderen – tausend Menschen und Hunderte von Tieren – warten, bis das Problem behoben war. Nachdem wir den Paß hinter uns gelassen hatten, versammelten wir uns wieder zu einer geschlossenen Gruppe und zogen dann bei Anbruch der Dämmerung in Richtung des Klosters Sang-ngag Chhöling.

Seit Tagen sehnten wir uns danach, jenes Kloster endlich zu erreichen und dort zu rasten. Doch plötzlich gaben die Khampa-Soldaten Alarm. Offenbar waren die Chinesen auf dem Weg zum Dagpo-Paß. Dies zwang uns, unsere Flucht fortzusetzen. Wir nahmen die Warnung ernst und flohen, doch mindestens die Hälfte der Flüchtlinge war zu erschöpft, um die Flucht ohne vorherige Erholungspause fortsetzen zu können. Sie hätten zuerst etwas essen müssen, um wieder zu Kräften zu kommen. Fünfhundert Tibeter wurden von den Chinesen gefangengenommen und zurückgebracht. Diese Nachricht, die uns die Khampas übermittelten, deprimierte uns übrige zutiefst.

Wir zogen in Richtung eines zweiten Passes namens Lungjug, der so eng und heimtückisch war, daß die Pferde ihn nicht überqueren konnten. Nun mußten wir auch den größten Teil unserer noch verbliebenen Habseligkeiten zurücklassen, denn wir hatten nun keine andere Wahl mehr, als alles selbst zu tragen. So blieb uns nichts anderes übrig, als bis auf die größten Heiligtümer alles zurückzulassen. Bei der Überquerung des Passes kam mir plötzlich zu Bewußtsein, daß mein Leben nun nie mehr so sein würde, wie es bisher gewesen war. Dies erfüllte mich mit tiefer Melancholie. Meine Habe, meine Verwandten, mein Kloster, mein Land – Schicht um Schicht war mir all dies genommen worden. Die lange Schlaflosigkeit, der Hunger und das Gefühl des Verlusts, dessen ich mir nun bewußt wurde, all dies versetzte mich in einen Zustand der Benommenheit. Es war fast so, als wäre ich in den *Bardo* eingetreten, jenen Zwischenzustand zwischen Tod und Wiedergeburt, in dem Menschen die Existenz als völlig unwirklich und wie ein Trugbild erleben. Wie ein Reisender im *Bardo* wußte auch ich, daß diese Reise erst in einer unvorstellbar anderen Existenz ein Ende haben würde.

Auf der Südseite des Lungjug-Passes erreichten wir jene Region, die die Tibeter »Land wilder Menschen« und die Inder »Land der *Nagas*« nennen. Nagaland ist die nordöstliche Region Indiens, die an Burma grenzt. Die Grenzen in diesem Gebiet waren von den Regierungen Indiens und Tibets nie verbindlich festgelegt worden, doch waren sie zwischen Indien und China ein ständiger Anlaß zu Streitigkeiten. In den riesigen tropischen Regenwäldern dort lebten Eingeborene auf eine sehr urtümliche Weise. Sie jagten noch mit Giftpfeilen und hielten es für tugendhaft, zu töten und Tieropfer darzubringen. Wenn ein wichtiges Familienmitglied starb, töteten sie Hunderte von Tieren und spießten deren Köpfe auf Stöcken auf, die das Grab umgaben. Wir fühlten uns sehr schwermütig, während wir uns in dieser heißen und urzeitlichen Region befanden.

Dann erreichten wir einen Berg namens Saru, der als Heiligtum von Chakrasamvara, einer Gottheit des Vajrayana-Buddhismus, verehrt wird. Wir beschlossen, eine Zeitlang im Berghochland zu bleiben, weil wir uns sicher waren, daß wir in der glühenden Hitze der indischen Ebene sterben würden. Ein Bhutanese schloß sich unserer Gruppe an, und auch ein weiterer Lama mit vier Begleitern schlug auf dem Berg sein Lager auf. Wir alle lebten von Maismehl, das uns für die unglaublich hohe Summe von einer Silbermünze pro Becher verkauft wurde, und von einer knoblauchartigen Pflanze. Weder das Maismehl noch die Pflanze war für Tibeter besonders schmackhaft. Doch dann schoß einer der Begleiter des anderen Lama ein Yak und gab uns etwas von dem Fleisch. Wir waren hocherfreut über diese unerwartete Kraftnahrung, denn wir waren sehr geschwächt.

Nachdem wir drei Monate auf dem Berg Saru verbracht hatten, deuteten Traumzeichen und Zukunftsbefragungen darauf hin, daß unsere Situation eine unglückliche Wendung zu nehmen drohte und daß wir gut daran täten, weiter nach Indien zu ziehen. Der Berg Saru lag in dem nur vage zugeordneten Grenzgebiet von Nagaland; wir waren also keineswegs außer Reichweite der Chinesen. Wir mußten noch zwei Berge überqueren, um in die Nähe eines Lagers der indischen Armee zu kommen, und wir schickten einen Kundschafter voraus, der versuchen sollte, Hilfe zu holen. Ich machte mir große Sorgen, weil ich befürchtete, Khanpo Dorje und sein Bruder könnten es nicht schaffen, eine so große Entfernung zu Fuß zurückzulegen.

Die andere Gruppe wollte zur gleichen Zeit wie wir aufbrechen, doch im Augenblick des gemeinsamen Aufbruchs bekamen drei ihrer Mitglieder Zweifel an unserem Vorhaben. Sie fürchteten, in Indien an Hitze oder Unterernährung zu sterben; vielleicht würden die Chinesen sich in Tibet ja doch nicht so übel verhalten; und sicherlich wäre es besser, in Tibet zu sterben als in Indien.

So brachten sie immerfort neue Argumente vor und hielten uns auf, indem sie uns in endlose Diskussionen verwickelten. Plötzlich sah ich oben am Bergkamm ein paar Männer auftauchen. Ich befürchtete, es konnte eine chinesische Patrouille sein. Wir hatten keine Zeit mehr zu verlieren, wenn wir Khanpo Dorje und seinem Bruder noch eine Chance geben wollten. In diesem Moment sagte einer der drei: »Ich komme nicht mit euch. Ich werde umkehren und mich ergeben.« Daraufhin meinten die anderen beiden, sie würden mit ihm zurückgehen. Nachdem ich die Männer durchdringend angeschaut hatte, war mir klar, daß sie wohl kaum den Mut aufbringen würden, in einem Verhör der Chinesen zu schweigen. Sie würden uns verraten, und dann würden Khanpo Dorje und alle anderen, sie natürlich auch, getötet werden. Plötzlich überkam mich ein starker Zorn.

Ich zog eine kleine Pistole aus meinem Gürtel und zielte damit auf die drei Abtrünnigen. »Was ihr vorhabt, geht nicht. Ihr könnt euch jetzt nicht mehr den Chinesen unterwerfen. Ihr habt nur noch die Wahl, entweder mit uns weiterzugehen oder da, wo ihr in diesem Moment steht, zu sterben.« Während ich dies sagte, war meine Stimme sehr ruhig, doch mein Gesicht zuckte.

Ich erlebte einen Augenblick intensiver Klarheit, in dem die Zeit stehenzubleiben schien. Niemand sprach oder bewegte sich, bis einer der drei sagte: »In Ordnung, Tulku, wir gehen mit euch.« Es war so, als wäre ein Zauber gebrochen worden. Im nächsten Augenblick taten alle nur noch das, was jetzt wirklich wichtig war.

Khanpo Dorje und der Rest unserer Gruppe brachen auf, während ich mit zwei Männern zurückblieb, um die Verfolger aufzuhalten und notfalls gegen sie zu kämpfen. Doch stellte sich heraus, daß die Gruppe der mutmaßlichen Verfolger aus niemand anderem bestand als dem Mann, den wir vorausgeschickt hatten, um das Lager der indischen Armee ausfindig zu machen, und ein paar Trägern, die er mit zurückgebracht hatte. Mit ihrer Hilfe konnten wir den Wald sehr schnell durchqueren. Das war insofern unser Glück, als unser Lager auf dem Berg Saru am nächsten Tag von chinesischen Soldaten überrannt wurde und wir uns vor Flugzeugen verstecken mußten, um nicht aus der Luft beschossen zu werden.

Nachdem wir die Berge überquert hatten, sahen wir das Lager der Inder vor uns liegen. Wir befanden uns immer noch im Gebiet des Nagalandes, das die Tibeter Tibet nannten, obgleich die dort stationierten indischen Truppen bisher noch nie angegriffen worden waren. Ihr Lager befand sich in einem von hohen Bergen umgebenen Tal, in dem nasse Monsun-Sommer mit tiefverschneiten Wintern abwechselten. Das Klima, die Berge und die Unzugänglichkeit des Gebiets aufgrund des Fehlens von Straßen – Nachschub wurde aus der Luft abgeworfen – erzeugten insgesamt ein starkes Gefühl der Isolation. Niemand schien zu glauben, daß diese Isolation durch einen feindlichen Angriff durchbrochen werden könnte. Insgesamt herrschte eine ziemlich lässige Atmosphäre unter den Soldaten, und mit ihrer militärischen Einsatzbereitschaft schien es auch nicht weit her zu sein.

In der Nähe des Lagers trennten sich die beiden Flüchtlingsgruppen. Der andere Lama meldete sich sofort bei der indischen Armee, woraufhin er und seine Freunde mit Essen versorgt wurden. Sie hatten fast keine Vorräte mehr und waren ziemlich hungrig. Der Lama machte sich schon bald darauf bei der Armeeführung nützlich, indem er seine Fähigkeit, dem Monsunregen Einhalt zu gebieten, einsetzte. Zwar waren die Offiziere anfangs skeptisch, doch nachdem es ihm mehrmals gelungen war, genau an den Tagen den Regen zu vertreiben, an dem die Flugzeuge mit dem Nachschub kamen und diesen abwarfen, ließen sie sich von seinen außergewöhnlichen Fähigkeiten überzeugen. Später baten ihn die Soldaten sogar, zu bleiben und weiterhin gegen Bezahlung das Wetter zu beeinflussen. Doch lehnte er dies ab und verließ das Militärlager sogar noch vor uns.

Unsere Gruppe verfügte noch über einige Vorräte, und die Erntezeit war nicht mehr fern. Deshalb beschlossen wir, uns in einer Höhle niederzulassen, von der aus wir sowohl das Militärlager als auch das Tal im Blick hatten. Dort wollten wir bleiben, bis wir von den ansässigen Bauern neue Vorräte kaufen konnten. Das Militär wußte, daß wir dort waren, und wir unterstützten mit unseren Gebeten und Zeremonien die Bemühungen des anderen Lama, den Regen zu beeinflussen.

In dieser Zeit hatte ich mehrmals Träume, in denen ich Schmutz aus meinen Kleidern schüttelte. Dies war ein bekanntes tibetisches Traumzeichen, das besagte, daß ich Geld verlieren würde. – Das Gegenteil, Kontakt mit Schmutz und Exkrementen, wurde als Zeichen dafür angesehen, daß Reichtum zu erwarten war. Ich betete und meditierte in der Hoffnung, dadurch das schlechte Omen neutralisieren zu können, doch es gelang mir nicht.

Auch andere ungünstige Traumzeichen traten auf, und die äußere Situation war ebenfalls alles andere als gut. Immer mehr Flüchtlinge sammelten sich in der Nähe des indischen Militärlagers; sie warnten die Inder immer wieder vor der Stärke und Disziplin der chinesischen Armee und rieten ihnen, sich auf einen Angriff vorzubereiten. Doch die Militärkommandanten waren zu sehr von ihrem eigenen Urteil eingenommen, als daß sie für die strategischen Ratschläge zerlumpter Tibeter, die gerade aus ihrem Heimatland geflohen waren, ein offenes Ohr gehabt hätten.

Trotz alldem blieben wir weiter in der Nähe des Lagers. Der andere Lama war abgereist, und Khanpo Dorje drängte viele tibetische Flüchtlinge, ihre Flucht fortzusetzen. Wir selbst aber blieben weiter an jenem Ort, bis wir eines Tages intuitiv merkten, daß Gefahr drohte. An jenem Tag packten wir unsere noch verbliebene Habe und brachten sie in das nahegelegene Dorf, wo wir sie über Nacht unterstellten. Anschließend kehrten wir zum Schlafen in unsere Höhle zurück. Wir wollten am nächsten Morgen bei Tagesanbruch aufbrechen.

Gegen drei Uhr morgens, noch in der Dunkelheit, erschütterten heftige Explosionen sowie das Feuer schwerer Artillerie und automatischer Waffen die nächtliche Ruhe im gesamten Tal. Die Chinesen hatten sich während der Nacht so günstig postiert, daß sie das Dorf einnehmen und die indischen Truppen zu einem ungeordneten Rückzug zwingen konnten, bevor letztere dem Angriff etwas hätten entgegensetzen können. Offenbar ging es den Chinesen nur darum, die militärische Kontrolle über die ansässige tibetische Bevölkerung und über das Tal zu erkämpfen, also nicht um die völlige Vernichtung der gegnerischen Soldaten, denn hätten die Chinesen dies vorgehabt, so wäre wohl kaum ein indischer Soldat mit dem Leben davongekommen. Was sie von einer solchen Aktion abhielt, war vermutlich die offizielle Politik der Koexistenz zwischen Indien und China zu jener Zeit. Über diese Vereinbarung setzte sich China einige Jahre später hinweg, doch da ging es um eine wesentlich fettere Beute als um ein entlegenes Tal und ein paar Flüchtlinge.

Von unserer Höhle aus, die hoch über dem Tal lag, hatten wir zwar noch die Chance, mit der indischen Armee zusammen zu flüchten, doch unser Gepäck, das wir am Vortag ins Dorf gebracht hatten, fiel in die Hände der siegreichen Chinesen. So verlor ich fünfhundert Silbermünzen, und mir blieben nur noch fünfzig; und Khanpo Dorje verlor seine letzten und heiligsten Statuen und Reliquien. Doch hatten wir keinen Augenblick Zeit, diese Verluste zu betrauern, sondern wir rafften unsere Schlafdecken zusammen und folgten den indischen Soldaten durch den Wald.

Der Hauptpfad aus dem Tal heraus führte über eine Brücke, und wir sahen aus der Ferne, daß die Chinesen diese bereits besetzt hatten. Deshalb zogen wir im Schutz des Waldes ein Stück stromabwärts. Der Weg war sehr schwierig, und oft konnten wir uns über die steilen und felsigen Berghänge nur kriechend vorwärts bewegen, wobei wir uns an Wurzeln und Kletterpflanzen festhielten. Immer wieder fragte ich mich, ob es mir wohl gelingen würde, meinen alten Lehrer und seinen ebenfalls schon recht alten Bruder in Sicherheit zu bringen, insbesondere da wir jetzt nicht mehr dem Hauptpfad folgen konnten und uns aus dem Schutz der indischen Armee entfernt hatten.

Die folgende Nacht verbrachten wir im dichten Unterholz. Obwohl ich innerlich sehr aufgewühlt war, schlief ich fest, bis mich Schüsse weckten. Keine zehn Meter von uns entfernt feuerten Chinesen auf die fliehenden Inder. Sie entdeckten uns jedoch nicht und entfernten sich nach einiger Zeit wieder, woraufhin auch wir unseren Weg fortsetzten.

So zogen wir drei Tage durch den Wald, weil wir fürchteten, die Chinesen könnten uns verfolgen, wenn wir den Hauptpfad benutzen würden. Wir waren ziemlich ausgehungert, und es war ungemein schwierig voranzukommen, so daß wir in dieser ganzen Zeit nicht mehr als gut drei Kilometer zurücklegten. Dann stürzte Khanpo Dorjes Neffe, und weil er sich dabei ein Bein verletzte, mußten wir uns weitere drei Tage verbergen, um ihn zu schonen. In dieser Zeit bekamen wir von indischen Soldaten etwas Reis. Dieser gekochte Reis ohne Salz und Butter erschien mir damals köstlicher als alles, was ich je zuvor gegessen hatte.

Nachdem der Neffe wieder in der Lage war, mit Hilfe eines Stocks weiterzuhumpeln, setzten wir unseren Weg am Fluß entlang fort. Der Wasserspiegel war durch den Monsunregen stark angestiegen, so daß gewaltige Wassermassen durch die enge Felsschlucht tosten. Da unser Pfad von Ufer zu Ufer wechselte, mußten wir den Fluß insgesamt dreizehnmal überqueren – auf Brücken, die aus Lianen hergestellt worden waren. Die meisten dieser Brücken hatten keine Bohlen, und wenn man durch die riesigen Zwischenräume zwischen den Seilen in den gähnenden Abgrund und die tosende Flut schaute, mußte man schon ziemlich schwindelfrei sein, damit einem nicht übel wurde. Einer unserer Begleiter, ein Bhutanese, der solche Brücken aus seiner Heimat kannte, überquerte diese instabilen Gebilde erstaunlich schnell und geschickt. Wir Tibeter hingegen verhielten uns dabei sehr schwerfällig, weil wir vor lauter Angst fast wie gelähmt waren und weil unser schwerer, ungleichmäßiger Tritt die Brücke in so starke Schwingungen versetzte, daß sie in einem großen Bogen über dem wilden Gewässer hin- und herschaukelte.

Der Pfad, der an dem fast senkrecht abfallenden Flußufer entlangführte, war oft nichts weiter als ein extrem schmaler Felssims. Wir drückten uns dann gegen den Fels, setzten einen Fuß vor und zogen den zweiten nach, wobei wir am Wurzelgeflecht Halt suchten. Einmal bewegte ich mich gerade an solch einem Sims entlang, als das Wurzelgeflecht plötzlich eine Lücke aufwies. Ich mußte nach einem Busch greifen, um nicht herabzufallen, doch gaben die Wurzeln der Pflanze unerwartet nach.

Ich fiel zehn Meter tief in den Fluß, und wegen meines schweren Gepäcks wurde ich sofort unter Wasser gezogen. Durch das Tosen der Strömung hindurch hörte ich Gesteinsbrocken in das Flußbett fallen. In diesem Augenblick wurde mein Geist sehr klar, und die ersten Gedanken, die auftauchten, waren: »Ich bin nicht tot. Ich spüre keine Schmerzen.« Wie die meisten Tibeter kann auch ich nicht schwimmen, doch fing ich an, mit den Armen um mich zu schlagen, bis meine Hand etwas Festes fand. Ich griff danach, und es gelang mir, meinen Kopf über Wasser zu ziehen. Der Gegenstand, an dem ich mich festhielt, war der Ast eines riesigen tropischen Baumes, der in den Fluß gestürzt war und darin einen Wirbel erzeugte. Wegen dieses Wirbels war ich nicht von der Strömung mitgerissen worden, und nun klammerte ich mich an diesen Ast, völlig erschöpft und um Atem ringend. Khanpo Dorjes Neffe erreichte mich als erster und half mir aus dem Wasser. Mein Gepäck, das mittlerweile hauptsächlich aus Kissen und Bettzeug bestand, war so schwer wie Stein. Wir ließen es am Fluß zurück und gingen dann weiter, bis wir eine Höhle fanden. Danach kehrte der Bhutanese zurück, um das Gepäck zu holen, und wir machten ein großes Feuer, an dem wir unsere triefendnassen Habseligkeiten trockneten.

Der Fall in den Fluß hatte mich so geschockt, daß ich mich jeglicher Stärke und Zuversicht beraubt fühlte. Die Brücken, die Felssimse und die Bergpfade, die Blutegel, die uns ständig plagten, der Hunger, die Ungewißheit über die Absichten der Chinesen, die Gehbeschwerden, unter denen vier der fünf Mitglieder unserer Gruppe litten – denn der Neffe von Khanpo Dorje hatte seit seinem Sturz Schmerzen im Bein – alle diese Probleme zusammen erschienen mir sehr entmutigend.

In dieser Zeit größter Not erwies sich Dorje, unser bhutanesischer Reisegefährte, als selbstloser Helfer. An besonders heimtückischen Wegstrecken trug er unser Gepäck, wobei er oft mehrmals hin- und herging. Anschließend half er nacheinander Khanpo Dorje und seinem Bruder, das Hindernis zu überwinden. Wenn wir Rast machten, sammelte er Bambussprossen und andere eßbare Pflanzen, die er kannte, da die Vegetation von Nagaland derjenigen von Bhutan sehr ähnlich ist. Mit Hilfe dieser Pflanzen ernährten wir uns einige Tage. Mit seiner Beweglichkeit, seinen Fähigkeiten und seinem guten Herzen trug der Bhutanese in dieser schwierigen Zeit entscheidend zur Sicherung unseres Überlebens bei.

Khanpo Dorje selbst war ruhig und beklagte sich nicht. Er behielt bei allen notwendigen Entscheidungen einen klaren Kopf und blieb unerschütterlich in der Erkenntnis der absoluten Natur der Wirklichkeit jenseits des Spiels der Phänomene. Er übermittelte uns in dieser Zeit die tiefe Bedeutung des Dharma auf ebenso tiefgründige Weise wie zuvor, wenn auch nicht in Form von Lehrvorträgen. Während unserer gesamten Flucht war ich mir des Privilegs bewußt, in seiner Gegenwart sein zu können, eines unübertrefflichen Glücks inmitten scheinbar übelster Umstände.

Ungefähr zwölf Tage nachdem wir vor dem chinesischen Angriff auf das indische Militär-Camp geflohen waren, hatten wir den schlimmsten Teil unserer Reise hinter uns. Wir schlossen uns indischen Truppen an, die in die gleiche Richtung gingen wie wir, und wir bekamen von den Soldaten Reis, Linsen, Kokosnußöl und Salz. Da wir uns nun definitiv außer Reichweite der Chinesen befanden, machten wir einige Tage Rast. Dann brachen wir zum letzten und wesentlich leichteren Teil unserer Reise auf, der länger als eine Woche dauerte.

Schließlich erreichten wir den Armeeposten in Lemigang. Die zahlreichen Tibeter, die dort ankamen, wurden von den Indern sehr zügig mit Ausweispapieren ausgestattet und weitergeleitet. Durch die schnelle Abfertigung der Flüchtlinge sollte verhindert werden, daß dieser Militärposten zum Mittelpunkt von Kämpfen mit den Chinesen werden würde. Ich hatte Gerüchte gehört, denen zufolge in Indien alle männlichen Flüchtlinge im Alter zwischen 6 und 18 Jahren zur Schule geschickt würden, alle Männer im Alter zwischen 18 und 29 Jahren zum Militär eingezogen, alle Dreißig- bis Sechzigjährigen zur Landarbeit verpflichtet und alle, die älter als sechzig Jahre waren, in Altersheime gesteckt würden. Ich war 29 Jahre alt, gab aber an, ich sei 34, denn ich wollte auf keinen Fall zur indischen Armee. Im nachhinein erwies sich die falsche Altersangabe als unnötig, da das Gerücht unzutreffend war.

Khanpo Dorje, sein Bruder und ich wurden, da wir eindeutig nicht mehr in der Lage waren weiterzugehen, von Lemigang mit einem Helikopter zum nächsten Flüchtlingsaufnahmezentrum geflogen, einem Ort mit Namen Dagpo Ricchog. Khanpo Dorjes Neffe und der bhutanesische Dorje erreichten uns dort nach einem einwöchigen Fußmarsch. Wir blieben einen Monat in diesem Zentrum und wurden dann von dort nach Missamari geflogen, einem großen Lager für tibetische Flüchtlinge in Assam.

In der Nacht bevor wir nach Missamari flogen, träumte ich, daß ich im Flugzeug zu einem mir unbekannten Ziel unterwegs war. In jenem Traum fragte ich, wohin die Reise gehe, und jemand antwortete: »Amerika.« Als ich am nächsten Morgen aufwachte, fragte ich ein paar Leute, wo Amerika sei. Die meisten wußten es nicht, doch schließlich fand ich jemanden, der sagte: »Es liegt sehr weit weg und ist ein Land blauäugiger Dämonen.«

An jenem Tag flogen wir mit einem Propellerflugzeug nach Assam. Der Flug war sehr unruhig, und einmal, als das Flugzeug in ein Luftloch sackte, dachte ich, mein Geist selbst habe sich bewegt. In dem Lager in Missamari trafen wir auf Tausende von tibetischen Flüchtlingen, die alle auf dem Weg in ein neues Leben im Exil waren.

10

Im Exil

MISSAMARI LAG an einem Fluß, der durch eine sandige Ebene floß, die während des Zweiten Weltkriegs bombardiert worden war. Um den gewaltigen Flüchtlingsstrom unterzubringen, hatte die indische Regierung dort lange Reihen von riesigen Bambushütten aufgebaut, in denen jeweils sechzig Menschen wohnten. Sanitäre Einrichtungen gab es nicht, und das Wasser war verseucht. Im ganzen Lager wütete die Amöbenruhr, und die Tibeter, die nach ihrer Flucht meist völlig erschöpft waren, außerdem unter Hunger und unter seelischem Kummer litten und die zusätzlich auch noch durch die glühende Hitze wie betäubt waren, starben zu Hunderten. In unmittelbarer Nachbarschaft des Lagers brannten permanent die Bestattungsfeuer, da täglich fünfzehn bis zwanzig Verstorbene verbrannt wurden. Angesichts der erschütternden ständigen Gegenwart von Krankheit und Tod sprachen die Überlebenden unablässig von der Rückkehr in ihr Heimatland, oder sie machten sich hilflos Gedanken darüber, wohin in Indien sie wohl geschickt werden würden.

Die indische Regierung versorgte die Lagerbewohner mit Reis und Linsen sowie mehrmals in der Woche mit Fleisch, Trockenmilch, Käse und Tomaten. Da die meisten von uns nicht wußten, was man mit Tomaten anfangen konnte, bildeten sich im gesamten Lager riesige verrottende Haufen dieser roten Früchte. Ebensowenig wußten wir Tibeter – ein Bergvolk, das bisher in einer Umgebung gelebt hatte, in der es relativ wenig Krankheitserreger gab –, wie wir mit der sengenden Hitze und den Krankheiten, die in unserer neuen Umgebung grassierten, fertigwerden sollten. So ging ich beispielsweise mit einer dicken Decke um den Bauch umher, weil irgend jemand mir gesagt hatte, dies sei der beste Schutz gegen die krankmachende Hitze! Doch krank war ich sowieso schon, und eines Tages, als ich in der Nähe von Khanpo Dorje auf meinem Bett lag, fing ich an zu halluzinieren. Ich fragte: »Machst du gerade eine Spiegel-*Puja*? Ich habe Erscheinungen.«

Er murmelte: »Nein, nein. Ich mache nichts.« Die nächste Erinnerung, die ich an jene Situation habe, ist, daß ich in einem Krankenhaus aufwachte. Während meines insgesamt achtmonatigen Aufenthalts in Missamari wurde ich immer wieder ins Krankenhaus eingeliefert, bis sich bei den Ärzten die Überzeugung durchsetzte, ich sei unheilbar krank. Deshalb schickten sie mich, um das Krankenhausbett nicht durch einen ohnehin aussichtslosen Fall zu blockieren, schließlich wieder in das Lager zurück. Die Ärzte waren durchaus nicht herzlos, doch gab es so viele Patienten, die sich in einem kritischen Zustand befanden, daß derartige Entscheidungen unumgänglich waren.

Eines Tages kam eine Reinemachefrau aus dem Krankenhaus, um nach mir zu schauen. Sie empfahl mir, ein Medikament gegen Parasiten einzunehmen. Obwohl ich ihr sagte, die Ärzte hätten mir schon viele Male Medizin gegen Parasiten gegeben, sagte sie: »Macht nichts. Ich werde dir das Medikament bringen.« Am nächsten Tag kam sie mit ein paar kleinen, mit Kleeblättern markierten weißen Pillen zurück, die sie im Krankenhaus entwendet hatte. Sie sagte: »Ich glaube, das sind die Pillen gegen Parasiten. Nimm jetzt vier und später noch einmal zwei, und schau, was dann passiert.« Als sie ging, nahm ich drei Pillen.

In der folgenden Nacht schlief ich sehr gut, und am Morgen nach dem Aufwachen war ich hungrig. Ich bat einen Freund, mir etwas *Tsampa* aus geröstetem Weizen zu bringen, und nachdem ich den ersten Kloß gegessen hatte, bat ich um einen zweiten. Mein Freund zögerte und sagte: »Willst du wirklich so viel essen, nachdem du wochenlang fast nichts zu dir genommen hast?« Ich bestand darauf, und nachdem ich reichlich gegessen hatte, fühlte ich mich ausgezeichnet.

Meine Praxis mußte ich in der Zeit meiner Krankheit stark einschränken. Ich konzentrierte mich darauf, hunderttausend Gebete zu rezitieren, um in Guru Rinpoches Reinem Land wiedergeboren zu werden, und jeden Tag opferte ich sieben Butterlampen, wozu ich meine Ration Kokosöl benutzte, die ich ohnehin nicht essen konnte. Nachdem jener Wendepunkt eingetreten und ich auf dem Weg der Genesung war, beschloß ich am Losar, dem tibetischen Neujahrstag, mich auf die Praxis für ein langes Leben zu konzentrieren, um meine Genesung zu beschleunigen. Am gleichen Tag kam ein Mann zu unserer Unterkunft, der ebenfalls vorgehabt hatte, die Langlebenspraxis auszuführen, der jedoch plötzlich aufgefordert worden war, in ein anderes Lager umzuziehen. Er bot mir deshalb den *Torma* an, den er für seine Praxis vorbereitet hatte – ein symbolisches Opfer, das aus Teig oder Ton geformt wird. Ich war hocherfreut über dieses Geschenk, weil ich es als ein gutes Omen ansah. Innerhalb einer Woche, nachdem ich mit der Langlebenspraxis begonnen hatte, konnte ich aufstehen und mit Hilfe von Freunden und einem Spazierstock draußen umhergehen. In jenem Augenblick setzte ein leichter Regen ein, der sich auf meiner Haut wie eine heilsame Medizin anfühlte.

Khanpo Dorje, sein Bruder und sein Neffe hatten Missamari schon einige Zeit zuvor verlassen und waren nach Kalimpong umgezogen, einer Stadt in den Bergen von West-Bengalen an der Grenze zwischen Indien und Tibet. Kalimpong war lange ein Handelszentrum gewesen, in dem Inder und Tibeter ihre Waren ausgetauscht hatten, und einige tibetische Familien lebten dort schon seit vielen Generationen. Deshalb war es für tibetische Flüchtlinge relativ leicht, sich an diesem Ort niederzulassen.

Khanpo Dorje hatte eine Einladung von einem Wohltäter in Kalimpong erhalten und mich seinerseits eingeladen, ihn dorthin zu begleiten. Doch lehnte ich dies ab, hauptsächlich weil ich kein Geld hatte und nicht auf seine Unterstützung angewiesen sein wollte. Außerdem erwartete ich die Ankunft meiner Frau Karma.

Nach Khanpo Dorjes Abreise hörte ich, als ich noch sehr krank war, Karma sei in Indien eingetroffen und mit einem anderen Mann zusammen. Dafür hatte ich Verständnis, da sie ja damit rechnen mußte, daß ich tot war. Insofern erschien es mir als völlig natürlich, daß sie sich einen anderen Gefährten gesucht hatte. Doch wollte ich ihr in diesem Fall unbedingt jene wertvolle Halskette mit den großen Türkisen, Korallen und *Zi*, die sie mir geschenkt hatte, zurückgeben.

Als ich so weit genesen war, daß ich eine kurze Reise wagen konnte, besorgte ich mir die Genehmigung, in ein Lager zwei Stunden von Missamari entfernt umzuziehen. Ich traf alle erforderlichen Vorbereitungen, um Karma dort zu treffen. Unser Wiedersehen verlief sehr ruhig. Wir schwiegen viel, und schließlich sagte sie zu mir, sie sei sehr froh, daß ich noch am Leben sei, und wünsche sich, daß wir als Mann und Frau zusammenleben würden. Ich war sehr erfreut, die Beziehung zu ihr wieder aufnehmen zu können. Zwar hatten wir nie offiziell die Ehe geschlossen, doch waren solche Formalitäten damals aufgrund der allgemeinen gesellschaftlichen Umbrüche unwichtig. Gemeinsam besuchten wir Karmas Mutter und andere Verwandte, die in einem sechs Stunden entfernten Lager lebten. In der Nacht vor unserer Ankunft hatte ein Dieb Karmas Verwandten alles gestohlen, was sie aus Tibet mitgebracht hatten.

In der folgenden Nacht hatte ich einen sehr intensiven Traum über einen riesigen, von Flammen umgebenen Tiger, der am Himmel erschien. Er näherte sich, blieb direkt über mir, zog sich dann wieder zurück und löste sich schließlich in Licht auf. Nach dem Aufwachen wurde mir klar, daß dies kein gutes Omen war, und tatsächlich griff später, nachdem wir nach Kalimpong umgezogen waren, die chinesische Armee das Lager an – wie ein Tiger, der über die Grenze springt. Bei diesem Angriff verloren viele Tibeter ihr Leben; allerdings blieb unseren Verwandten dieses Schicksal erspart.

Während unseres Aufenthalts in diesem Lager erkrankte ich erneut, ebenso schwer wie vorher. Dann träumte ich eines Nachts, eine Frau würde mir zwei Pillen in den Mund stecken. Nach dem Aufwachen spürte ich den Geschmack der Pillen immer noch auf meiner Zunge, und kurz darauf besserte sich mein Zustand sehr. Von diesem Zeitpunkt an stabilisierte sich mein Gesundheitszustand, und ich konnte mich darauf konzentrieren, anderen zu helfen, die krank waren oder im Sterben lagen. Karma hatte mittlerweile unser Kind geboren, einen Sohn, der nach allen Zeichen und Vorhersagen ein großer *Tulku* war, die Inkarnation von Garzhe Khanpo. Eines Nachts, eine Woche nach der Geburt, fing das Baby an zu weinen und ließ sich nicht beruhigen. Am nächsten Morgen starb das Kind.

Alle außer mir weinten. Ich war sehr traurig darüber, daß die Welt nicht in den Genuß des segensreichen Wirkens der Wiedergeburt von Garzhe Khanpo kommen würde, und natürlich litt auch meine Frau sehr unter dem Verlust ihres Kindes. Doch war ich nicht in der Lage, zu weinen und meine Trauer durch Tränen zu lindern. Es gab so viele Todesfälle. So viele große Lamas starben, und so viele Familien erlebten Tragödien, daß es unendlich viele Anlässe für Tränen und für Mitgefühl gab. Innerhalb kurzer Zeit gab es auch in unserer Familie noch drei weitere Todesfälle; unter anderem starb Karmas Mutter.

In dem neuen Lager, in dem ich mittlerweile lebte, spendeten mir die Leute manchmal Gaben, wenn ich für sie Gebete und Rituale ausführte, und diese Unterstützung brauchte ich dringend. Ich war fast ohne Geld nach Missamari gekommen und hatte mit meinen letzten Münzen zwei silberne Opferschalen und etwas Stoff für eine Robe gekauft. Die Robe, die ich während meiner Flucht aus Tibet getragen hatte, war einmal sehr kostbar gewesen. Sie war aus Seide und mit Baumwolle gepolstert. Doch als ich Indien erreichte, war die Seide völlig zerfetzt, und die Baumwollfüllung der Polsterung kam an vielen Stellen durch den Stoff. Nach einer Weile hatte ich durch die Opfergaben zweihundert indische Rupien zusammenbekommen, ungefähr 25 amerikanische Dollar, was mir das Gefühl gab, ziemlich reich zu sein.

Die Ausführung einer bestimmten Zeremonie war mir in jenen Monaten in den Lagern eine besondere Ehre. Ich meine die *P'howa* für den alten Mann, der mir in Kongpo Essen und eine Unterkunft angeboten hatte, als alle anderen mich aus Angst vor Vergeltungsmaßnahmen der Chinesen abgewiesen hatten. Ich betete dafür, daß seine Güte mir gegenüber und jegliches anderweitige Verdienst, das er angesammelt hatte, ihm zu einer glücklichen Wiedergeburt im Reinen Land des Buddha Amitabha verhelfen und daß er die letztendliche Befreiung finden möge.

Eines Tages erreichte uns die Nachricht, daß Seine Heiligkeit Dudjom Rinpoche die Initiationen in *Rinchhen Terdzod* und in die *Kama*-Tradition der Nyingmapa geben würde. Letztere ist die Tradition der direkt mündlich übermittelten Lehren, die stets persönlich vom Lehrer an die Schüler weitergegeben werden. Diese Initiationen sollten in Kalimpong stattfinden, das zwei Tagereisen mit dem Zug entfernt lag. Karma und ich beschlossen, daran teilzunehmen.

Wir reisten mit einem alten Lama und zwei Mönchen. Die beiden Mönche hatten den Zugfahrschein nicht bezahlt, und es gelang ihnen, während der ganzen Reise den Kontrolleuren zu entgehen, denn die Züge waren extrem überfüllt. Wir erreichten Siliguri und reisten von dort per Bus nach Darjeeling und Kalimpong. Wir fuhren über eine sehr eindrucksvolle Straße, die nach Norden am Kamm des Himalaja verlief und nach Süden steil zu den Ebenen Indiens abfiel. Kalimpong selbst war eine sehr schöne, hochgelegene Stadt, in der es angenehm kühl war. Seine Heiligkeit Dudjom Rinpoche hatte dort seine Residenz, weshalb es als sehr glückverheißend erschien, sich dort anzusiedeln. Seine Heiligkeit der Karmapa, das Oberhaupt der Kagyü-Tradition, hatte die indische Regierung um Unterstützungsgelder für Flüchtlinge gebeten, die sich in Kalimpong ansiedeln wollten, und die indische Regierung hatte ihre Einwilligung gegeben, wodurch sichergestellt war, daß wir zumindest etwas zu essen haben würden.

Khanpo Dorje war zu dieser Zeit ebenfalls in Kalimpong, und ich nutzte die Möglichkeit, ihn für zwei Tage zu besuchen. Später stellte sich heraus, daß dies für mich die letzte Gelegenheit war, ihn lebend zu sehen. Kurz danach zog er zuerst nach Darjeeling und später nach Bhutan um, wo er in sehr hohem Ansehen stand. Er starb mehrere Jahre später, als ich in einer Flüchtlingssiedlung in Orissa lebte. Doch da Orissa in einem entlegenen Teil Indiens liegt, erfuhr ich erst mit dreimonatiger Verspätung von seinem Tode. Bei dieser Nachricht überkam mich eine tiefe Trauer, und ich sah ihn in jenem Augenblick noch ein letztes Mal in einer Vision, die so lebensecht war, daß ich das Gefühl hatte, er sei tatsächlich anwesend.

In Kalimpong bauten wir ein kleines Zelt auf, das wir zu fünft bewohnten. Karma und ich nahmen jeden Tag an den Initiationen teil, und die beiden Mönche ebenfalls. Der alte Lama, der diese Initiationen schon erhalten hatte, blieb im Zelt und bewachte unsere Besitztümer, insbesondere eine Tasche, die den Mönchen gehörte und deretwegen sie sich sehr große Sorgen machten.

Die Mönche gingen jeden Tag durch das Lager, um zu betteln, und wenn sie nicht genug von den übrigen Flüchtlingen bekamen, beklagten sie sich anschließend bitter über die kärgliche Ausbeute, und wir teilten unser Essen mit ihnen. Doch nach einiger Zeit kam es Karma und dem alten Lama merkwürdig vor, daß diese Mönche, die vorgaben, nichts zu besitzen, so besorgt ihre Tasche hüteten. Als sie eines Tages einmal wieder zum Betteln unterwegs waren, konnten Karma und der Lama ihre Neugierde nicht mehr unterdrücken. Sie öffneten die Tasche, schauten hinein und entdeckten darin acht Flaschen mit der Essenz von Moschushirschen, die in Indien ein Vermögen wert waren, sowie dreihundert Silbermünzen. Wir stellten die beiden zwar nicht wegen ihres Betrugs zur Rede, doch teilten wir von diesem Zeitpunkt an unser Essen nicht mehr mit ihnen.

Manchmal war ich ungeheuer enttäuscht über das Verhalten meiner Landsleute, und als besonders bedauerlich empfand ich, daß einer der schlimmsten Mißstände Tibets, die sektiererische Politik zwischen den verschiedenen Traditionen des tibetischen Buddhismus, auch auf der anderen Seite des Himalaja kein Ende fand. Der Dalai Lama und die vier Oberhäupter der großen Traditionen – der Gandan Tri Rinpoche für die Gelugpas, Sakya Trizin für die Sakyapa, der Karmapa für die Kagyüpa und Dudjom Rinpoche für die Nyingmapa – verhielten sich vorbildlich kooperativ untereinander und wirkten für das Wohl aller Tibeter, unabhängig davon, zu welcher der vier großen Traditionen sie sich bekannten, und gleichzeitig arbeiteten sie für den Erhalt ihrer jeweiligen eigenen Tradition.

Doch einige der tibetischen Organisatoren, die niedrigere Positionen innehatten, bevorzugten oft die Mitglieder ihrer jeweiligen Tradition, insbesondere wenn es um die Vermittlung von Plätzen in bestimmten Lagern und Ländern zwecks Ansiedlung neu eintreffender Flüchtlinge ging. Durch diese Auswüchse sektiererischen Verhaltens wurden die Angst und Verzweiflung des tibetischen Volkes in einer Zeit, in der die Menschen ohnehin unter großen Belastungen litten, unnötigerweise zusätzlich verschärft. Auch verhielten sich manche Flüchtlinge sehr rabiat und unethisch, wohingegen viele andere trotz größter Schwierigkeiten ungeheuer geduldig waren und in der schwierigen Phase der Anpassung an ihre neue Umgebung weder ihren Glauben noch ihre moralischen Grundsätze verrieten.

In Kalimpong beschloß die Gemeinschaft der Nyingmapa, einen Sprecher zu wählen, der Dudjom Rinpoche die Anliegen und Wünsche der Gemeinschaft vortragen und ihn gegebenfalls um Rat bitten sollte. Für diese Aufgabe wurde ein besonders treuer Schüler von Dudjom Rinpoche mit Namen Gyurmed ausgewählt, da alle der Ansicht waren, niemand könne die Nyingmapa besser vertreten als er. Über diese Entscheidung war Seine Heiligkeit hocherfreut.

Gyurmed selbst jedoch war völlig entsetzt über diese Wahl. Nicht ein einziges Mal hatte er den Geist seines Lama in einen unglücklichen Zustand versetzt. Er hatte ihm stets mit vollkommener Hingabe gedient und niemals zugelassen, daß durch Behelligung mit alltäglichen Problemen zwischen ihm und seinem Lama Spannungen aufgekommen wären. Da er nun seinen Lehrer über die alltäglichen Sorgen der Nyingmapa informieren sollte, befürchtete er, daß dies zu

Konflikten führen und seine Beziehung zu Dudjom Rinpoche belasten könne. Diese Aussicht ängstigte ihn so, daß er nicht mehr schlafen konnte. Deshalb bat er Dudjom Rinpoche, ihn von seinem Amt zu entbinden. »Ich bin nicht in der Lage, diese Aufgabe zu erfüllen, ohne irgend jemanden zu verletzen und dir als Lehrer Schande zu bringen. Bitte, verlange dies nicht von mir.«

Dudjom Rinpoche hatte Verständnis für Gyurmeds Problem und beharrte nicht darauf, daß er die Rolle des Sprechers übernahm. Dann ließ er mich rufen und bat mich, als Verbindungsmann der Nyingmapa zu ihm zu fungieren. Ich erklärte mich dazu bereit, weil ich es als eine Möglichkeit ansah, Seiner Heiligkeit bei der Umsetzung seiner Dharma-Aktivitäten zu helfen. Wir begannen mit der Errichtung eines Gebäudekomplexes, in dem Mönche, Nonnen und Laien untergebracht werden sollten. Die Gebäude bestanden aus nichts weiter als einem Bambusgestell, das mit Zeltplanen bedeckt wurde. Für unsere Bedürfnisse reichte diese simple Konstruktion, und darüber waren wir sehr glücklich. Ich arbeitete einige Monate lang sehr intensiv an der Errichtung dieses Gebäudekomplexes mit, indem ich die Arbeiten überwachte und auch selbst bei der Fertigstellung mitwirkte.

Während unseres Aufenthalts in Kalimpong gab auch Seine Heiligkeit Khyentse Rinpoche, dem ich zum erstenmal im Kloster Dzongsar in Ost-Tibet begegnet war, eine Reihe von Initiationen, an denen ich teilnahm. Von jener Zeit an wurde meine Beziehung als Schüler zu ihm als Lama immer tiefer. Er zeigte in den kommenden Jahren mir gegenüber ein unermeßliches Maß an Güte, und mehrmals half mir die Kraft seines Segens bei der Überwindung lebensbedrohlicher Gefahren.

Dann kam eine Zeit, in der sich bei mir wieder sehr ungünstige Träume häuften, aus denen ich schloß, die Chinesen könnten einen Angriff über die Grenze beabsichtigen. Als sie dann tatsächlich jenes Lager angriffen, in dem ich meinen Tiger-Traum gehabt hatte, wurde ganz Kalimpong von einer Welle der Angst erfaßt. Wir alle wagten es nachts nicht mehr, fest zu schlafen.

Seine Heiligkeit Dudjom Rinpoche beschloß, per Flugzeug und Auto nach Tso Pema zu reisen, einer heiligen Stätte an den Hügeln des westlichen indischen Himalaja, um mündliche Unterweisungen für bestimmte Nyingma-Übungen zu geben. Ungefähr sechzig Personen wollten daran teilnehmen und per Zug und Bus dorthin reisen. Auch Karma und ich brachen auf. Wir beabsichtigten nicht, wieder nach Kalimpong zurückzukehren und weiter in ständiger Angst vor Angriffen der chinesischen Armee zu leben. Es war relativ leicht für uns, uns an einem anderen Ort niederzulassen, da wir außer dem, was unsere zwei oder drei Koffer enthielten, nichts besaßen.

Die Zugreise wurde jedoch zu einem Alptraum, weil wir so zahlreich waren und der Eisenbahnwagen ohnehin schon überfüllt war. Überall ertönten Rufe, und es wurden Gepäckstücke durch die Fenster gereicht. In diesem Gewühl wurde einem Reisenden sein Reliquiar, in dem sich heilige Objekte und sein Geld befanden, von einem Gurt abgeschnitten, den er um seinen Körper trug. Der Bestohlene war ein großer und mutiger Mann, doch in der dichten Menschenmenge war er völlig hilflos. Als er im Zug war, sahen wir, daß er aus einer Wunde blutete, die der Dieb ihm mit seinem Messer zugefügt hatte.

Natürlich gab es im ganzen Wagen keine Sitzplätze, so daß uns tage- und nächtelanges Stehen bevorstand, wobei wir ständig unser Gepäck im Auge behalten und möglichst sogar festhalten mußten. Gyurmed, Dudjom Rinpoches bester Schüler, war mittlerweile ziemlich krank. Ein Inder schlug uns vor, in einen leeren Wagen umzusteigen. Wir konnten unser Glück gar nicht fassen – und es erwies sich dann auch als Täuschung, denn zwei Stunden später wurde dieser Wagen vom Zug abgehängt, und wir saßen irgendwo mitten auf der Strecke auf einem kleinen Bahnhof fest. Als klar war, daß der Wagen nicht mehr weiterfahren würde, stiegen wir aus und wurden von indischen Eisenbahnbeamten aufgefordert, unsere Fahrscheine zu zeigen. Fast niemand hatte einen Fahrschein, weil die meisten von uns mittellos waren und die Fahrscheine gewöhnlich nicht kontrolliert wurden. Dann wollten sie unsere Pässe sehen. Die aber waren alle abgelaufen.

Die Beamten konfiszierten sie, brachten uns in ein Gebäude in der Nähe und gaben uns etwas zu essen und Feuerholz. Drei Tage später kamen sie mit den Pässen zurück, die sie hatten verlängern lassen, und schickten uns fort. Die indischen Behörden verhielten sich oft sehr freundlich und mitfühlend gegenüber uns armen Flüchtlingen.

Doch dies sollte nicht die einzige Verzögerung unserer Reise bleiben, denn bei der nächsten großen Eisenbahnstation mußten wir den Zug verlassen und uns um Gyurmed kümmern, dessen Zustand immer schlechter wurde. Wir suchten ein *Dharamsala* auf, ein Rasthaus für Reisende, in dem man für nur eine Rupie pro Nacht übernachten konnte. Am nächsten Morgen rief mich Gyurmeds Frau. Ich fand ihn vor einem offenen Buch, einem Kommentar über die Zeichen des Sterbens für Übende der Großen Vollkommenheit. Als er verschied, waren seine Augen leicht geöffnet, und er befand sich in einer entspannten meditativen Haltung.

Wir informierten die indischen Behörden nicht sofort über den Todesfall, weil uns klar war, daß der Tote dann sofort verbrannt werden würde. Tibetischer Sitte gemäß ist es jedoch notwendig, den Körper eines Verstorbenen mindesten 24 Stunden und wenn möglich sogar drei Tage lang nicht anzurühren. Wir beschlossen, die Behörden erst am nächsten Morgen zu informieren, und als die zuständigen Beamten dann eintrafen, waren sie sehr beunruhigt. Warum hatten wir sie erst so spät informiert? Warum hatten wir überhaupt mit jemandem, der so krank gewesen war, eine Reise angetreten? Nachdem sie uns in diesem Stil gründlich ausgefragt und uns Vorwürfe gemacht hatten, brachten sie Holz für das Bestattungsfeuer, und nach der Zeremonie ließen sie uns weiterreisen.

Wir waren froh, als wir endlich in Tso Pema ankamen. Dort hatte im 8. Jahrhundert Padmasambhava zusammen mit seiner Weisheitsgefährtin, der indischen Prinzessin Mandarava, meditiert. Der König jener Region, Mandaravas Vater, wurde zornig auf Padmasambhava und befahl, ihn gefangenzunehmen und bei lebendigem Leib zu verbrennen. Als die Abgesandten des Königs zum abgebrannten Scheiterhaufen zurückkehrten, um die verkohlten Überreste des Hingerichteten zu inspizieren, fanden sie Padmasambhava lebendig vor. Er saß auf einem wunderschönen Lotos, der sich über einem auf wunderbare Weise entstandenen See erhob, und meditierte. Deshalb wurde dieser Ort fortan Tso (»See«) Pema (»Lotos«) genannt.

Als wir dort ankamen, fanden wir ein kleines Dorf und ein Kloster neben dem See sowie eine Gemeinschaft tibetischer Yogis, die die Höhlen am Berghang darüber bewohnten. Dort waren auch die Höhlen, in denen Padmasambhava und Mandarava einst gelebt hatten. Dudjom Rinpoche erteilte seine Unterweisungen in einem kleinen Nyingma-Kloster neben dem See, einem sehr friedvollen und inspirierenden Ort.

In dieser Zeit hatte ich Träume sehr unterschiedlicher Art. Schreckliche Omen und Anzeichen für großen spirituellen Segen wechselten einander ab. Ich träumte, ich wäre im hohlen Inneren des Horns eines steinernen Tieres eingesperrt, das in der Erde lag. Darin war es so eng, daß ich keine Möglichkeit hatte, mich aus meinem Gefängnis zu befreien. In einem anderen Traum befand ich mich während eines tosenden Gewitters mit Blitzen und Hagel im Freien. Und in einem weiteren Traum war mein Haus mit einem dicken Tuch aus schwarzem Yak-Filz bedeckt. Alle diese Träume deuteten darauf hin, daß mächtige negative Energien sich in meinem Leben manifestierten und dabei waren, Besitz von ihm zu ergreifen. Um diese Kräfte zu vertreiben, führte ich Zeremonien durch und rezitierte machtvolle Schutzgebete. Bald darauf ließen die Träume nach.

Vielleicht war ich damals nicht der einzige, der Anzeichen für bevorstehende Schwierigkeiten bemerkte. Seine Heiligkeit Dudjom Rinpoche bat zum Abschluß seiner Dharma-Unterweisungen, ein paar Tage bevor er nach Kalimpong zurückfliegen wollte, einen Seher, festzustellen, ob während der Rückreise irgendwelche Hindernisse drohten.

Der Seher sagte: »Das ist sehr merkwürdig. Ich sehe eine wunderschöne Padmasambhava-Statue, die in einen Eisenzaun mit eisernen Dornen eingesperrt ist.«

Alle hielten dies für ein schlechtes Omen. Der Seher wurde erneut über die bevorstehende Reise befragt. »Ich sehe den Dharma-Beschützer Lijin Harleg gemeinsam mit einem kleinen, starken schwarzen Mann, der viele Augen auf seinen Armen hat, kommen – dem Beschützer Rahula –, und ich sehe den Beschützer Shanpa in Form eines roten Mannes. Diese drei Dharma-Beschützer durchdringen den Zaun und befreien die Padmasambhava-Statue daraus.«

Daraufhin verzichtete Seine Heiligkeit auf weitere Befragungen und war beruhigt. Er sagte: »Da das Endresultat gut ist, brauchen wir uns keine Sorgen zu machen.« Als er in Siliguri landete, dem Flugplatz, der Kalimpong am nächsten war, erwartete ihn dort die indische Polizei und nahm ihn fest. Irgend jemand hatte falsche Anschuldigungen gegen ihn vorgebracht. Die Tibeter in seinem Gefolge und auch all jene, die gekommen waren, um ihn zu begrüßen, vermochten die Polizisten nicht von ihrem Vorhaben abzubringen. Offenbar hatte ein Tibeter in einflußreicher Stellung aus Böswilligkeit oder aufgrund irgendeiner anderen extremen Verzerrung seines Geistes die Anschuldigungen gegen Seine Heiligkeit vorgebracht.

Als sich die Nachricht über die Festnahme verbreitete, ging eine Welle der Erschütterung durch die gesamte Gemeinschaft der Flüchtlinge. Es erschien allen unglaublich, daß unser verehrter Lama, das höchste Oberhaupt der Nyingmapa, Padmasambhavas Repräsentant auf Erden, ins Gefängnis geworfen werden konnte. Und wenn *er* aufgrund unbewiesener und an den Haaren herbeigezogener Beschuldigungen ins Gefängnis kommen konnte, wer von uns konnte sich dann noch sicher fühlen? Alle fingen an, Bittbriefe zu schreiben und Telegramme abzuschicken. Jemand suchte direkt Seine Heiligkeit den Dalai Lama auf, der sich sofort an Nehru, den damaligen indischen Premierminister, wandte. Er teilte Nehru mit, daß ein schwerer Fehler gemacht worden sei, und bat ihn zu intervenieren. Daraufhin wurde Seine Heiligkeit Dudjom Rinpoche sofort freigelassen. Er war drei Tage im Gefängnis gewesen.

Als diese Episode vorüber war, waren wir alle sehr erleichtert und dem Dalai Lama gegenüber sehr dankbar. Doch vergaßen wir nie, daß ein so hoher und reiner Lama wie Dudjom Rinpoche von einem oder mehreren seiner tibetischen Landsleute fälschlich beschuldigt worden war. Wir lebten fortan ständig in der Angst, ein solcher Vorfall könne sich wiederholen.

DIE SECHZIG MENSCHEN, die zusammen von Kalimpong nach Tso Pema gereist waren, gingen nach Dudjom Rinpoches Entlassung aus dem Gefängnis wieder ihrer eigenen Wege. Einige verdienten ihren Unterhalt als Straßenarbeiter in Nordindien, andere bettelten, und wieder andere betrieben Handel. Ich hatte mir eine juckende Hauterkrankung zugezogen, die mich völlig verrückt machte, und ging deshalb für mehrere Wochen in einer tiefen, finsteren Höhle ins Retreat, weil ich mir davon Heilung erhoffte. Ich hatte nur *Tsampa* und Tee bei mir sowie eine kleine Kerze, so daß ich meinen Text lesen konnte. Ich saß die ganze Zeit über in der Dunkelheit und konnte selbst tagsüber kaum meinen Teebecher sehen. Während dieses Retreats widmete ich mich intensiv der Mantra-Rezitation.

Ein Tibeter hatte mir angeboten, während des Retreats Tee für mich zu kochen und mir dreimal täglich eine Schale *Tsampa* zu bringen. Eines Tages schmeckte der *Tsampa* halbgar und ziemlich schlecht. Da ich meine Mantra-Rezitation nicht unterbrechen wollte, gab ich durch Gesten und Stirnrunzeln zu verstehen, daß irgend etwas nicht stimmte. Mein Diener nahm die Schale mit nach draußen und betrachtete sie bei Tageslicht. Dann hörte ich ihn kräftig fluchen. Später kam er wieder in die Höhle zurück und erklärte mit Bedauern, er habe unglücklicherweise einen Sack mit Weizenmehl erwischt. Da lachten wir beide herzlich. Seine Entdeckung war mein Glück, denn dadurch blieben mir unangenehme Magenschmerzen erspart.

Gegen Ende meines Retreats träumte ich, eine Frau sei gekommen und deute auf ein häßliches rotes Insekt mit Hunderten von Beinen, das vorbeitrippelte. »Schnell!« befahl sie. »Kreise dieses Insekt mit glühender Kohle ein!« Ohne zu zögern folgte ich ihrer Aufforderung, und der Ring aus Kohlestücken zog sich allmählich zusammen, bis das Insekt zu Asche verbrannt war und verschwand. Danach klang auch meine Hauterkrankung ab.

Nach diesem Retreat ging ich den Berg hinab in das Dorf am See. Viele Flüchtlinge hofften immer noch, sich in Padma Kod auf der indischen Seite des Grenzlandes niederlassen zu können. Auf Bitten Seiner Heiligkeit Dudjom Rinpoche sammelte ich ihre Namen und Paßnummern und leitete diese an die indische Regierung weiter, damit ihr Gesuch bearbeitet werden konnte. Doch wurde Padma Kod als Ansiedlungsregion schließlich abgelehnt. Wahrscheinlich befürchtete die indische Regierung, bei einer Genehmigung der Ansiedlung ständig mit Angriffen der Chinesen über die Grenze hinweg rechnen zu müssen.

Wieder ging ich ins Retreat, und diesmal versorgte mich ein junger Mönch mit Namen Dawa Chhödrag. Eine seiner Aufgaben war es, den Berg hinunterzugehen und die Post für mich abzuholen, weil oft Briefe von Seiner Heiligkeit Dudjom Rinpoche eintrafen, die mich über alle die Nyingmapa betreffenden Ereignisse auf dem laufenden hielten. Eines Nachts träumte ich, ich würde auf einem schwarzen Pferd reiten und versuchen, einen Fluß zu durchwaten, müßte jedoch umkehren. Diesem Traum entnahm ich, daß mein Retreat eine Unterbrechung erfahren würde, und tatsächlich traf die Bitte Seiner Heiligkeit ein, Namen und Paßdaten von zweihundert Tibetern zu sammeln, die der Nyingma-Tradition angehörten und die bereit waren, sich in der Schweiz anzusiedeln. Um diese Liste zusammenzustellen, reiste ich in viele Flüchtlingslager, und alle Interessierten bereiteten sich auf die Auswanderung vor. Doch auch dieser Plan zerschlug sich. Solche Enttäuschungen erlebten wir in jenen Tagen ständig.

Danach kehrte ich nach Tso Pema zurück. Nun waren meine Träume sehr verheißungsvoll. Ich entnahm ihnen, daß ich bald eine Praxis empfangen würde, durch die ich vielen Menschen würde helfen können. Tatsächlich traf ich kurz darauf einen Mönch, der Traditionshalter des Zyklus der Roten Tara von Orgyan T'hrinlay Lingpa war, des großen Apong Tertön. Apong Tertön war ein bekannter Nyingma-Lama gewesen und der Entdecker eines sehr tiefgründigen Tara-Zyklus. Auf seinem Sterbebett hatte er einen Mönch, den er durch Initiation und Unterweisung vollständig mit den Segnungen der Tara-Praxis ausgestattet hatte, instruiert, zu ihm zu kommen, wenn er in seiner nächsten Inkarnation das Alter von 17 Jahren erreicht hätte, und ihn dann seinerseits wieder in diesen Schatz zu initiieren. Der Mönch versprach ihm, dies zu tun.

Doch hatten inzwischen die Chinesen Tibet besetzt, und der Mönch wurde gezwungen, nach Bhutan zu fliehen. Apong Tertön wurde als Sakya Trizin wiedergeboren, das höchste Oberhaupt der Sakyapa-Tradition, und er lebte als Flüchtling in einem Kloster in Dehra Dun in Nordindien. Als sich Seine Heiligkeit Sakya Trizin dem Alter von 17 Jahren näherte, versuchte besagter Mönch verzweifelt, nach Dehra Dun zu reisen, doch verweigerte ihm die indische Regierung die Genehmigung dazu. Erst nach weiteren sechs Jahren gelang es dem Mönch, seinen früheren Lama zu erreichen und eine Audienz bei ihm zu bekommen. Seine Heiligkeit Sakya Trizin schickte sofort all seine Mönche aus dem Raum, um von dem ziemlich unscheinbar wirkenden Fremden die Initiation zu empfangen. Sakya Trizin erhielt bei dieser einen Begegnung die Initiationen für den gesamten Zyklus der Roten Tara.

Nun war dieser Mönch in Tso Pema, und er bot mir an, auch mir die Initiation zu geben. Ich war hocherfreut. Obwohl ich mich schon sehr intensiv der Tara-Praxis und auch Praktiken vieler anderer roter Gottheiten der Padma-(Lotos-)Familie gewidmet hatte, hatte ich noch nie eine Praxis für die Rote Tara empfangen. Ich wußte, daß dies die glückverheißende Erfüllung meiner Träume war.

Nach der Initiation ging ich zusammen mit meiner Frau in einer Höhle in ein strenges Retreat. Schon gleich zu Anfang wurde sie sehr krank, suchte ein Krankenhaus in der nächsten Stadt, Mandi, auf und ging danach für die Dauer meines Retreats nach Kulu Manali, eine weiter nördlich gelegene, kühlere Region. Da ich Karma wegen meines Retreat-Gelübdes nicht selbst begleiten konnte, brachten Freunde sie dorthin. So wurden wir erneut für acht Monate getrennt. Nun ist sich jede Frau eines tibetischen Lama darüber im klaren, daß ihr Mann von Zeit zu Zeit ins Retreat geht und daß dies manchmal sogar einige Jahre dauern kann. Schwierig zu akzeptieren war dies für Karma in der betreffenden Situation aber wegen ihrer Krankheit.

Während dieses Retreats, das abgesehen von einem Vorfall äußerlich sehr ruhig verlief, versorgte mich eine ältere Nonne namens Ani Dezom. Wir lebten hauptsächlich von *Tsampa*, und als Tibeter waren wir natürlich etwas unglücklich, weil wir kein Fleisch hatten. Hammel- und Ziegenfleisch waren zu teuer, und Rindfleisch gab es nicht, weil die Hindus es generell nicht essen dürfen. Eines Morgens, als es noch sehr neblig war, hörte ich, als ich in meiner Höhle saß, einen ziemlich lauten »Plumps!«. Ani Dezom verließ die Höhle, um nachzuschauen, was passiert war. Als sie zurückkam, berichtete sie, ein Kalb sei aus der Höhe direkt vor unsere Höhle gestürzt und es sei tot. Wir hatten frisches Fleisch gleich vor unserer Eingangstür!

Trotzdem wagten wir anderthalb Tage lang nicht, davon zu essen, denn wenn die Inder dies herausgefunden hätten, hätten wir dadurch alle Tibeter in Indien in Gefahr gebracht. Dieses Kalb war wohl eher dazu bestimmt, den wilden Hunden und Geiern als Nahrung zu dienen, nicht uns. Doch da diese Tiere ihren Festschmaus wegen des dichten Nebels nicht bemerkten, kamen sie nicht.

Als der zweite Tag nach dem Auftauchen des Kalb zu Ende ging und die Dunkelheit anbrach, konnten wir der Versuchung nicht länger widerstehen. »Vielleicht sollten wir doch ein wenig Fleisch essen«, schlug ich vor, und Ani-la war sofort damit einverstanden. Ich sagte ihr, sie solle die Knochen nicht beschädigen und so durch die Haut schneiden, daß es aussah, als hätten die Fangzähne und Klauen von Raubtieren zugeschlagen. Wir kochten kleine Stücke Fleisch in Salz und Butter und konservierten auch noch einen Vorrat für die nächsten sechs Tage. Am folgenden Morgen löste sich der Nebel auf, und die Geier beseitigten den Beweis für unser Vergehen ziemlich schnell und gründlich.

In diesem Retreat meisterte ich eine Praxis, die für mich, für die Tibeter, denen ich als Lama diente, und für meine zukünftigen westlichen Schüler sehr wichtig werden sollte. Die Rote Tara offenbarte sich mir in ihrem vollen, unergründlichen Mitgefühl und ihrer unermeßlichen Weisheit. Ich hatte viele visionäre Erlebnisse und Träume, und in einigen davon ging es um Kristalle. Zwei Jahrzehnte später erinnerte ich mich an diese Kristalle und begann mit der Praxis der Kristallheilung in Verbindung mit der Tara-Meditation. Im Westen empfingen Tausende von Menschen den Segen der Roten Tara und machten die Tara-Praxis zu ihrer zentralen Vajrayana-Meditation.

Einen Teil des Retreats verbrachte ich damit, hunderttausendmal die »Essenz der Interdependenz« (*Tendrel Nyingpo*) zu rezitieren, und nach Abschluß dieser Praxis hatte ich einen Traum, in dem der Buddha untrennbar von den Bergen war. Sein Kopf und Rumpf bildeten einen ganzen Berg mit Mantra-Silben, die wie ein goldenes Relief in die Felsen eingraviert waren. In einem anderen Teil des Retreats widmete ich mich einer Hayagriva-Praxis, einem Schatz, der von einem Lama der Tromge-Familie entdeckt worden war. Der Text war in Tibet zurückgeblieben, und ich hatte ihn in der Zwischenzeit vergessen, doch im Retreat war er mir wieder vollständig eingefallen, so daß ich ihn später aufschreiben konnte. Jahre später bekam ich in Tibet den Originaltext zurück.

Als das Retreat vorüber war und ich ins Dorf zurückkehrte, mußte ich eine Möglichkeit finden, für Karma und mich den Lebensunterhalt zu verdienen. Außerdem brauchten wir eine Wohnung, und ich mußte mir ganz generell Gedanken darüber machen, wie wir eine einigermaßen stabile Situation für unser Zusammenleben schaffen konnten. Zu diesem Zeitpunkt erreichte mich die Bitte, für tibetische Straßenarbeiter in der Region Chamba als Lama und Arzt zu wirken. Als ich in Tso Pema ankündigte, ich würde abreisen, waren einige Tibeter sehr bestürzt. Da Seine Heiligkeit Dudjom Rinpoche mich als Sprecher für die Nyingmapa empfohlen hatte, fürchteten sie, wenn ich ginge, würde die Gruppe ihren Zusammenhalt verlieren. Doch da ich für meine Bemühungen nicht bezahlt wurde und es in Tso Pema einfach nicht genug Unterstützung und Nahrung für uns alle gab, blieb mir keine andere Wahl, als zur Sicherung des Lebensunterhalts eine bezahlte Arbeit anzunehmen. Nachdem Karma aus dem eine Tagereise entfernten Kulu Manali zurückgekehrt war, beschlossen wir, uns jener Gruppe von Straßenarbeitern anzuschließen. Wir brachen gemeinsam mit ungefähr achtzig Menschen nach Simla auf, zu jener berühmten britischen Berggarnison, die sechs Stunden von Tso Pema entfernt liegt. Auf dem Weg dorthin nahm ich Kontakt zu indischen Regierungsstellen auf und versuchte, für die ganze Gruppe Arbeit zu bekommen. Die Inder hielten mich für eine Art Organisator und bezahlten mir eine kleine Vermittlungsgebühr, und dies war der Anfang einer ganzen Reihe von unglücklichen Entwicklungen.

Die Arbeit im Straßenbau ist in Indien eine ziemlich zermürbende Angelegenheit. Berghänge müssen mit Spitzhacken abgetragen, Steine mit Vorschlaghämmern zertrümmert, Felsbrocken weggetragen und kleineres Gestein muß weggeschaufelt werden, und all das für ein paar Rupien pro Tag. Meine Aufgabe war es, dafür zu sorgen, daß die Leute auch tatsächlich arbeiteten, und mir wurde bald klar, daß diese Menschen zwar gute spirituelle Übende sein mochten, aber ganz sicher keine guten Arbeiter waren. Immer wenn ich sie nicht beobachtete, setzten sie sich hin und fingen an, Tee zu trinken und miteinander zu schwatzen. Als die zuständigen Regierungsbeamten kamen, um zu überprüfen, wie die Arbeit bei unserer Gruppe voranging, und sie keine nennenswerten Fortschritte feststellten, entließen sie die gesamte Gruppe, denn in Indien ist es kein Problem, billige Arbeitskräfte zu finden. Daß wir infolge dieser Entscheidung kein Geld mehr hatten, um uns etwas zu essen zu kaufen, interessierte sie überhaupt nicht.

Ähnliches passierte uns mehrmals. Ich wurde immer mutloser, und zwar nicht nur wegen der Not, die uns drohte, falls sich die Möglichkeiten, etwas Geld zu verdienen, immer wieder zerschlugen, sondern auch weil mir klar wurde, wie schlecht es bei all diesen Menschen um die Integration der spirituellen Praxis in die alltäglichen Aktivitäten bestellt war. Die großen *Siddhas* früherer Zeiten hatten ganz gewöhnliche Dinge getan, um ihr Überleben zu sichern: Sie hatten Sesamsaaten zu Öl zermahlen, als Hufschmiede gearbeitet, Felder bestellt und Tontöpfe hergestellt – manchmal jahrelang, und bei dieser Arbeit hatte ihr geistiges Gewahrsein nie nachgelassen. Das Endresultat ihrer Bemühungen war die Offenbarung der Natur des Seins gewesen. Die Mitglieder unserer Arbeitsgruppe führten jeden Tag stundenlang Zeremonien durch, brachten Opfer dar und kultivierten die Motivation, zum Wohle anderer zu wirken, doch wenn sie von der Meditation aufstanden und an die Arbeit gingen, mit der sie ihren Lebensunterhalt verdienen wollten, machten sie diese so schlecht, daß es einem Betrug an ihren Arbeitgebern nahe kam. Ich versuchte, ihnen klarzumachen, daß die Praxis in jeden Aspekt der Aktivität integriert werden müsse, doch sie begriffen einfach nicht, was ich meinte. Sie glaubten, ich würde nur den indischen Bossen nach dem Mund reden, wolle dadurch selbst meine Schäfchen ins trockene bringen, und ihr Wohlergehen sei mir ziemlich gleichgültig. Dies war eine der trübsten Zeiten in meinem ganzen Leben.

Darüber hinaus gab es noch weitere Schwierigkeiten. Wo auch immer wir hingehen wollten, brauchten wir Passierscheine, und da die meisten von uns keine hatten, mußten wir ständig *Bakschisch* geben. Wir mußten der Polizei des jeweiligen Distrikts immer wieder kleine »Geschenke« zukommen lassen, um einigermaßen ungehindert reisen zu können. Ohne *Bakschisch* konnte man endlos aufgehalten werden. Wir hatten auch Schwierigkeiten, weil wir Fleisch aßen. In einem Land, in dem überwiegend Vegetarier leben, wurden wir wegen unseres Fleischkonsums fast wie Unberührbare angesehen. Einmal hätte uns das heimliche Zubereiten von Fleisch fast das Leben gekostet.

Karma und ich übernachteten zusammen mit einem anderen Lama und seiner Frau in einem Raum in einer Herberge. Wir hatten einen kleinen Holzkohleofen, auf dem wir heimlich tierisches Fett ausließen, da man in diesem Haus nur vegetarisches Essen kochen durfte. Als wir mit dem Kochen fertig waren, legten wir uns schlafen. Es war eine heiße, stickige Nacht. Ich schlief sehr unruhig und ging irgendwann während der Nacht zum Urinieren aus dem Zimmer. Als ich zurückkam, ließ ich die Zimmertür einen Spaltbreit offen, um etwas frische Luft hereinzulassen. Dann schlief ich ein, wachte aber schon bald wieder auf, weil die Frau des anderen Lama schrecklich stöhnte und an der Stelle, wo sie auf den Boden gefallen war, wild um sich schlug.

Ich machte Licht, und Karma sprang auf, um der anderen Frau zu helfen. Doch dann fiel auch sie bewußtlos zu Boden. Der andere Lama glaubte offenbar, wir seien von einem Dämonen angegriffen worden. Deshalb sprang er in seinem Bett auf und fing an, nur in seine Unterwäsche gekleidet, Mantras der Zorn-Energie zu rezitieren. Blitzschnell versammelte sich eine Gruppe von Schaulustigen, die wissen wollten, was passiert war. Ich tappte etwas verwirrt umher und fühlte mich ziemlich benommen. Der andere Lama sagte, auch ihm sei schwindelig. Ein paar Leute halfen unseren Frauen, die schließlich wieder zu Bewußtsein kamen. Allmählich löste sich das Chaos auf, und wir alle legten uns wieder schlafen.

Da sich unsere Frauen am nächsten Morgen immer noch nicht wohl fühlten, suchten wir mit ihnen ein Krankenhaus auf. Der Arzt dort fragte uns, ob wir ein Holzkohlefeuer im Zimmer gehabt hätten.

»Ja.«

»Dann habt ihr ziemliches Glück gehabt. Ihr hättet ersticken können. Viele Menschen sterben an dem Kohlenmonoxyd-Gas, das beim Verbrennen von Holzkohle entsteht, wenn nicht genügend frische Luft in den Raum dringt.«

Hätte ich nicht die Tür offen gelassen, so wären wir in jener Nacht höchstwahrscheinlich alle gestorben.

Nachdem ich ein paar Monate mit der Straßenarbeitergruppe umhergezogen war, erhielt ich einen Brief von Seiner Heiligkeit Dudjom Rinpoche. Er schrieb, dem Dalai Lama sei aufgefallen, daß die Nyingma-Anhänger über ganz Indien verstreut seien, und er habe vorgeschlagen, daß sie sich an einem Ort sammeln und eine große

Gemeinschaft aufbauen sollten. Dudjom Rinpoche selbst hatte dies durch seinen Plan, die Nyingma-Anhänger in Padma Kod anzusiedeln, versucht, doch war dies unmöglich gewesen. Als Ersatz für Padma Kod schlug die indische Regierung ein Gelände für siebenhundert Siedler im östlichen indischen Bundesstaat Orissa vor. Nun bat mich Seine Heiligkeit, die Organisation dieses Siedlungsprojekts zu übernehmen.

Die Aufgabe war mir alles andere als recht. Die Monate mit der Straßenarbeitergruppe hatten mich völlig erschöpft und entmutigt. Mittlerweile war diese Gruppe auf 160 Menschen angewachsen, die sich alle auf mich verließen. Ich war nicht gerade glücklich über die Aussicht, noch mehr Verantwortung zu übernehmen. Und meine Frau war auch nicht begeistert von dem Vorschlag. Die Bewohner der Siedlung in Orissa sollten sich von der Landarbeit ernähren. Und Karma, die in Tibet als Tochter eines Bauern aufgewachsen war, wußte nur zu gut, daß das Land die Bauern nie in Frieden läßt. »Es ist besser, auf der Straße zu arbeiten, am Abend die Arbeit ruhen zu lassen und nachts in Frieden zu schlafen.« Sie drohte mir, wenn ich diesen Auftrag übernähme, würde sie zu ihren Verwandten ziehen. Daraufhin schrieb ich Seiner Heiligkeit einen Brief, in dem ich seine Bitte ablehnte und ihm die Gründe dafür schilderte.

Einige Zeit später erhielt ich einen zweiten, sehr traurigen Brief, in dem es hieß, Seine Heiligkeit habe einige andere gefragt, ob sie bereit wären, das Projekt zu leiten, doch niemand habe die Verantwortung dafür übernehmen wollen. Ich vergegenwärtigte mir, welches Gewicht wegen dieser Angelegenheit auf seinen Schultern lastete und von wie tiefer Sorge er erfüllt war, und es erschien mir unmöglich, die Bitte erneut abzuschlagen. Also schrieb ich ihm, ich sei bereit, den Auftrag zu übernehmen. Zu Karma sagte ich, wenn sie wolle, könne sie zu ihren Verwandten ziehen. Sie entschied sich aber dann doch dafür, bei mir zu bleiben. Ich traf also die notwendigen Vorbereitungen und brachte dreihundert Menschen zusammen, die bereit waren, an dem Siedlungsprojekt teilzunehmen. Sie gaben ihre Arbeit auf und packten ihre Habe, und dann warteten wir alle in Simla auf unsere Abreise.

Doch dann begannen die Schwierigkeiten. Die indische Regierung hatte versprochen, uns bei unserer Ankunft in Orissa die Kosten für die Zugreise zu erstatten. Nun trauten diejenigen, die sich an dem Siedlungsprojekt beteiligen wollten, diesem Versprechen nicht und forderten, die Regierung solle die Zugfahrscheine im voraus bezahlen. Die Mitglieder unserer Straßenarbeitergruppe hatten zwar durch ihre Arbeit Geld verdient, doch weigerten sie sich, es für die Fahrt auszugeben. Sie forderten mich auf, den indischen Beamten zu sagen, sie seien mittellos, und mit ihnen zu verhandeln. Mit unguten Gefühlen nahm ich Kontakt zur indischen Regierung auf, um die zuständigen Stellen dazu zu bringen, daß sie uns die Reisekosten im voraus bezahlten. Wir warteten und warteten, und dadurch schrumpften die ohnehin geringen Ersparnisse der Leute bedenklich zusammen.

Schließlich beschloß die Gruppe, es sei besser, doch nach Orissa aufzubrechen, selbst auf die Gefahr hin, daß wir das Geld für die Reise niemals zurückbekommen würden. Sie schickten mich zu dem Verbindungsmann, der für den Kontakt zwischen den tibetischen Flüchtlingen und der indischen Regierung zuständig war. Dieser sagte, er könne mir nicht helfen, weil er weder von den tibetischen noch von den indischen Institutionen etwas über das Projekt in Orissa wisse, und er gab uns auch keine Tips für den Umgang mit der indischen Bürokratie. Ich akzeptierte zwar, daß er nicht informiert war, doch ärgerte es mich, daß er nicht einmal den Versuch machte, uns in irgendeiner Form weiterzuhelfen. Ich sagte zu ihm, wenn er wirklich nicht wisse, wie er uns helfen könne, solle er sich weiter keine Gedanken machen, wir würden uns dann schon selbst zu helfen wissen.

Daraufhin beschloß ich, mich gleich an die höchste Instanz, den indischen Innenminister, zu wenden. Mit diesem Plan wendete ich mich an einen Tibeter, den ich kannte und der in irgendeiner untergeordneten Stellung in einem der Büros der indischen Regierung arbeitete. Ihn bat ich um Rat, wie ich am besten zum Innenminister Kontakt aufnehmen könnte.

»Das ist unmöglich. Als Flüchtling kannst du nicht einfach bei solchen Leuten anklopfen. Und wenn du es tust, kannst du nicht erwarten, daß sie mit dir reden.« Ich dankte ihm für seinen Rat und ging fort.

Nachdem ich mich von ihm verabschiedet hatte, kam ich an einem kleinen Bürogebäude im Regierungsviertel vorbei und sah in irgendeinem Raum des Gebäudes einen indischen Beamten rasend schnell tippen. Der Mann hatte ein Telefon. Ich stellte mich mit meinen wenigen Hindi-Worten vor und holte dann einen Freund, der fließend Hindi sprach und mir als Übersetzer half. Mit seiner Hilfe erzählte ich dem Beamten unsere ganze Geschichte. Zum Schluß sagte ich: »Jetzt sind wir dreihundert Tibeter hier in Delhi, haben keine Arbeit, verbrauchen unsere restlichen Ersparnisse und warten darauf, endlich aufbrechen zu können. Glauben Sie, ich kann mich wegen dieses Problems an den Innenminister wenden?«

Der indische Beamte erwiderte gereizt: »Warum denn nicht? Dieser Mann ist schließlich ein Vertreter der Regierung, und seine Aufgabe ist es, Menschen zu helfen. Sie haben ein Problem, warum sollten Sie ihn nicht anrufen dürfen? Ich werde es für Sie tun.«

Ich weiß bis heute nicht, welche Funktion dieser Mann hatte, doch er nahm den Telefonhörer ab und rief den Minister an. Dabei trat er sehr forsch auf. »Dreihundert Tibeter sind auf Ihre Einladung hin hier, und jetzt sagen Sie, sie sollen sehen, wo sie bleiben. Was sollen sie denn essen? Sie müssen ihnen entweder die Möglichkeit geben, nach Orissa zu reisen, oder Sie müssen sich darum kümmern, daß sie hier etwas zu essen bekommen.«

Der Minister sagte, wir sollten sofort nach Orissa aufbrechen. Alle Probleme würden gelöst. Ich dankte dem Inder für seine Hilfe. Er hatte nicht nur unser aktuelles Problem gelöst, sondern mir auch das Vertrauen wiedergegeben, daß man mit der indischen Regierung sinnvoll verhandeln konnte.

Unsere Zugreise nach Orissa dauerte vier Tage. Wir bezahlten unsere Fahrscheine selbst, auf die Zusicherung hin, daß wir das Geld nach unserer Ankunft zurückerstattet bekämen. Das geschah tatsächlich. Am Bahnhof warteten Busse auf uns, die uns in die Gegend brachten, wo die Siedlung entstehen sollte. Wir erreichten unser Ziel am Abend, und am nächsten Morgen wurden wir von zwei Tibetern begrüßt, die die tibetische Exilregierung in Dharamsala als Organisatoren für zwei weitere Siedlungsprojekte in der Region Orissa eingesetzt hatte.

Eines Tages besuchte der indische Innenminister während einer Reise durch die Region Orissa unser Lager. Er fragte nach mir, und nachdem wir uns begrüßt hatten, stellte er mir mehrere andere hohe Repräsentanten der indischen Regierung vor. Er forderte mich ausdrücklich auf, mich auch weiterhin direkt an die indische Regierung zu wenden, wenn es um unser Siedlungsprojekt ginge. Dies erwies sich später als eine sehr wichtige und nützliche Möglichkeit, ineffektive bürokratische Prozeduren zu umgehen.

Von dieser Möglichkeit profitierten zwar die Siedler in dem von mir betreuten Lager, doch machte sie mich bei den beiden anderen tibetischen Organisatoren nicht gerade beliebt, weil diese mich für einen egoistischen Einzelgänger hielten. Einmal ging sogar ein Nyingmapa, der uns drei Siedlungsorganisatoren übergeordnet war, nach Dharamsala und brachte die Repräsentanten der tibetischen Exilregierung dazu, mir weitere Eigenmächtigkeiten zu verbieten. Ich erhielt einen Brief, in dem einige komplizierte Verfahrensweisen beschrieben wurden, an die ich mich halten sollte. Doch ignorierte ich diese größtenteils auch weiterhin.

Was die indischen Beamten anging, mit denen ich ständig Kontakt hatte, so bemühte ich mich, sie sehr höflich zu behandeln und nie ihren Stolz zu verletzen, denn mir war klar, daß sie mir das ziemlich übel genommen hätten. Ich versuchte, ihnen mit jener guten alten Gastfreundschaft zu begegnen, die in Kham üblich war. Wenn sie mich besuchten, verhielt ich mich ihnen gegenüber stets freundlich und bot ihnen vom Besten an, das ich hatte. Diese Großzügigkeit gefiel ihnen ebenso wie die freundschaftliche Behandlung, und anders als den übrigen tibetischen Repräsentanten gegenüber, von denen sie wie unfähige Diener behandelt wurden, waren sie mir gegenüber immer sehr entgegenkommend. Wenn es um irgendwelche Mißverständnisse, Verzögerungen oder Fehler ging, riefen die anderen beiden tibetischen Organisatoren gewöhnlich ihre Vorgesetzten in Dharamsala an, die wiederum indische Beamte in Delhi informierten, welche den indischen Beamten in Orissa einen Verweis erteilten, was unweigerlich zur Folge hatte, daß sie noch unwilliger wurden und noch weniger bereit waren, sich kooperativ zu verhalten.

Unsere erste Aufgabe beim Aufbau der Siedlung war es, bereits existierende Lehmhäuser wieder bewohnbar zu machen und das Ackerland aufzuteilen und zu bebauen. Orissa ist ein Dschungelgebiet, und obwohl die Bäume bereits gefällt waren, erforderte es noch ungeheuer viel harte Arbeit, das Gelände so zu roden, daß es für den Landbau genutzt werden konnte. Von den unglaublich vielen Menschen, die in Indien leben, war bis dahin niemand bereit gewesen, diese Arbeit zu tun. Erstaunlicherweise und zu unserem Glück waren die gleichen Tibeter, die sich bei der Straßenarbeit nicht sonderlich eingesetzt hatten, bereit, sich für dieses Landbauprojekt voll zu engagieren. Die indische Regierung unterstützte uns mit Lebensmittelvorräten für drei Jahre, und nach dieser Zeit garantierten uns unsere Felder und Gärten eine reiche Ernte. Zum Verkauf bauten wir Mais, Kartoffeln, Erdnüsse und Ananas an.

Eines Abends kam ein indischer Beamter zu mir und sagte: »Morgen kommt ein Schweizer, der mit Ihnen über den Bau einer Teppichfabrik in der Siedlung sprechen möchte. Solch ein Projekt könnte die ganze Gemeinschaft wohlhabend machen. Er ist schon in einer anderen Siedlung gewesen und hat den Bewohnern das gleiche Angebot gemacht, doch diese Leute haben gesagt, es gebe unter ihnen keine Wollspinner und Weber. Deshalb ist er enttäuscht wieder fortgegangen.«

Ich war sehr dankbar für diesen Tip und bot dem Schweizer, als er am nächsten Tag eintraf, Gebäck und Tee an. Er arbeitete für ein schweizerisches Flüchtlingshilfsprogramm. Nachdem wir uns eine Weile unterhalten hatten, fragte er: »Gibt es in dieser Siedlung Weber, die wissen, wie man traditionelle tibetische Teppiche knüpft?«

»Ja, es gibt ein paar.« Tatsächlich wußte ich nur von einer einzigen Person, die weben konnte. »Wir haben ungefähr dreißig Weber hier«, fuhr ich fort, wobei ich im Kopf hatte, daß sich etwa dreißig Bewohner dafür eignen könnten, dieses Handwerk zu erlernen.

»Wie viele der Leute hier können Wolle spinnen?«

»Fast jeder Tibeter kann spinnen. Man könnte also sagen, daß wir fast zweihundert Spinner haben.«

Der Schweizer war hocherfreut und legte noch am gleichen Nachmittag fest, wo das Gebäude für die Teppichmanufaktur entstehen sollte. Schon am folgenden Tag kam er mit den Arbeitern, die das Gebäude errichten sollten, und diese fingen sogleich mit den Bauarbeiten an. Schweizer sind nun einmal sehr fleißig und effizient.

Inzwischen machte ich mich schleunigst daran, die versprochenen Spezialisten herbeizuzaubern. In einem entlegenen Winkel des Siedlungsgeländes begann der einzige echte Teppichknüpfer, dreißig Bewohner der Siedlung in seinem Handwerk auszubilden. Zu diesem Zweck wurden Pullover aufgezogen und provisorische Webrahmen zum Üben gebaut. Nach vier Monaten war die Teppichfabrik fertig, ein schönes Gebäude mit Büros und großen Arbeitsräumen. Und in der gleichen Zeit waren auch dreißig Weber und hundertneunzig Spinner ausgebildet worden und bereit, mit der Arbeit zu beginnen. Tatsächlich leistete diese Teppichfabrik einen wichtigen Beitrag zum Gedeihen unserer Gemeinschaft.

WÄHREND UNSERER ZEIT in Orissa gebar Karma unseren Sohn Jigmed Ngawang Norbu. Ebenso wie bei unserem ersten Sohn, der gestorben war, hatte ich auch vor dieser Geburt eine Reihe ungewöhnlicher und glückverheißender Träume über den Zeitpunkt von Jigmeds Geburt. Vor seiner Empfängnis hatte ich einen Traum über einen indischen *Sadhu*, einen wandernden Yogi, der zu mir kam und mir ein kleines Buch im tibetischen Stil gab. Er sprach mich auf Tibetisch an und sagte: »Du solltest dieses Buch annehmen und behalten.« Als ich es öffnete, sah ich, daß die erste Hälfte in Sanskrit geschrieben und die zweite Hälfte eine tibetische Übersetzung des Sanskrit-Textes war.

Später, während Karmas Schwangerschaft, hatten wir beide in der gleichen Nacht einen Traum, in dem es wieder um jenen indischen *Sadhu* ging. In meinem Traum hielt er eine geweihte Wasserschale in seinen Händen und verspritzte Wasser in unserem Haus. Karma bot er in ihrem Traum einen Spiegel und einen Pfeil an, wobei er den Pfeil unter ihre Bluse steckte, so daß er auf ihre Brust wies. In der Nacht von Jigmeds Empfängnis in Orissa hatte ich einen Klartraum von einem jungen Sikh gehabt, der in unser Zelt kam.

Kurz vor Jigmeds Geburt träumte ich von einem Krieger mit Rüstung, Helm, Schwert, einem Schild sowie Pfeil und Bogen. Er sah aus wie Gesar, der Dharma-König aus dem 11. Jahrhundert. Er sagte: »Dies ist dein Sohn«, was ich so verstand, daß er in einem transzendenten Sinne ein Kind an mich übermittelt hatte. Unser Sohn wurde am zehnten Tag des elften Monats des Drachen-Jahres geboren.

Meinen glückverheißendsten Traum hatte ich, als Jigmed ein kleiner Junge war. In jenem Traum begab ich mich nach Zangdog Palri, dem glorreichen kupferfarbenen Berg, in Padmasambhavas Reines Land, um an einer großen Opferzeremonie teilzunehmen und Padmasambhava zu fragen, wer mein Sohn sei. Doch als ich dort ankam, wagte ich es nicht, Padmasambhava aufzusuchen. Statt dessen umschritt ich zusammen mit einer riesigen Gruppe von Erleuchteten und *Dakinis* seinen himmlischen Palast. Dabei traf ich plötzlich meine Mutter. Ihre Haut wirkte sehr bleich und hatte eine bläuliche Tönung. Als sie mich sah, lachte sie, und bevor ich etwas hätte sagen können, sagte sie: »Dein Sohn ist Yudra Nyingpo.« Yudra Nyingpo war einer der fünfundzwanzig engsten Schüler Padmasambhavas, und er war bekannt als *Siddha*, Übersetzer und Meister der Großen Vollkommenheit. Karma und ich waren überglücklich über die Geburt dieses Sohnes.

Ich blieb insgesamt drei Jahre in Orissa und wirkte dort als Lama, Arzt und Organisator. Dies war eine sehr befriedigende Zeit, und ich war stolz auf die tibetischen Siedler und darauf, was sie durch ihre harte Arbeit erreichten. Dennoch erwartete mich auch hier eine große Enttäuschung, als kleingeistiges Sektierertum die Mitglieder unserer Gemeinschaft in zwei Parteien spaltete, die sich auf zwei unterschiedliche Nyingma-Übermittlungslinien beriefen. Ich selbst war Halter beider Linien, hatte beide sehr lange praktiziert, die Methoden beider geprüft und festgestellt, daß sie beide so rein wie Gold und in ihrer Essenz gleich waren. Für mich war unsere Siedlung nicht die ausschließliche Domäne der Anhänger der einen oder der anderen Richtung, und ich selbst praktizierte mit beiden Gruppen.

Deshalb beunruhigte es mich zutiefst, als die Repräsentanten der dominierenden Gruppe zu mir kamen und äußerten, sie hielten die Existenz von zwei Praxisgruppen für nachteilig. Ich sagte nicht viel dazu, sondern wandte mich an Seine Heiligkeit Dudjom Rinpoche. Ich fragte ihn: »Wenn es bei uns einige gibt, die einer bestimmten Traditionslinie entsprechend praktizieren, müssen sie dann ihre Praxis-Linie wechseln, damit in der Gemeinschaft der Siedler eine Einheit entsteht?«

Seine Heiligkeit antwortete sehr bestimmt: »Ganz sicher nicht. Jeder Mensch sollte bei der Praxis bleiben, in der er fest verwurzelt ist. Eines unserer Ziele ist, alle Traditionslinien als Wege zur Erleuchtung zu erhalten.«

Seine Antwort gefiel mir und gab mir Sicherheit, denn genau so verstand auch ich das Dharma. Ich kehrte nach Orissa zurück und unterstützte weiterhin beide Gruppen. Obwohl ich nicht ausdrücklich darüber sprach, machte ich deutlich, daß es an der Essenz der beiden Traditionen nichts gab, das der jeweils anderen in irgendeiner Weise widersprach, und daß wir als Übende stets bei unserer eigenen Tradition bleiben und gleichzeitig alle anderen Traditionen respektieren und uns daran erfreuen sollten.

Doch ich hatte nicht das Gefühl, daß sich durch das, was ich gesagt hatte, irgend etwas veränderte. Deshalb überkam mich wieder einmal, ebenso wie gegen Ende meiner Zeit mit der Straßenarbeitergruppe, eine tiefe Erschöpfung. In meinem Herzen wußte ich schon, daß die Zeit gekommen war, Orissa zu verlassen.

11

Abschied

Ich reiste nach Tso Pema und ließ Karma und unseren Sohn Jigmed Norbu, der mittlerweile zwei Jahre alt war, zurück, um zunächst für uns als Familie geeignete Lebensumstände zu schaffen. Seine Heiligkeit Dudjom Rinpoche gab in Tso Pema eine weitere Serie von Initiationen, und während ich an diesen teilnahm, hatte ich die Möglichkeit, privat mit ihm zu sprechen. Ich sagte ihm, ich hätte in Orissa getan, was ich hatte tun können, und die Dinge entwickelten sich dort gut, doch seien einige Bewohner der Siedlung mit meiner Art zu organisieren und mit meinen Vorstellungen über Dharma-Aktivitäten unzufrieden. Ich bat ihn darum, mich von meiner Verantwortung als Leiter des Projekts zu entbinden, denn mittlerweile hatten sich die Zwistigkeiten auf mich als Person konzentriert, und es waren sogar einander bekämpfende Gruppierungen entstanden.

Zu dieser Zeit übergab eine Nonne aus dem Distrikt Chamba Seiner Heiligkeit ein Kloster und bat ihn, einen Lama dorthin zu schicken. Wegen der extremen Isolation und Armut in jener Gegend war diese Aufgabe alles andere als begehrt. Ich fragte Seine Heiligkeit, ob ich sie übernehmen könnte. Er war einverstanden und bot mir sogar finanzielle Unterstützung an, die ich aber ablehnte. Damit begann eine insgesamt dreijährige Periode, in der sich in der dünnen Luft des hoch im Himalaja liegenden Ortes und in der ungeheuren Kargheit unserer Lebensumstände ein dramatisches Geschehen entfaltete.

Das Kloster lag wunderschön hoch oben in den Bergen nördlich von Dalhousie, einer Bergstation der britischen Kolonialmacht im westlichen Himalaja, und acht Kilometer von einem kleinen Dorf mit Namen Titsa entfernt. Zur damaligen Zeit war die nächste Bushaltestelle achtundzwanzig Kilometer vom Kloster entfernt, und im Winter war der steile und felsige Pfad nach Titsa wegen starken Schneefalls und Lawinengefahr mehrere Monate lang fast nicht passierbar.

Karma, Jigmed Norbu, ein Diener und ich lebten in einem Haus in der Nähe des kleinen Klosters. In Chamba wurde unsere Tochter Dawa Lhamo geboren. Der Lohn, den ich für meine Tätigkeit als Lama erhielt, bestand aus drei kleinen Säcken Gerste und ein paar Kartoffeln. Dazu kamen noch ein paar kleine Opfergaben, die mir Menschen für bestimmte Zeremonien gaben. Manchmal reichte dies kaum aus, um unsere kleine Familie auch nur einigermaßen satt zu bekommen, worüber Karma sehr bekümmert war und weshalb sie mir Vorwürfe machte. In dieser Zeit entwickelten sich in unserer Ehe zum erstenmal Spannungen. Ich hatte immer das Vertrauen, daß wir zumindest nie unter Hunger und Kälte würden leiden müssen, und ich war relativ zufrieden mit der Situation. Tatsächlich hatten wir immer gerade genug zum Leben, doch Karma, deren Vertrauen nicht so stark war wie das meine, empfand unsere bescheidene Existenz oft als sehr anstrengend und unbefriedigend.

Im Winter mußten wir sehr vorsichtig sein, wenn Jäger in die Gegend kamen, und eines Tages weigerten wir uns, eine Gruppe, die besonders unangenehm auf uns wirkte, aufzunehmen. Nachdem die Jäger wieder abgezogen waren, befürchteten wir, sie könnten sich rächen. Ich kannte eine Zeremonie, durch die man derartige negative Aktivitäten zu ihren Urhebern zurücklenken konnte. Allerdings brauchte man dazu das Horn eines bestimmten Tieres, nach dem wir zu dieser Jahreszeit unmöglich suchen konnten, weil der Erdboden mit einer dichten Schneeschicht bedeckt war. Während wir noch überlegten, was wir tun könnten, kam mein Hund, ein kleines weißes Wollknäuel, mit genau der richtigen Art von Horn herbeigelaufen.

Wir begannen also mit den Vorbereitungen für die Zeremonie, doch da wir nicht besonders gut auf das Horn aufpaßten, nahm der Hund es wieder mit und vergrub es. Dann fing es plötzlich an zu schneien, und der Schnee fiel drei Tage lang ununterbrochen. Nachdem der Schneefall endlich aufgehört hatte, kletterten wir auf das Dach des Klosters, um den Schnee herunterzuschaufeln. Da fing auch der Hund mit großem Eifer an zu graben, und er legte mit sichtlich triumphierender Geste das Tierhorn wieder frei. Daraufhin liehen wir es uns erneut von ihm aus und führten die Zeremonie durch. Danach wurden wir nie mehr von Jägern belästigt.

In einem Sommer erkrankte ich plötzlich an einer merkwürdigen chronischen Magenstörung. Ich konnte zwar festes Essen problemlos verzehren, doch wenn ich auch nur einen einzigen Becher Flüssigkeit zu mir nahm, wurde mir schrecklich schlecht. Ein Freund bat einen Mann, von dem es hieß, er verfüge über erstaunliche seherische Fähigkeiten, mich zu besuchen. Als dieser Seher eintraf, trug er normale Kleidung, und er wirkte wie ein ganz gewöhnlicher Tibeter. Ich glaubte, er würde irgendeine einfache Methode des Wahrsagens anwenden, doch dann fing er plötzlich völlig unerwartet an, sich zu schütteln, und verfiel anschließend in eine Trance. Da erscholl eine donnernde Stimme und fragte: »Zhonnu Tonely, warum hast du mich gerufen?« Kurz darauf erwachte der Mann aus seiner Trance und versprach, ein paar Tage später wiederzukommen und mich dann zu behandeln.

Bei seinem zweiten Besuch trug der Seher das volle Ornat eines Orakelpriesters – eine kunstvolle Kopfbedeckung, eine wundervolle Robe aus Brokat und Knochengeschmeide. Seine Erscheinung war nun äußerst beeindruckend. Zunächst sprach er lange Gebete und führte Zeremonien durch, dann fing er an, sich zu schütteln, und schließlich verfiel er in Trance. Hierauf formte er einen weißen *Katag* zu einer Röhre aus Seide, hielt ein Ende derselben auf meinen Bauch und das andere an seinen Mund, saugte kräftig und spuckte mehrmals in einen Becher, bis dieser zur Hälfte mit einer schwarzen, dickflüssigen und giftig wirkenden Substanz gefüllt war. Immer noch in Trance erklärte er mir, ich sei vor langer Zeit in einem Restaurant vergiftet worden, wobei unklar blieb, ob ich absichtlich von einem Feind vergiftet worden war oder ob das Essen, das ich dort zu mir genommen hatte, rein zufällig Gift enthalten hatte. Zu meiner großen Überraschung ließen meine Magenbeschwerden nach dieser etwas merkwürdigen Behandlung tatsächlich erheblich nach.

Nachdem ich mich wieder besser fühlte, reiste ich durch die Region Chamba, führte in Privathäusern Zeremonien durch und gab den Menschen Belehrungen, insbesondere in der *P'howa*-Praxis. Zu vielen meiner Belehrungen kam eine ziemlich verwirrte Frau, die mich schließlich in einem privaten Gespräch bat, ihr Bewußtsein aus ihrem Körper zu entfernen, weil sie sich, wie sie sagte, nicht in der Lage fühle, weiter in Gegenwart ihrer grausamen Schwiegertochter zu leben. Natürlich war diese Bitte eigentlich nicht im Sinne der Lehre, denn sie bedeutete praktisch, daß ich ihr helfen sollte, Selbstmord zu begehen. Doch hatte ich irgendwann das Gefühl, ich müsse mich auf die Bitte einlassen, damit die Leute die *P'howa*-Praxis nicht für wirkungslos hielten.

»Wenn du das wirklich willst, dann werde ich morgen zum Haus deines Sohnes kommen und dein Bewußtsein in ein Reines Land übertragen.« Am nächsten Tag setzten wir uns beide in Meditationshaltung hin, und ich widmete mich etwa eine halbe Stunde lang mit großer Intensität der Vorbereitungspraxis für die Bewußtseinsübertragung. Die Frau fühlte sich schon etwas benommen, als sie plötzlich sagte: »Kann ich ein wenig Wasser trinken gehen?«

»Ja, natürlich«, antwortete ich.

Daraufhin ging sie in die Küche, verließ das Haus durch die Hintertür und kam nicht mehr zurück. Später ging sie durch das Dorf und sagte, dies sei nicht die richtige Jahreszeit zum Sterben, denn es gebe keine Blumen, die auf ihr Grab gelegt werden könnten; deshalb wolle sie eine andere Jahreszeit abwarten. Nur wenige Menschen, die in den Abgrund des Todes schauen, sind wirklich bereit, in ihn hineinzuspringen.

Eines Tages während des letzten Winters, den ich in der Region Chamba verbrachte, ging ich die acht Kilometer nach Titsa, um dort etwas zu erledigen. Als ich zurückkehren wollte, war der Weg durch Lawinen versperrt, so daß ich die Nacht in einem Gasthaus verbringen mußte. In jener Nacht träumte ich, ich flöge hoch über der Erde und sähe überall unter mir Menschen. Während ich flog, sang ich das Mantra Padmasambhavas und trug eine mit *Dutzi* (Segensnektar) gefüllte Schädelschale. Eine Stimme, die aus dem Himmel ertönte, sagte: »Jeder, der deinen Gesang hört, wird nicht in der Hölle wiedergeboren werden; und jedem, der von deinem *Dutzi* kostet, wird dieses Schicksal ebenfalls erspart bleiben.«

Da der Weg am nächsten Tag immer noch versperrt war, besuchte ich ein nahegelegenes Kloster und half den Mönchen beim Malen von Ornamenten. Außerdem nutzte ich die Gelegenheit, um aus einer Mischung geweihter Ingredienzen und *Chang Dutzi* herzustellen. Viele Tage lang führte ich Zeremonien durch und rezitierte Gebete, bis der Nektar aus der Schädelschale überquoll, den Baumwollstoff, auf dem sie ruhte, durchtränkte und den Raum mit einem ungewöhnlichen süßen Geruch erfüllte – dies waren die Anzeichen dafür, daß diese Übung von Erfolg gekrönt war.

Nachdem ich drei Jahre in Chamba gelebt hatte, fühlte ich, daß es an der Zeit sei, diese Gegend wieder zu verlassen. Ich hatte nicht allzuviel erreicht. Ich mochte die Menschen, die dort lebten, doch in den Monaten, in denen das Wetter gut war, hatten sie keine Zeit, sich der Dharma-Übung zu widmen, weil sie sehr hart auf den Feldern arbeiten mußten, und in den Wintermonaten war es kaum möglich, zu ihnen zu kommen. Außerdem war die Hauptmotivation vieler Leute dort, sich dem Buddhismus zuzuwenden, ihr Glaube, dieser würde sie vor der schwarzen Magie schützen, die in dieser Gegend häufig praktiziert wurde und sehr gefürchtet war. Sie kamen mit Geschichten über merkwürdige Phänomene zu mir, die sie irgend jemandem zuschrieben, der sie haßte oder beneidete. Ich bezweifelte die Echtheit ihrer Erfahrungen nicht, und gewöhnlich verschwanden die Erscheinungen, nachdem ich eine *Chöd*-Zeremonie durchgeführt hatte. Doch so dankbar sie dafür waren und obwohl sie große Ehrfurcht vor mir hatten, waren sie nicht an Methoden zur Beruhigung ihres Geistes interessiert, und sie wollten auch nicht wahrhaben, daß ihre eigene Angst und Negativität ein fruchtbarer Boden für die Entstehung dämonischer Erscheinungen war. Ich hatte das Gefühl, ihnen zwar in konkreten Situationen helfen, bei ihnen aber keine dauerhaften Veränderungen bewirken zu können.

Um mit Seiner Heiligkeit Dudjom Rinpoche über meinen Plan, Chamba zu verlassen, zu sprechen, reiste ich nach Darjeeling und von dort in einem Bogen durch Indien in den östlichen Himalaja. Doch Dudjom Rinpoche war nicht zu Hause. Deshalb sprach ich mit seiner Frau Sangyum Rigdzin Wangmo über meine Probleme, und sie gab mir die Erlaubnis, Chamba zu verlassen.

Auf meiner Rückreise ging mir in der Hauptstadt des Distrikts Chamba völlig das Geld aus. Weil ich 18 Rupien (damals ungefähr 2.25 Dollar) für den Busfahrschein brauchte, bat ich eine tibetische Familie, die dort wohnte und die ich kannte, mir die Summe zu leihen. Sie bedauerten, mir kein Geld leihen zu können, weil sie Goldschmiede waren und an jenem Tag ihr ganzes Geld für den Kauf von Gold ausgegeben hatten. Ich dankte ihnen und ging zur Bushaltestelle zurück.

Dort überlegte ich, was ich tun könnte. Ein Kaufmann aus Pakistan in einem der Läden in der Nähe fragte mich, wohin ich unterwegs sei. Ich sagte, ich sei auf dem Weg nach Hause, hätte aber kein Geld für einen Busfahrschein. Er sagte: »Ich gebe dir das Geld« und gab mir 20 Rupien. Ich dankte ihm und versprach, die Summe zurückzuzahlen. Daraufhin sagte er: »Wie du willst, auf die eine oder andere Weise.« Ich konnte ihm das Geld später tatsächlich zurückgeben, und ich habe seine Güte nie vergessen.

Karma und ich beschlossen, nach Bir umzuziehen, einer tibetischen Siedlung in den Vorbergen des Himalaja, etwa eine halbtägige Busreise von Dharamsala entfernt, dem Ort, wo der Dalai Lama seine

Residenz hatte. Bir lag auf einer Hochebene und war von Feldern umgeben, die sich bis zu den Bergen erstreckten. Die meisten der zweitausend Bewohner der Siedlung waren Khampas aus Dege und Nangchhen, die mich zumindest dem Namen nach kannten.

Wie gewöhnlich reiste ich wieder meiner Familie voraus, um eine Bleibe für uns zu suchen. Allerdings nahm ich diesmal meinen mittlerweile etwa fünfjährigen Sohn Jigmed mit. Am Tag, als Karma und meine Tochter Dawa eigentlich ankommen sollten, wachte ich mit einer merkwürdigen Vorahnung auf, die mich den ganzen Morgen verfolgte. Zufällig traf ich einen jungen Lama namens Urgyen Topgyal, den Sohn des großen Chhöling Rinpoche, dem ich erzählte, daß ich mich nicht wohl fühle, aber nicht wisse warum.

Urgyen Topgyal sagte: »Wir sollten sofort mit einer *Puja* beginnen.« Er rief die Mönche der Chhöling-Gonpa zusammen, die bei den Vorbereitungen halfen und an der *Puja* teilnahmen. Unsere Gebete und die Zeremonie linderten meine Angst, die, wie sich herausstellte, keineswegs unbegründet gewesen war. Als Karma und Dawa am Nachmittag eintrafen, erfuhr ich, daß ihr Jeep auf der Bergstraße unterhalb von Dalhousie mit einem anderen Fahrzeug zusammengestoßen war und daß nur aufgrund eines äußerst glücklichen Zufalls niemand getötet oder schwer verletzt worden war. Dawa hatte zwar eine Verletzung an der Stirn, aber es war nur eine oberflächliche Wunde.

Die Gegenwart von Chhöling Rinpoche (»Chhö-ling« ist die Abkürzung für Chhögyur Lingpa) war eine wichtige Bereicherung meines Aufenthalts in Bir. Meine Verbindung zur Chhöling-Linie begann nach meinem ersten Drei-Jahres-Retreat in Tibet, als mein Stiefvater Sechhen Rabjam herauszufinden bat, was in diesem Leben meine Hauptpraxis werden solle. Sechhen Rabjam initiierte mich daraufhin in einen Tara-Schatz, der vom ersten Chhögyur Lingpa offenbart worden war. Dieser hatte im 19. Jahrhundert gelebt. Im Laufe der Jahre empfing ich noch andere Chhöling-Initiationen, und viel später lernte ich in Tso Pema Chhöling Rinpoche kennen, der mir die Initiation für einen von ihm entdeckten Schatz namens *Tukdrup Barché Kunsel*

(»Geist-Praxis zur Zerstreuung aller Hindernisse«) gab sowie für Tseringma, eine wichtige Dharma-Beschützerin.

Die durch diese Initiation in Tso Pema entstandene Verbindung wurde in Bir, wo wir häufig gemeinsam Zeremonien durchführten, gestärkt. Ich schätzte Chhöling Rinpoche als einen der großen Lamas der Nyingma-Tradition, und ich mochte ihn auch persönlich sehr wegen seiner Wärme und Würde und wegen des Gleichmuts seines unermeßlichen Geistes. An ihm war keine Spur von Kleinlichkeit, und er demonstrierte unablässig die Qualitäten eines *Siddha*, die sich mit Hilfe von Verstandesmitteln nicht ergründen lassen. Beispielsweise schien er einmal während einer ausgedehnten *Drubchhen*-Zeremonie, bei der er als *Vajra*-Meister fungierte, auf seinem Thron eingeschlafen zu sein. Später sagte er, er habe in jener Situation eine Vision gehabt, in der alle lokalen Gottheiten und Wächter von Sikkim sich ihm genähert und ihn gebeten hätten, ihnen eine Bleibe zu geben. Diese Versammlung habe gesagt, der König von Sikkim sei drei Jahre »eingeschlafen«, womit sie meinten, er sei auf irgendeine Weise nachlässig oder unaufmerksam gewesen. »In Sikkim müssen die Dinge ziemlich schlecht stehen«, bemerkte Chhöling Rinpoche. In politischer Hinsicht war das ganz sicher so, denn die indische Regierung, die fürchtete, Sikkim könne sich als Schwachpunkt ihrer Grenze mit China erweisen, hatte dort Truppen stationiert und die Autonomie der sikkimesischen Regierung völlig unterminiert.

Während meiner Zeit in Bir starb Chhöling Rinpoche eines Tages bei einem Unfall mit einem Jeep. Ich trauerte sehr über diesen Verlust, denn Rinpoche war ein Quell des reinen Dharma gewesen.

Etwa zur gleichen Zeit traf mich noch ein anderer Verlust: Meine Ehe scheiterte. Es erschien mir fast wie Ironie, daß dies ausgerechnet in Bir geschah, wo wir in relativ komfortablen Umständen lebten, nachdem wir bereits lange Trennungsphasen, den Tod unseres ersten Kindes und sehr schwierige ökonomische Situationen gemeinsam durchgestanden hatten.

Viele Ursachen, sowohl offensichtliche als auch subtile, tragen zum

Zerfall einer Beziehung bei, und man kann wohl nie einen einzelnen Grund für eine solche Entwicklung angeben, ohne das Geschehene auf eine unangemessene Weise vereinfacht darzustellen. Ich nehme an, Karma hatte die Hoffnung verloren, daß ich jemals den Ehrgeiz entwickeln würde, unserer Familie zu einem gewissen Wohlstand zu verhelfen. Es gelang ihr nicht einmal, mich davon zu überzeugen, daß wir arm seien, und das frustrierte sie sehr. Sie selbst war eine ausgezeichnete Geschäftsfrau, und sie bewunderte Menschen, die erfolgreich waren und die sich mit aller Kraft für die Verbesserung der Lebensumstände ihrer Familie einsetzten. Der Gedanke, daß sich unsere Situation vielleicht nie bessern würde, einfach weil ich damit zufrieden war, erschien ihr wahrscheinlich als unerträglich. Es kam immer wieder zu heftigen Streits und anschließenden Versöhnungen, wobei die Streitigkeiten immer heftiger und die Versöhnungsphasen immer oberflächlicher wurden. Schließlich zog ich aus unserem gemeinsamen Haus aus und siedelte kurz darauf nach Delhi über. Da Tibeter sich nur sehr selten von ihren Ehepartnern trennen, verursachte unsere Trennung einen regelrechten Skandal.

In den folgenden Jahren verständigte ich mich mit Karma gelegentlich brieflich über unsere Kinder. Wenn ich konnte, schickte ich ihr auch Geld, aber wir haben uns nie wiedergesehen. Solange eine karmische Grundlage für unsere Beziehung existierte, vermochte keine noch so widrige Situation uns voneinander zu trennen; doch nachdem unsere karmische Beziehung ihre Aufgabe erfüllt hatte, vermochte auch noch so starke Sehnsucht sie nicht zu erhalten. Diese ganze Entwicklung war für mich selbst und für meine Kinder sehr schmerzlich, insbesondere für Jigmed, das ältere der beiden Geschwister. Zwar lebte Jigmed zeitweise bei mir, und wir standen weiter in engem Kontakt, doch zerstörte die Trennung meine Beziehung zu meiner Tochter Dawa Lhamo, die bei ihrer Mutter blieb, völlig. Während der nächsten fünfzehn Jahre sahen wir uns nur ein einziges Mal für zwei Tage.

In Delhi trank ich viel *Arak* und schrieb ein langes Gedicht über Vergänglichkeit. Ein Freund las es und weinte, lieh es sich aus und verlor es leider irgendwo, so daß selbst diese Erinnerung nicht mehr existiert.

MEIN AUFENTHALT IN DELHI war geprägt von langwierigen und sehr anstrengenden Bemühungen, ein Visum für die Vereinigten Staaten zu bekommen. In einem Sommer verließ ich Bir und ging nach Kulu Manali, einem kühlen Ort in den Bergen. Dort lebten viele Tibeter, und ich begann, einigen von ihnen Dharma-Belehrungen zu geben. Dies führte dazu, daß der Dalai Lama mich aufforderte, in den Vereinigten Staaten zu lehren. Allerdings brauchte ich dazu einen Übersetzer, der bereit war, mich zu begleiten, und ich brauchte natürlich ein Visum. Zu jener Zeit hatte ich kein besonderes Interesse daran, in die Vereinigten Staaten zu reisen, obwohl ich mich noch an jenen Traum über »Amerika« erinnerte, den ich bei meiner Ankunft in Indien gehabt und damals als Zeichen dafür gedeutet hatte, daß ich jenes Land einmal besuchen würde. Außerdem hatte ich in Bir auch erstmals Kontakt zu Buddhisten aus westlichen Ländern.

Zu den ersten Menschen aus dem Westen, die ich kennenlernte, zählten zwei Kanadier, die sich tibetische Dharma-Namen zugelegt hatten, Shakya Dorje und Tamchö, der fließend Tibetisch sprach. Außerdem lernte ich einige Amerikaner kennen, Howard Davidson, Jocelyn Sylvester und Jon und Lynn Weinberger. Mit ihnen allen schloß ich tiefe, dauerhafte Freundschaft. Jocelyn und Jon wurden später meine Schüler, und sie waren stets sehr engagiert. Mir gefiel der wache Geist dieser Menschen, ihr Humor und ihre Großzügigkeit. Sie stellten gute Fragen und schienen echtes Vertrauen in das Dharma und Respekt vor ihm zu haben. Einige Tibeter warnten mich vor zu engem Kontakt mit Menschen des Westens. Sie behaupteten, diese seien keine loyalen Schüler, denn sie gingen von Lama zu Lama und würden das, was sie in den Belehrungen hörten, nie ernsthaft umsetzen. Das entspricht jedoch nicht meiner generellen Erfahrung. Ich habe im Laufe der Jahre einige westliche Schüler kennengelernt, die jeder Lama als reine Halter seiner Traditionslinie schätzen würde.

Meine Bemühungen um ein Visum für Amerika erstreckten sich über drei Jahre und blieben in dieser ganzen Zeit erfolglos. Schließlich empfahl mir ein Repräsentant des Dalai Lama, die Sache fallenzulassen. Dieser Vorschlag war insofern sehr passend, als sich der Mäzen, der für mich gefunden worden war, ein Texaner, als Scharlatan mit einer sehr unreinen Motivation erwies. Er hatte seinen eigenen betrügerischen religiösen Aktivitäten durch Verpflichtung eines Lama mehr Glaubwürdigkeit verleihen wollen. Später hörte ich, er sei wegen seiner Machenschaften von den US-Behörden vor Gericht gebracht worden.

Inzwischen festigte sich mein neues Leben in Delhi. Dies war die erste Stadt, in der ich seit meinem Aufenthalt in Lhasa lebte, und Delhi war wesentlich größer als Lhasa. Eine Zeitlang lebte ich mit einer großen Familie aus Nyagrong zusammen. Dann zog ich nach Majnukatilla, in ein tibetisches Flüchtlingslager an den Ufern des Jamuna. Dort lebten die ärmsten Tibeter in Zelten, und es kam immer wieder vor, daß der Jamuna das Lager überflutete. Trotzdem war es recht angenehm für mich, dort zu leben, insbesondere weil ich nicht viel von jenem Sektierertum und von den politischen Konflikten spürte, die in den anderen Lagern und Siedlungen so weit verbreitet gewesen waren. Wir bauten dort einen kleinen *Lha khang*, einen Tempel, den die Übenden aller vier tibetisch-buddhistischen Traditionen benutzten. Außerdem beteiligte ich mich auch an der Herstellung einer Padmasambhava-Statue für den Altar.

Allerdings wäre ich in Delhi fast an Malaria gestorben. Eine Familie, die ich kannte, bat mich, Zeremonien für eine junge Frau aus ihrer Verwandtschaft durchzuführen, die verstorben war. Ich fühlte mich nicht besonders gesund, doch flehten mich die Verwandten der Frau an zu kommen. Ich begann also mit den Zeremonien, und da sich mein Zustand verschlechterte, bat ich den Mönch, der mir assistierte, fortzufahren, während ich mich ein wenig hinlegte. Da der Mönch jedoch diesen Teil des Zeremoniells nicht allein zum Abschluß bringen konnte, stand ich wieder auf, um diese Aufgabe zu übernehmen. Ich hatte schreckliche Kopfschmerzen, und Schweiß strömte mir über das Gesicht. Danach legte ich mich wieder hin und war tagelang nicht in der Lage aufzustehen. Die Familie holte mehrere Ärzte, die mich untersuchten, doch keiner von ihnen diagnostizierte Malaria. Dann hatte ich einen Traum, in dem ich zu einem bestimmten Krankenhaus ging und dort Hilfe fand. Als ich den Leuten, die mich pflegten, von dem Traum erzählte, brachten sie mich zu dem betreffenden Gebäude. Der Eingang sah ganz genau so aus, wie ich ihn in meinem Traum gesehen hatte. Der diensthabende Arzt untersuchte mich und sagte: »Sir, Sie haben Malaria, und ich glaube, ich kann Ihnen helfen. Bitte nehmen Sie diese Kapseln ein.« Wäre ich auch nur dreißig Minuten später dort angekommen, so wäre ich möglicherweise gestorben. Nachdem ich das Medikament eingenommen hatte, sank das Fieber innerhalb weniger Stunden, und mein Zustand stabilisierte sich. Als meine Freunde den Arzt über die schnelle Besserung informierten, war dieser überrascht und sehr erfreut.

Nach meiner Genesung hatte ich einen Traum, in dem sich ein schwarzes Pferd vor mir niederwarf und mich anflehte, im Lager Majnukatilla zu bleiben. Die volle Bedeutung dieses Traums blieb mir unklar, doch kurz darauf baten mich viele Bewohner des Lagers, für sie Gebete zu sprechen und Zeremonien durchzuführen. Ich blieb noch einige Monate, bis zum Herbst des Jahres 1977, dort. Dann verließ ich Indien und reiste nach Boudhanath in Nepal, wo ich von Seiner Heiligkeit Dudjom Rinpoche alle Initiationen für die *Dudjom*-Schätze erhielt. Bei meinem Aufbruch dorthin hätte ich nicht vermutet, daß ich erst neun Jahre später nach Indien zurückkehren und daß es eine Rückkehr unter völlig veränderten Umständen sein würde.

12

Nepal

DIE *DUDJOM*-INITIATIONEN, die Seine Heiligkeit Dudjom Rinpoche gab – und die *Chhöling-Tersar*-Initiationen, die Seine Heiligkeit Khyentse Rinpoche im Anschluß daran gab –, waren wichtige Ereignisse des tibetischen Buddhismus. Mindestens hundertfünfzig Lamas und zehnmal so viele Laien nahmen daran teil. Die Teilnehmer versammelten sich im riesigen Altarraum von Tulku Urgyens Kloster, und wir Tibeter hatten Gelegenheit, zu überprüfen, wie gut wir die Juwelen des Dharma bewahrt hatten, nachdem wir achtzehn Jahre zuvor mit ansonsten leeren Händen die tibetische Grenze überschritten hatten. Offensichtlich war die Bedeutung des Dharma unvermindert erhalten geblieben. Dies kam unter anderem darin zum Ausdruck, daß so viele Menschen des Westens an den Initiationen teilnahmen. Ihre Anwesenheit zeigte, daß die Vajrayana-Lehren allmählich in einem wesentlich größeren Umfeld bekannt wurden, als dies aufgrund der Isolation Tibets zuvor der Fall gewesen war.

Auch die jungen Inkarnationen von Chhögyur Lingpa, Jamyang Khyentse Chhökyi Lodrö und andere, die zur neuen Generation von *Tulkus* gehörten, waren anwesend. Mein elfjähriger Sohn Jigmed, den ich seit meiner Abreise aus Bir zwei Jahre zuvor, nicht mehr gesehen hatte, befand sich ebenfalls in dieser Gruppe lebhafter Jungen. In Bir hatte Chhöling Rinpoche gesagt, Jigmed sei eine Inkarnation von Tsewang Norbu, dem Sohn des ersten Chhögyur Lingpa im vorigen Jahrhundert. Die Anwesenheit der jungen Tulkus bereicherte die Initiationsfeierlichkeiten, da diese eine Atmosphäre freudiger Erneuerung verbreiteten.

An den Initiationen nahm auch Lama Ladakh Nono teil, ein alter Lama aus West-Tibet, der wegen seiner Fähigkeit, mit Hilfe eines Spiegels die Zukunft vorauszusagen, berühmt war. Er vermochte anhand der Buchstaben, die er in seinem Spiegel sah, Antworten auf spezifische Fragen zu geben. Auch ich bat ihn um einen Blick in die Zukunft. Er sagte, ich würde in den Westen gehen und dort vielen Menschen durch Dharma-Belehrungen helfen. Doch warnte er mich auch davor, daß einige Personen, die in früheren Leben eine üble Beziehung zu mir gehabt hätten – die ihre heiligen Gelübde (ihren *Samaya*) gebrochen hätten –, im Westen wiedergeboren worden seien und daß dadurch gewisse Schwierigkeiten entstehen könnten.

Außerdem sagte er voraus, daß eine Frau aus dem Westen mit Namen Chhökyi Drolma in mein Leben treten werde, und er bezeichnete dies als gut. Eines Tages, während ich an Khyentse Rinpoches Initiationen teilnahm, schaute ich quer durch den Versammlungsraum und bemerkte eine Frau aus dem Westen. Sie war von einem roten Strahlen umgeben, und dieser Lichtschein war nicht nur flüchtig, sondern sehr stark. Von diesem Zeitpunkt an saß sie immer auf dem gleichen Platz. Eines Morgens bot sie mir ein Gefäß mit Honig an. Ich lud sie ein, mit mir in dem Raum im Kloster, den ich zusammen mit Jigmed bewohnte, zu Mittag zu essen. Da sie kein Tibetisch und ich nur ein paar Worte Englisch sprach, konnten wir uns kaum verständigen, doch erfuhr ich von ihr, daß ihr westlicher Name Jane und ihr Dharma-Name Chhökyi Drolma war. An den Namen, den der alte Lama bei der Spiegelweissagung genannt hatte, erinnerte ich mich erst einen Monat später wieder, als ich in meinem Zimmer zufällig auf die Notizen stieß, die Lama Nono für mich aufgeschrieben hatte. Zu diesem Zeitpunkt hatte sich meine Beziehung zu Jane schon so entwickelt, daß wir darüber sprachen, gemeinsam in die Vereinigten Staaten zu reisen.

Obwohl ich Jane erst Jahre später von jenem roten Strahlen erzählte, erwähnte ich ihr gegenüber die Spiegelweissagung und fügte hinzu: »Es gibt im tibetischen Dharma viele Frauen, die den Namen Chhökyi Drolma haben.« Doch mittlerweile hatte Jane selbst Seine Eminenz Tai Situ Rinpoche um eine Weissagung gebeten, und dieser hatte ihr gesagt, sie werde mich heiraten, und es würden vier oder fünf schwierige Jahre auf sie zukommen, doch dann werde die Ehe sich sehr gut entwickeln.

Nach den Initiationen setzte mein Sohn Jigmed seine Studien an einem Institut für buddhistische Philosophie fort, das von Khetsun Zangpo Rinpoche, einem bekannten Nyingma-Gelehrten, geleitet wurde. Obgleich Jigmed mindestens acht Jahre jünger als die übrigen Schüler war, waren seine Leistungen in der Schule gut, und ich war sehr zufrieden mit ihm. Nachdem er in der Schule Fuß gefaßt hatte, begann ich in einem Haus außerhalb von Boudhanath mit einem kurzen Retreat. Zur gleichen Zeit befand sich in jenem Haus eine Engländerin im Retreat, die ihre Gelübde als Nonne in der tibetischen Tradition abgelegt hatte, und Jane erbot sich, für uns beide die Einkäufe und das Kochen zu übernehmen.

Das Retreat war die erste längere Zeitspanne, die ich mit Jane zusammen verbrachte. In dieser Zeit beobachtete ich sie einfach und kritisierte sie nur selten. Sie hatte einige Qualitäten, die mir sehr gefielen: Sie war sehr hingebungsvoll und großzügig und arbeitete sehr hart, und wir erlebten und genossen gemeinsam viele humorvolle Augenblicke. Allerdings merkte ich auch, daß sie sehr jähzornig und eigensinnig werden konnte und daß ihre Art zu reden manchmal wenig hilfreich war, selbst wenn sie die denkbar besten Absichten verfolgte.

Nach ein paar Monaten verließ Jane Nepal und machte mit ihrer Mutter eine Reise durch Indien. Dann kehrte sie auf dem Landweg nach Nepal zurück und brachte alle meine Bücher und meine übrige Habe aus Delhi mit. Dieses Wiedersehen mit ihr war keineswegs die reine, völlig ungetrübte Freude. Ich hatte das Gefühl, es sei besser, wenn sie von Anfang an alles kennenlernen würde, was zwischen uns schwierig werden könnte, statt daß ich diese Dinge überspielte und versuchte, die angenehme Zeit des ersten Kennenlernens fortzusetzen, in der wir uns natürlich beide von unserer besten Seite gezeigt hatten. Während ich mich vorher darauf konzentriert hatte, ihre guten Eigenschaften zu sehen und hervorzuheben, kritisierte ich jetzt ihre Fehler und aktivierte ihre negativen Emotionen, insbesondere ihre Wut. Und auch sie hatte in dieser Zeit Gelegenheit, die weniger angenehmen Seiten des Lebens mit mir kennenzulernen – daß ich ständig Ansprüche an sie stellte und daß es nicht viel Privatleben gab, daß sowohl mein Gesundheitszustand als auch meine finanzielle Situation immer wieder unsicher waren und daß persönliche Bedürfnisse oft um der Bedürfnisse anderer willen zurückgestellt wurden.

Ich verhielt mich Jane gegenüber nicht bewußt konfrontativ, doch hatten wir in jener Zeit reichlich Gelegenheit, unsere Beziehung auf Herz und Nieren zu prüfen, und dabei erwies sie sich als erstaunlich widerstandsfähig. Wenn es zwischen uns zu Konflikten kam, entwickelte sich daraus kein langwieriger unterschwelliger Groll, sondern die trüben Augenblicke lösten sich wie die Wolken eines Sturms nach einer Weile wieder auf. Jane war von tiefer Hingabe an das Dharma erfüllt, und sie sah unsere Beziehung mehr im Sinne einer Lehrer-Schülerin-Beziehung, weniger als normale Liebesbeziehung. Selbst wenn wir miteinander stritten oder wenn sie über eine bestimmte Entwicklung unglücklich war, überprüfte sie stets sehr schnell ihre eigene Motivation, erkannte eventuelle Mängel daran und versuchte, den Wünschen, die ich als ihr Lehrer an sie hatte, zu entsprechen. Ich respektierte dies und entwickelte allmählich mehr Vertrauen in unsere Beziehung, in die karmische Verbindung zwischen uns. Dennoch dauerte es einige Jahre – vier oder fünf, so wie Tai Situ prophezeit hatte –, bis unsere Verbindung sich zur vollen Blüte entwickelte.

Einige Tage nach dem Retreat ließ mich Seine Heiligkeit Dudjom Rinpoche zu seinem Haus in Katmandu kommen. Als ich dort eintraf, warf ich mich vor ihm nieder, und nachdem wir einander begrüßt hatten, sagte er: »Warum besuchst du mich nicht häufiger?«

Ich antwortete: »In Indien hatte ich mehr Gelegenheit, direkt mit dir zusammenzuarbeiten und dich wegen der Nyingma-Gemeinschaften und -Zentren um Rat zu fragen. Jetzt verbindet mich kein offizielles Amt mehr mit dieser Arbeit, und deshalb habe ich auch keinen äußeren Grund mehr, mich an dich zu wenden.«

Dabei hätte ich es eigentlich bewenden lassen sollen, doch das tat ich nicht. »Ein anderer Grund dafür, weshalb ich nicht mehr komme, ist, daß deine Diener ziemlich unfreundlich sind. Sie behandeln alle, die sich an dich wenden wollen, mit ziemlicher Mißachtung. Sie schauen Besucher nicht einmal an, und noch viel weniger helfen sie ihnen, eine Audienz bei dir zu bekommen. Wenn jemand dir eine Bitte vortragen möchte, leiten diese Leute sie nicht an dich weiter und überbringen den Betreffenden später keine Antwort. Statt dessen errichten sie eine Mauer zwischen dir und deinen Besuchern.

Ich selbst bin ein schlechter Mensch und ziemlich jähzornig, und wenn sie mir gegenüber grob werden, dann werde ich eben wütend und gehe einfach. Anschließend bereue ich natürlich, daß ich das getan habe. Ich führe mir dann vor Augen, daß diese Diener meine *Vajra*-Brüder sind, daß wir den gleichen Lehrer haben und daß es letztlich mein Problem ist, wenn ich keine reine Sicht von ihnen entwickeln kann. Andererseits bin ich realistisch und mir deshalb darüber im klaren, daß ich wahrscheinlich wieder wütend werden würde, wenn ich erneut ihrer Unhöflichkeit ausgesetzt wäre. Deshalb sehe ich keinen Sinn darin, hierherzukommen, negatives Karma zu schaffen und mich selbst und andere ohne jeden Sinn und Zweck in Schwierigkeiten zu bringen.«

Als Seine Heiligkeit dies hörte, lachte er lange und herzlich. Er antwortete nicht auf das, was ich gesagt hatte, doch als er mit dem Lachen wieder aufhörte, sagte er: »Ich brauche einen Lama, der nach Orissa, nach Kalimpong, nach Frankreich oder nach Amerika geht. Insbesondere in Orissa haben mir viele Menschen gesagt, daß du sehr gütig und ein guter Lehrer seist. Die Situation dort hat sich sehr gut entwickelt, und wenn du willst, kannst du einmal darüber nachdenken, ob du dorthin zurückkehren möchtest.«

Ich antwortete: »Es war nicht leicht, für die Nyingma-Gemeinschaften und -Zentren zu arbeiten. Ich mußte damals viele schwierige Probleme lösen, und ich habe versucht, dies zu tun, ohne dich oder deine Frau Sangyum Kushog zu belästigen. Insbesondere in Orissa hatten einige deiner Schüler ihre eigenen Ansichten darüber, wie die notwendigen Dinge getan werden sollten, und es war alles andere als leicht, mit ihnen zusammenzuarbeiten. Ich würde dorthin zurückkehren, wenn du mich ausdrücklich darum bittest, doch wenn es nach meinen eigenen Wünschen geht, würde ich es lieber nicht tun.«

Seine Heiligkeit war sehr gütig. Er sagte nur: »Nun, denke darüber nach. Und wenn du in den Westen gehen möchtest, dann werden wir dir ein Visum und ein Flugticket besorgen.« Ich lehnte auch dieses Angebot dankend ab und sagte, im Augenblick bräuchte ich keine Hilfe, doch würde ich ihm mitteilen, wenn sich die Situation verändert hätte. Dann rief er seine Frau, und sie gab mir ein wunderschönes Stück bhutanesisches Tuch, eine bhutanesische Jacke und einige andere Geschenke als Anerkennung für meine bisherigen Bemühungen. Seine Heiligkeit wiederholte noch einmal sein Angebot, mir bei der Beschaffung eines Visums und eines Flugtickets zu helfen, doch lehnte ich dies erneut ab.

Mit Dudjom Rinpoche persönlich zusammen zu sein war immer eine reine Freude. Während meines Aufenthalts in Nepal empfing ich von ihm Initiationen und mündliche Übermittlungen für alle Schätze, die er in seinem derzeitigen Leben und in seinem früheren Leben als Dudjom Lingpa entdeckt hatte. Sie enthalten einen unbeschreiblichen Reichtum von Praktiken, deren Glanz unübertrefflich ist, und tief in mir entwickelte sich der Wunsch, anderen das Übermittelte durch Initiationen und Unterweisungen weiterzugeben.

SEINE HEILIGKEIT KHYENTSE RINPOCHE gab seine Initiationen in die Chhögyur-Lingpa-Schätze, nachdem Seine Heiligkeit Dudjom Rinpoche seine Übermittlungen abgeschlossen hatte. Vor Beginn der Initiationen legte ich jeden Tag für Khyentse Rinpoche die erforderlichen Texte zurecht. Mittlerweile hatte ich eine sehr herzliche Beziehung zu ihm, und je intensiver diese wurde, um so größer wurde meine Bewunderung ihm gegenüber. Er unterhielt sich im besten Khampa-Stil, sehr direkt und mit wundervollem Humor. Doch wenn man ihm bei Dharma-Belehrungen zuhörte, war das so, als würde die Gottheit Manjushri selbst – die Essenz der Intelligenz – sprechen. In seinen persönlichen Bedürfnissen war er sehr bescheiden. Er machte sich beispielsweise nichts aus seiner Kleidung. Doch trug er – und auch das entsprach bester Khampa-Tradition – ein goldenes *Gau* (Reliquiar) und Ringe aus Gold, die mit Diamanten besetzt waren.

Wenn ich in den folgenden Jahren in Situationen geriet, in denen meine Gesundheit oder gar mein Leben bedroht war, erschien mir Khyentse Rinpoche in Visionen und ermutigte mich, diese Hindernisse zu überwinden. Sein Segen war ungehindert durch Zeit und Raum, so wie das Strahlen einer universellen Sonne.

JANE UND ICH bezogen zwei gemietete Räume auf der Hauptstraße von Boudhanath. Das Herz dieses Ortes ist aber nicht jene Hauptstraße, sondern die riesige weiße *Stupa*, die vor der Zeit Padmasambhavas erbaut wurde. Jeden Tag, insbesondere in den Morgen- und Abendstunden, umschritten Hunderte von Menschen diese *Stupa*. Dieses Umschreiten war eine wundervolle Gelegenheit zur Meditation, besonders über Vergänglichkeit und über das spontane Erscheinen der Phänomene.

Meine Tage in Boudhanath hatten einen bestimmten Rhythmus. Ich wachte um fünf Uhr morgens auf, und gegen sechs hatte sich mein Wohnzimmer bereits mit Menschen gefüllt, die mich um Rat, eine Weissagung oder um eine tibetische Pulsdiagnose baten. Um acht Uhr ging ich gewöhnlich zum Haus einer Familie, die mich gebeten hatte, eine Zeremonie für sie durchzuführen. Am Abend gegen sechs kam ich in meine Wohnung zurück, und zu dieser Zeit war mein Wohnzimmer schon wieder mit Menschen gefüllt, nicht nur mit Tibetern und Menschen aus dem Westen, sondern auch mit Nepalis, sowohl Hindus als auch Buddhisten. Nach dem Abendessen unterrichtete ich eine Gruppe von Menschen aus dem Westen in den vorbereitenden Übungen (*Ngöndro*) des tibetischen Vajrayana. Ich sprach dabei Tibetisch, und ein junger Mann namens Ngodrup übersetzte ins Englische. Diese Übersetzung war nicht ideal, weil Ngodrup gerade erst Englisch lernte, und Dharma-Konzepte sowie das entsprechende Vokabular sind nicht einmal für englische Muttersprachler leicht zu übersetzen. Ngodrup war jedoch hochintelligent und hatte sehr große Ausdauer, und meine Schüler aus dem Westen waren sehr geduldige und verständnisvolle Zuhörer. Deshalb glaube ich, daß sie von diesen Belehrungen profitiert haben.

IM JULI 1979 verließ Jane Nepal und reiste für ein paar Monate nach Japan, bevor sie in die Vereinigten Staaten zurückkehrte. Ich verbrachte die nächsten vier Monate damit, mir einen Paß für die USA und ein entsprechendes Visum zu beschaffen. Während ich darauf wartete, erschienen mir andere Ereignisse angesichts der Möglichkeit, Amerika zu besuchen, ziemlich unwichtig. Viele Hindernisse waren schon überwunden worden. Mir und meinem Übersetzer Ngodrup, der mich begleiten und mir helfen wollte, waren Flugtickets angeboten worden, und ein alter Freund, Howard Davidson, hatte mich eingeladen, in seinem Haus in San Francisco zu wohnen. Jane schickte mir etwas Geld für die Reise, und sie war bereit, mich nach meiner Ankunft in Amerika jederzeit zu empfangen und zu begleiten. Am wichtigsten war jedoch die Veränderung, die in meinem Geist stattgefunden hatte. Nachdem ich den Namen »Amerika« das erste Mal neunzehn Jahre zuvor in einem Traum gehört hatte, kurz nachdem ich Tibet verlassen hatte, war ich nun bereit herauszufinden, ob es wirklich eine karmische Beziehung zu diesem Land für mich gab und ob ich dort etwas Positives bewirken konnte. Außerdem hatten mir meine Schüler aus dem Westen faszinierende Berichte über die technologischen Möglichkeiten und die kulturellen Merkwürdigkeiten der Vereinigten Staaten gegeben, und ich wollte dies alles nun mit eigenen Augen sehen. Nach monatelangem Warten erhielt ich endlich das Visum, und am Abend des 24. Oktober 1979 kam ich mit Ngodrup in Kalifornien an. Nach einem kurzen Aufenthalt in Los Angeles, wo ich Jane, die nach vier Monaten in Tokio ziemlich bleich aussah, und Howard Davidson traf, flogen wir gemeinsam nach San Francisco, wo wir unsere Ankunft mit kalifornischem Brandy und stundenlangen Gesprächen feierten. Um Mitternacht stellten wir die Uhren um, denn dies war die Herbstnacht, in der in Amerika die Winterzeit begann.

13

Rückkehr nach Tibet

EINES TAGES im Jahre 1982 traf in meiner neuen Heimat in Cottage Grove in Oregon ein Brief von meiner Schwester T'hrinlay Wangmo ein. Sie hatte ihn einem tibetischen Pilger mitgegeben, der von Kham nach Nepal gereist war, und tatsächlich hatte dieser Mann in Boudhanath jemanden gefunden, der meine aktuelle Adresse kannte. Daß der Brief mich erreichte, ist auch deshalb erstaunlich, weil ich in den Vereinigten Staaten an mehreren Orten gelebt und nie eine Adresse für die Nachsendung von Post hinterlassen hatte.

Der Brief war sehr kurz. Meine Schwester schrieb, sie lebe noch, und sie wolle mich wiedersehen. Tibeter halten solche kurzen Briefe für einen guten Korrespondenzstil, doch ich bedauerte es sehr, daß sie nicht mehr über ihr Leben seit unserem Abschied vor über dreißig Jahren schrieb. Mir standen die Tränen in den Augen. Nach so vielen Trennungen und Wohnortwechseln verband mich plötzlich das starke Band der Blutsverwandtschaft wieder mit meinem Heimatland.

Doch erschien es mir im Jahre 1982 als völlig unmöglich, nach Tibet zurückzukehren, sowohl wegen der politischen Situation im Lande als auch wegen meines eigenen Status in den Vereinigten Staaten. Die Chinesen versuchten den Dalai Lama zur Rückkehr nach Tibet zu bewegen, um ihn dort als eine Art Gallionsfigur zu benutzen. Deshalb gestatteten sie mehreren Delegationen des Dalai Lama, in die »Autonome Region Tibet« zu reisen. Doch die Tibeter brachten diesen Delegationen als Repräsentanten des Dalai Lama so viel Sympathie, so starkes gläubiges Vertrauen und eine so tiefe Hingabe entgegen und zeigten ihren Schmerz über ihre derzeitige Situation so deutlich, daß die Chinesen entsetzt waren. Die jahrelange kommunistische Indoktrinierung und der scheinbare materielle Fortschritt hatten die Sehnsucht des tibetischen Volkes nach spiritueller und kultureller Freiheit nicht auszumerzen vermocht. Trotz ausdrücklicher Verbote von seiten der Regierung und des Militärs versammelten sich Tausende um die Abgesandten des Dalai Lama, wohin auch immer diese gingen, und sie erzählten ihre Geschichten. Den Chinesen blieb nichts anderes übrig, als dies zunächst hilflos mit anzusehen und es hinzunehmen.

Die Chinesen selbst befanden sich in einer Übergangsperiode, die mit dem Verfall der Macht Mao Zedongs und seinem Tod im Jahre 1976 begonnen hatte und in der späteren Verjagung der »Viererbande« ihre Fortsetzung fand, jener Gruppe, die die sogenannte Kulturrevolution, ein Jahrzehnt brutaler Umwälzungen, initiiert hatte. Es wurden einige vorsichtige Versuche gemacht, die Isolation des Landes etwas zu lockern, und deshalb gestattete man es in zunehmendem Maße Touristen, sowohl China als auch Tibet zu besuchen, wenn auch anfangs nur in Form organisierter Reisen zu ganz bestimmten Zielen. Ost-Tibet, dessen Bevölkerung die Chinesen für unverbesserliche barbarische Reaktionäre hielten, zählte nicht zu den offiziell zugelassenen Reisezielen.

Auch meine persönliche Situation verhinderte es, daß ich zu dieser Zeit nach Tibet reiste. Ich hatte noch keine *Green Card* erhalten, die Erlaubnis zum dauernden Aufenthalt in den Vereinigten Staaten, und dies machte eine Auslandsreise für mich sehr schwierig, sofern ich vorhatte, weiterhin in den USA zu leben – und das wollte ich. Ich habe mich von Anfang an in Amerika zu Hause gefühlt, zuerst in Kalifornien und später in Oregon, wo einige sehr engagierte Schüler sich um mich versammelten. Ich gab ihnen die Initiation für die Praxis der Roten Tara sowie andere wichtige Schätze meiner Traditionslinie, und es war für mich eine wahre Freude, mitanzusehen, wie das Dharma im Geist dieser Schüler erblühte. Im Jahre 1982 baten mich meine Schüler, die sich bis zu diesem Zeitpunkt hauptsächlich an Yeshe Nyingpo, den Dudjom-Zentren in Amerika, orientierten, im Westen eine Chagdud Gonpa zu errichten. Da ich diese Bitte als Zeichen dafür ansah, daß eine starke und dauerhafte Grundlage für meine Lehrtätigkeit im Westen im Entstehen begriffen war, dachte ich intensiv darüber nach.

Inzwischen hatte ich jedoch alle Hände voll damit zu tun, Englisch zu lernen, meine kleine Gruppe von Schülern zu unterrichten und einige künstlerische Projekte zu verwirklichen. Im Herbst 1982 stellte ich mit Hilfe meiner Schüler, von denen einige künstlerisch sehr begabt sind, eine kleine Guru-Rinpoche-Statue, eine überlebensgroße Rote Tara und einen über sieben Meter großen Guru Rinpoche fertig. Außerdem bauten wir mehrere Altäre und einen kunstvollen Thron für Zeremonien, und wir begannen mit der Renovierung eines großen verfallenen Hauses, das wir als unser Zentrum benutzten. Meine Schüler waren ausgezeichnete Arbeiter, und die praktische Arbeit wurde zu einem wichtigen Element ihrer spirituellen Entwicklung.

Ich schrieb meiner Schwester, bat sie, zu einem Treffen mit mir nach Nepal zu kommen, und schickte ihr auch etwas Geld. Es kam keine Antwort. Ein Freund, der die chinesische Sprache beherrschte, hatte den Brief an sie korrekt adressiert, und wie ich später erfuhr, erreichte er meine Schwester tatsächlich. Allerdings war der größte Teil des Geldes bei der chinesischen Bank geblieben, die es für Umtauschgebühren einbehalten hatte. Meine Schwester war jedoch nicht bereit, nach Nepal zu reisen, weil ihr die Reise zu anstrengend erschien und weil es zu schwierig für sie war, die erforderlichen Reisedokumente zu bekommen.

Erst fünf Jahre später, im August 1987, gelang es mir, nach Tibet zurückzukehren. Inzwischen hatten die Chinesen vielen Einzeltouristen gestattet, die Region um Lhasa zu besuchen, und einige Lamas, darunter Seine Heiligkeit Khyentse Rinpoche, konnten ihre Klöster in

Ost-Tibet besuchen. Mittlerweile besaß ich meine *Green Card*, und ich war nicht nur innerhalb der Vereinigten Staaten viel gereist, sondern hatte auch andere Länder besucht. Ich machte mir allerdings einige Sorgen über meine Rückkehr nach Tibet, weil ich mehrmals geträumt hatte, ich sei vom chinesischen Militär festgenommen und ins Gefängnis geworfen worden. Oft endeten diese Träume damit, daß ich mich fragte: »Warum bin ich hierher zurückgekommen?« Dann ergab sich für mich die Gelegenheit, Seine Eminenz Tai Situ Rinpoche um eine Weissagung zu bitten. Er sagte, wenn ich das Lesen bestimmter Schriften ermöglichte und außerdem gewisse andere Dharma-Aktivitäten ausführte, würde die Reise gut verlaufen. Ich tat alles, was er mir geraten hatte, und fühlte mich danach sehr zuversichtlich.

Ich flog mit Jane nach Hongkong, wo wir mit meinem Sohn Jigmed Norbu zusammentrafen, der aus Indien gekommen war. Das Wiedersehen war sehr herzlich, denn ich hatte Jigmed seit meiner Immigration in die Vereinigten Staaten nur ein einziges Mal – während eines zweimonatigen Besuchs in Nepal und Indien – gesehen. Wir flogen zusammen nach Chengdu, der Hauptstadt von Szechuan, wo wir vom »Tibetischen Empfangskomitee« begrüßt wurden, einer Gruppe von Tibetern, die für die chinesische Regierung arbeiteten und Empfehlungen aussprachen, wer die Genehmigung zu Besuchen in Kham erhalten sollte und wer nicht.

Rückblickend muß ich sagen, daß wir unsere Einreisegenehmigungen als »heimkehrende Chinesen« ohne nennenswerte Probleme erhielten, obwohl wir uns in der Situation selbst ziemlich unsicher fühlten. Dies galt insbesondere für Jane, die mit ihren blauen Augen und ihrem braunen Haar weniger »chinesisch« aussah als Jigmed und ich. Im Laufe der Besprechungen mit dem Empfangskomitee warnten uns mehrere Mitglieder dieser Gruppe davor, Initiationen zu geben oder formell *Tulkus* anzuerkennen. In Chengdu wurde uns dies noch in einem relativ freundlichen Ton nahegelegt, wohingegen die Warnungen später in Kanting und an anderen Orten wesentlich schärfer ausfielen. Ein weibliches Mitglied des Komitees sagte in bedeutungsvollem Ton: »Ihr seid gut hier angekommen, und ihr werdet ebenso gut wieder abreisen wollen.«

Um uns die Kosten für die Miete eines Jeeps zu ersparen, beschlossen wir, mit dem Bus von Chengdu nach Kanze zu reisen, was vier Tage dauerte. Wir hatten Tausende von Dollars in prall gefüllten Geldgurten unter unseren Kleidern, weil wir den Klöstern so viel Geld wie möglich spenden wollten. Also nahmen wir eines Tages um fünf Uhr morgens ein Taxi zum Busbahnhof von Chengdu, einem labyrinthartigen Betongebäude, in dem sich im grauen Dämmerlicht Hunderte von Menschen drängten und in dem ständig irgendwelche Lautsprecher plärrten. Plötzlich sah ich fünf tibetische Mönche, die mit ihren goldfarbenen und kastanienbraunen Roben aus dem ansonsten monotonen Einerlei herausstachen. Ich selbst war eher unauffällig gekleidet. Als die Mönche mich bemerkten, kamen sie sofort zu mir und verneigten sich, um von mir einen Segen zu erhalten. Es muß wohl als ein sehr außergewöhnlicher Zufall angesehen werden, daß diese Mönche von der Chagdud Gonpa stammten. Sie kehrten soeben von einer Pilgerreise nach Wu Tai Shan zurück, einer der heiligsten buddhistischen Stätten in China, die ich nach meiner Rückkehr aus Tibet zusammen mit meinen westlichen Schülern ebenfalls aufsuchen wollte.

Die Nachrichten von der Chagdud Gonpa waren sehr positiv. Das Kloster war eines der wenigen in Kham, die nicht zerstört worden waren. Die Schriften und Statuen, jahrzehntelang verborgen, befanden sich abgesehen von einer einzigen kleinen Statue allesamt wieder im Kloster. Drei Lamas hatten die Chagdud Gonpa in meiner Abwesenheit verwaltet, und alle drei befanden sich nun im Kloster und bildeten die Mönche aus. Es gab nur 130 Mönche, etwa soviel wie vor der Machtübernahme der Chinesen. Doch damit war die Chagdud Gonpa im Jahre 1987 das zweitgrößte Kloster in Kham und, wie die Mönche mir versicherten, eines der besten. Obgleich wir in verschiedenen Bussen reisten, sah ich die Mönche während der nächsten beiden Tage häufig an Rastplätzen wieder. An der alten Grenzstadt Kanting jedoch trennten sich unsere Wege, bis wir die Chagdud Gonpa erreichten.

Von Kanting nach Kanze folgten wir der Straße, die die chinesische Armee erbaut hatte, um Tibet zu besetzen – die Straße, auf der ich erstmals den Strom motorisierter Fahrzeuge gesehen und naiv gelacht hatte, weil sie mir wie eine Schweineherde vorgekommen waren. Nun reiste ich selbst auf dieser Straße, die so viel Leid nach Tibet gebracht hatte. Ich kam als Tourist in mein Heimatland und freute mich am Anblick des ersten Yak, das ich sah, der ersten tibetischen Elster und der ersten Gebetsmühle. Ich war so begeistert, daß ich mit meiner kleinen einfachen Kamera Schnappschüsse aus dem holpernden Bus zu machen versuchte, obwohl Jane mich immer wieder warnte, weil sie der Meinung war, diese Bilder könnten unmöglich gut werden.

In Kanze mieteten wir ein Fahrzeug samt Fahrer, der uns zur Tenp'hel Gonpa fuhr. Die Straße folgte dem Lauf des schäumenden Mekong – auf Tibetisch Dza Chu genannt –, der durch die wundervollen Felder jener Region fließt. An dieser Straße liegen viele berühmte Klöster, unter anderem die Sechhen Gonpa und, etwas von der Straße entfernt, die Dzogchhen Gonpa. Es freute mich sehr zu sehen, daß viele dieser Klöster wieder aufgebaut wurden, denn als die chinesische Politik etwas toleranter geworden war, hatten die Tibeter sofort mit dem Wiederaufbau ihrer Heiligtümer angefangen. Obwohl es jetzt keine großen, reichen Familien mehr gab, die diese Projekte hätten unterstützen können, engagierte sich ein großer Teil der Bevölkerung für den Wiederaufbau, selbst Straßenarbeiter, die für sechs Yüan pro Tag arbeiteten.

Auf dem Weg machten wir in einem kleinen Dorf halt. Ein Bote wurde zum Kloster geschickt, das noch eine Stunde zu Pferd entfernt lag, um meine Schwester über meine unmittelbar bevorstehende Ankunft zu informieren und um Pferde zu besorgen. Während wir warteten und in einem Haus Tee tranken, erzählte mir ein Mann Geschichten über T'hringlay Wangmo. Er deutete an, daß sie ein wenig verrückt sei, ständig weine und unerhörte Dinge sage. Ich hörte mir an, was er über sie sagte, doch wußte ich nicht, ob ich ihm Glauben schenken sollte und was mich tatsächlich erwartete.

Schließlich kamen unsere Führer mit den Pferden vom Kloster an. Jigmeds und Janes erste Erfahrungen mit den tibetischen Sätteln waren leider nicht besonders glücklich. Der Gurt von Jigmeds Sattel gab nach, so daß mein Sohn zu Boden fiel. Und Jane entschloß sich sehr schnell, wieder vom Pferd abzusteigen und zu Fuß zu gehen, nachdem sie entdeckt hatte, daß der Sattel eine dreieckige Holzkonstruktion war, die wie ein Steildach auf dem Rücken des Pferdes lag und nur mit einem einzigen Teppich gepolstert war. Wir ritten an den Ruinen des Klosters vorüber, das einmal an Gesars Geburtsort stand, über die Ebenen, auf denen seine Herden einst grasten, über eine Brücke und an einem Dorf vorbei, das direkt hinter der Brücke lag. Die Tenp'hel Gonpa lag mehrere Kilometer von diesem Dorf entfernt, und unsere Reisegruppe kam nur sehr langsam voran, da wir immer wieder von Bewohnern jener Gegend aufgehalten wurden, die sich verneigten und um einen Segen baten.

Doch dann erreichten wir die letzte Wegbiegung, und hinter dieser fiel mein Blick auf das Gelände des Klosters. Alles war noch so, wie ich es in Erinnerung hatte, denn die Chinesen hatten die Gebäude nicht zerstört. Selbst das Gebäude für die Drei-Jahres-Retreats stand noch da, obwohl seine schmucklosen Lehmmauern so aussahen, als ob sie schon vor langer Zeit hätten zusammenbrechen müssen. Es bildete sich eine Reihe von Wartenden, die meinen Segen empfangen wollten und die uns anschließend zum Haus meiner Schwester folgten. Als wir die Tür des Hauses erreichten, waren wir von einer dichten Menschenmenge umgeben, so daß ich erst, nachdem ich vom Pferd abgestiegen war, die kleine Frau sah, die so ergriffen war, daß sie nicht sprechen konnte. Wir begrüßten einander durch Berühren der Stirn, umarmten uns anschließend, und dann fing sie an zu weinen. Die Lamas und Mönche geleiteten uns schnell ins Innere des Klosters, wo uns Tee angeboten wurde.

T'hrinlay Wangmo war kaum 1,60 groß, doch verfügte sie offensichtlich über weit mehr Autorität, als man es ihr aufgrund ihrer kleinen Statur zugetraut hätte. Die Lamas und Mönche des Klosters verehrten sie nicht nur, weil ihre Mutter so berühmt gewesen war, sondern auch wegen ihrer eigenen Qualitäten. Sie hatten sie trotz großer Risiken zur Tenp'hel Gonpa zurückgeholt, denn sie war mehrmals mit den chinesischen Behörden in Konflikt gekommen. T'hrinlay Wangmo bereicherte den klösterlichen Alltag offenbar durch ihre ein wenig verrückte Weisheit. Die Menschen suchten bei ihr Rat und baten sie, für sie zu beten, genauso wie sie es vorher bei unserer Mutter Dawa Drolma getan hatten. Ich zweifle nicht daran, daß das exzentrische Verhalten meiner Schwester reichlich Anlaß zum Klatsch gab, und es überrascht mich auch nicht, daß der Mann, der mir Geschichten über sie erzählte, während wir auf die Pferde warteten, sie für etwas verrückt hielt. Außerdem bin ich mir auch sicher, daß sie die Lamas und Mönche gelegentlich verärgert haben muß. Trotz alldem verehrten offenbar alle Bewohner der Tenp'hel Gonpa T'hrinlay Wangmo als ein Juwel des Dharma in ihrer Mitte, als eine authentische Weisheits-*Dakini*.

Im Laufe der nächsten beiden Wochen fand ich durch Gespräche mit T'hrinlay Wangmo selbst und mit den Lamas allmählich heraus, wie ihr Leben in der langen Zeit meiner Abwesenheit verlaufen war. Meine Schwester weinte, als sie beschrieb, wie die Chinesen sie behandelt hatten, und sie wiederholte die gleichen schrecklichen Geschichten immer und immer wieder, bis ich sie nicht mehr hören wollte. Wenn die Lamas über diese Geschichten sprachen, hoben sie stets die außergewöhnlichen *Siddhis* hervor, die meine Schwester in verschiedenen Situationen manifestiert hatte, statt den Aspekt ihres menschlichen Leidens gebührend zu erwähnen. Aufgrund ihrer Darstellung mußte man den Eindruck gewinnen, meine Schwester habe die Ebene der körperlichen Erfahrung von Züchtigung und Folterung transzendiert. In ihren eigenen Berichten verschwieg sie zwar nicht die erstaunlichen Wunder, die sie aufgrund ihrer Realisation vollbracht hatte, doch leugnete sie andererseits auch nicht ihre ganz normalen menschlichen Erfahrungen des Schmerzes, der Wut und der Trauer. Ihr unermeßliches Verständnis der nicht-dualen Natur der Wirklichkeit erfaßte sowohl ihre Qualitäten als *Dakini* als auch ihre Erfahrungen als menschliches Wesen.

Als ich kurz vor Erreichen des Erwachsenenalters die Tenp'hel Gonpa verlassen hatte und nach Tromt'har gegangen war, waren auch T'hrinlay Wangmo und mein Stiefvater Sodga fortgezogen, und zwar nach Bumsar, an den Ort, an dem sein Ursprungskloster stand. Da er selbst ein überragender Übender war, hatte er die besonderen Qualitäten meiner Schwester erkannt und ihr gesagt, sie brauche nie zu heiraten oder ein normales Leben zu führen, und er werde für sie sorgen, so daß sie sich ganz der Übung widmen könne. Doch sie lehnte dieses Angebot nicht nur ab, sondern beschloß außerdem, einen Mann zu heiraten, der zwei Menschen getötet hatte. Dies erschien Sodga als völlig unakzeptabel. Er weigerte sich, mit ihrem Mann zu sprechen oder ihn auch nur anzuschauen und brach den Kontakt zu seiner Tochter ab. Sodga bat viele Lamas um Weissagungen über ihr Schicksal und erhielt jedesmal die gleiche Antwort: Wenn T'hrinlay Wangmo mit ihrem Mann zusammenblieb, so würde dies ihre Übung behindern und ihre Lebenszeit erheblich verkürzen.

Meine Schwester lebte 27 Jahre lang recht glücklich mit ihrem Mann zusammen, doch aus Sodgas Sicht verschlimmerte sich die Situation noch, weil dieser Mann, der ohnehin schon zwei Menschen auf dem Gewissen hatte, noch zwei weitere tötete. Als einmal das Pferd eines Lama gestohlen wurde, machte T'hrinlay Wangmos Mann sich mit einigen anderen Männern zusammen auf die Suche nach dem Dieb. Dabei kam es zu einer Schießerei, in deren Verlauf er die Täter erschoß. Derartiges war in Kham keineswegs außergewöhnlich – auch ich war ja einmal in eine ähnliche Situation verwickelt gewesen –, doch verachtete Sodga den Mann seiner Tochter danach noch mehr. Er hielt ihn für einen niederträchtigen Mörder. Einmal griff Sodga seinen unerwünschten Schwiegersohn sogar tätlich an, doch dieser wehrte sich nicht, sondern sagte später zu T'hrinlay Wangmo: »Er ist dein Vater, und er ist ein Lama, und die Prügel, die ich von ihm bezogen habe, könnte einen Teil meines schlechten Karma reinigen.« In den 27

Jahren, die diese Ehe dauerte, gab es nur einen einzigen guten Augenblick zwischen Sodga und T'hrinlay Wangmo. Er rief sie eines Tages zu sich und sagte: »Wenn du genau das tust, was ich dir sage, kannst du heute einen der *Termas* deiner Mutter finden. Die Chinesen werden den Inhalt von ein paar Kisten durchsuchen, die sie beschlagnahmt haben. Wenn du dich unauffällig neben eine bestimmte Kiste stellst, wirst du ein Kästchen herausfallen sehen, das du unbemerkt einstecken kannst. Bringe dieses Kästchen anschließend zu mir.« Sie hielt sich genau an seine Anweisungen, und es gelang ihr tatsächlich, das Kästchen unbemerkt einzustecken und es später Sodga zu geben. Als er es in Empfang nahm, sagte er einfach: »Heute hast du deine Sache gut gemacht.«

Eines Tages betrat sie sein Haus in einem Zustand großer Wut, zerschlug sein gesamtes Geschirr und ging dann ohne jede Erklärung wieder weg. Kurz darauf wurde Sodga von einem Freund besucht, und als dieser die Verwüstung sah, fragte er, was passiert sei. »T'hrinlay Wangmo hat mir heute einen großen Dienst erwiesen«, antwortete Sodga. Später am gleichen Tag erhielt er von den Chinesen die Aufforderung, vor einem Tribunal zu erscheinen; am folgenden Tag traf jedoch ein zweiter Brief ein, in dem die Vorladung rückgängig gemacht wurde. Indem T'hrinlay Wangmo sein Geschirr zerschlug, reinigte sie die letzten Reste seines Karma und ersparte ihm dadurch die aller Wahrscheinlichkeit nach folgenschwere Vorladung bei den Chinesen.

Sodga lebte sehr bescheiden. Er gab fast seinen gesamten Besitz für Butter aus, die er für Butterlampenopfer verbrauchte. Und er war kein sonderlich bekannter Lama, weshalb die Chinesen wohl auch keinen Grund sahen, ihn zu vernichten. Er starb im Jahre 1979 eines natürlichen Todes in seinem Bett. In seinen letzten Augenblicken sagte er zu T'hrinlay Wangmo: »Wenn du deinen sterbenden Vater auch nur ein wenig liebst, wirst du nicht mit diesem Mann zusammenbleiben.« Daraufhin willigte sie ein, sich von ihrem Mann zu trennen, und Sodga verstarb.

Während der 27jährigen Entfremdung zwischen Vater und Tochter hatte Sodga nur noch ein einziges weiteres Mal sein Schweigen gebrochen, um T'hrinlay Wangmo zu warnen, sie solle im Umgang mit den Chinesen ihre Zunge hüten. Dies war ihr jedoch nicht immer gelungen, und die Chinesen hatten mindestens dreimal versucht, sie zu töten.

Einmal befahlen sie ihr, mit einem Trupp Arbeiter zusammen Steine zu tragen, die beim Bau einer Brücke benötigt wurden. Sie weigerte sich und sagte: »Ihr könnt mich schlagen, so oft ihr wollt, aber ich werde auch nicht einen einzigen Kiesel für euch tragen.« Daraufhin banden die Chinesen ihr – genau so, wie es ihrer vorherigen Inkarnation als Ugdrön ergangen war, jener merkwürdigen *Dakini*, die unter einer Brücke gelebt hatte – die Hände und Füße zusammen und warfen sie in den Fluß. Und genau so wie Ugdrön ging auch sie nicht unter, sondern trieb stromaufwärts. Daraufhin gestatteten die Chinesen widerwillig, sie wieder aus dem Wasser zu holen, und versuchten sie danach auch nicht mehr zur Arbeit zu zwingen.

In einem anderen Fall war sie, als sie mit ihrem Pferd auf einer Straße ritt, festgenommen und vom höchsten chinesischen Beamten der Region persönlich geschlagen worden. Dieser Mann pflegte seine Opfer mit einem dicken Ast eines Dornenbaumes zu mißhandeln. Doch sie war nicht wütend, als er sie schlug, denn sie verstand diese Züchtigung als Gelegenheit zur Reinigung ihres Karma, und sie bat während jener schmerzhaften Erfahrung in einem Gebet darum, daß durch ihr Leiden anderen ein ähnliches Schicksal erspart bleiben möge. Als der hohe Beamte glaubte, sie sei dem Tode nahe, ließ er sie auf den Boden fallen. Doch zu seinem Erstaunen stieg sie sogleich auf ihr Pferd und galoppierte mit dem wilden, triumphierenden Schrei, den Khampas so gerne ausstoßen, davon. Der Beamte jagte ihr auf seinem Pferd hinterher und holte sie ein. Verwundert sah er, daß ihre Wunden bereits verheilt waren. Daraufhin lud er sie ein, in seinem Haus zu bleiben. Am nächsten Morgen gab er ihr 600 Yüan, bevor er sich von ihr verabschiedete und sie bat, für ihn zu beten, wenn er sterben würde. Später ließen die Chinesen sie eines Tages in die Hauptstadt der Region kommen, und als sie dort eintraf und sich bei der chinesischen Verwaltung melden wollte, zog ein Trauerzug an ihr vorbei.

»Wer ist das?« fragte sie.

»Das ist der Gouverneur dieser Region. Er ist soeben gestorben«, erfuhr sie. Als T'hrinlay Wangmo dies hörte, fing sie sofort an zu beten. Sie war glücklich, die Bitte des Mannes erfüllen zu können.

Bei einem anderen Ereignis, von dem T'hrinlay Wangmo erzählte, waren mindestens hundert Menschen als Zeugen zugegen gewesen. Die Chinesen hatten alle Ansässigen aufgefordert, sich vor einem Foto von Mao Zedong ehrerbietig zu verbeugen. T'hrinlay Wangmo weigerte sich, dies zu tun, und bezeichnete statt dessen Mao als einen derjenigen, die den Tod vieler ihrer Verwandten und Freunde auf dem Gewissen hätten. Diese öffentliche Auflehnung konnten die Chinesen nicht ungestraft lassen. Deshalb nahmen sie meine Schwester fest, zogen sie nackt aus, markierten auf ihrer Brust ein Ziel und stellten sie vor einen Exekutionsschützen. Während die Menge schweigend zuschaute, feuerte der Schütze, doch das Gewehr gab nur ein klickendes Geräusch von sich, ohne daß eine Kugel abgefeuert wurde. Der Schütze drückte noch einmal ab, doch es ertönte wieder nur ein Klicken. Dann richtete er den Lauf der Waffe in die Luft, um einen Probeschuß abzufeuern, und dabei schoß das Gewehr ganz normal. Doch als er es anschließend wieder auf T'hrinlay Wangmo richtete und abdrückte, löste sich abermals kein Schuß. Der Schütze warf das Gewehr sichtlich angewidert zu Boden und wandte sich ab.

Nachdem die Hinrichtung mißglückt war, legten die Offiziere T'hrinlay Wangmo Handschellen an und wollten sie ins Gefängnis zurückbringen. Doch plötzlich zersprangen die eisernen Handschellen vor der versammelten Menge in tausend Stücke. Die Soldaten brachten sie trotzdem ins Gefängnis, hielten sie über Nacht fest und ließen sie dann mit der Aufforderung frei, möglichst schnell zu verschwinden.

Auf die Frage, was sie gedacht habe, als der Scharfschütze vor ihr stand, sagte sie: »Ich dachte, daß es mir gleichgültig sei, ob sie mich töteten oder nicht, weil sie schon so viele meiner Verwandten und Freunde getötet hatten.«

EIN UNABLÄSSIGER STROM von Besuchern suchte mich in meinem Raum in T'hrinlay Wangmos Haus auf, um mir einen *Katag* und einen oder zwei Yüan zu opfern, eine Segensschnur von mir zu empfangen oder mir Geschichten zu erzählen. Alle sagten übereinstimmend, daß die Zeit, in der die Chinesen ihre militärische Macht gefestigt hätten, für sie sehr schwierig gewesen sei, und daß die Zeit der Kulturrevolution vielleicht noch schlimmer gewesen sei, doch daß sich die Verhältnisse nun gebessert hätten. Das Kloster war erhalten geblieben, weil es an einem entlegenen Ort lag und weil niemand versucht hatte, es zu verteidigen. Die Mönche waren einfach zu ihren Familien zurückgekehrt. Einer der *Tulkus* war festgenommen worden, und in der Nacht, bevor er durch Ertränken getötet werden sollte, hatte er zu denjenigen, die bei ihm gewesen waren, gesagt, er werde den Chinesen nicht erlauben, ihn zu töten. »Was für eine Möglichkeit hast du denn noch?« wurde er daraufhin gefragt. »Ich habe eine Möglichkeit«, antwortete er. Am nächsten Tag, als er in einem Boot in tiefes, schnell fließendes Wasser gebracht wurde, übertrug er mit Hilfe der *P'howa*-Praxis sein Bewußtsein. Dadurch hinderte er die Chinesen daran, durch seine Ermordung schreckliches Karma zu schaffen.

Trotz der ausdrücklichen Warnung der Chinesen, ich solle keinesfalls lehren, konnte ich mich nicht weigern, dies zu tun, als ich dazu aufgefordert wurde. Ich erfuhr, daß eine Gruppe von Mönchen ohne jede vorbereitende Unterweisung ins Drei-Jahres-Retreat gegangen sei, also nur auf ihr gläubiges Vertrauen gestützt. Deshalb gab ich den Betreffenden insgeheim Belehrungen über die vorbereitenden Übungen. In der Tenp'hel Gonpa war die Ausbildung der Lamas und Mönche durch die Chinesen völlig zum Erliegen gekommen, und alle Schriften waren vernichtet worden. Dies war eigentlich noch viel schlimmer, als wenn die Gebäude zerstört worden wären.

Eines Morgens, gegen Ende unseres Aufenthalts in der Tenp'hel Gonpa, als ich mir sicherer war, daß die chinesischen Machthaber weit genug entfernt waren, gab ich in T'hrinlay Wangmos Haus Belehrungen über die vorbereitenden Übungen. Da trat plötzlich ein junger Lama in der Kleidung eines trantrischen Übenden ein, und er trug sogar einen Knochen im Haar. Während ich lehrte, brach er in Tränen aus. Nachdem er sich wieder ein wenig beruhigt hatte, sagte er: »Ich komme von einem weit entfernten Ort, an dem es außer mir keine Lamas gibt. Alle verlassen sich auf mich, und ich habe keine Ausbildung erhalten, keine Belehrungen, nicht einmal diese grundlegenden Belehrungen über die vorbereitenden Übungen. Doch wenn in jener Gegend Menschen sterben, kommen ihre Verwandten zu mir und vertrauen mir die Durchführung der Todeszeremonien an. Das ist weder für die Toten noch für mich gut.«

Danach schluchzte er wieder hemmungslos. Ich konnte nicht viel dazu sagen, denn dies war die große Tragödie, die sich in ganz Tibet abspielte: Selbst für diejenigen, die Vertrauen hatten, war es schwierig, in den Genuß von Belehrungen zu kommen – und so ist es natürlich immer noch. Es wird in der Hand einiger weniger qualifizierter Lehrer liegen, die großen Traditionslinien wiederzubeleben. Ich hoffe, daß es ihnen gelingen wird, die Juwelen ihres Wissens und ihre Realisation an Übende weiterzugeben, die mutig genug und in der Lage sind, trotz größter Hindernisse Beharrlichkeit zu entwickeln. Insbesondere der Einfluß der modernen materialistischen Gesellschaft auf die tibetische Kultur ist meines Erachtens eine große Gefahr für den Erhalt der spirituellen Überlieferungen.

ES WAR ZEIT, die Tenp'hel Gonpa zu verlassen und nach Tromt'har und Nyagrong weiterzureisen. T'hrinlay Wangmo wollte uns natürlich nicht gehen lassen, und wir hörten, wie sie dem Mönch, der als ihr Diener fungierte, spätabends erzählte, wie sie uns festhalten wollte, und wie dieser ihr klarzumachen versuchte, daß sie uns nicht für unbegrenzte Zeit festhalten könne. Daraufhin ließ sie mich ein Papier unterschreiben, auf dem ich mich verpflichtete, zwei Jahre später wiederzukommen. Zwar konnte ich dieses Versprechen nicht einlösen, doch schickte ich statt dessen meinen Neffen, Lama Sonam Tsering, und viele Meter von bestem Brokatstoff, der nach tibetischen Mustern in Varanasi in Indien gewebt worden war. Einer der *Tulkus* der Ten-p'hel Gonpa, Tonpa Tulku, wollte die Tradition der klösterlichen Lama-Tänze, wie sie in der Drukpa-Kagyü-Linie gepflegt worden war, wiederaufleben lassen, und den Brokatstoff brauchte er für die Herstellung der Kostüme.

Als ich schließlich klar sagte, ich würde nun aufbrechen, und mit Leuten über den Transport sprach, sagte T'hrinlay Wangmo: »Du kannst genausogut hier warten. Es wird drei Tage lang kein Lastwagen kommen.« Ich glaubte ihr nicht, denn für den folgenden Tag war das Eintreffen eines Lastwagens angekündigt worden. Sie ließ sich jedoch nicht auf eine Diskussion ein, sondern veranlaßte, daß Nahrungsmittel für drei Tage gepackt wurden. Wir brachen auf Pferden auf; nur Jane, die den tibetischen Sätteln immer noch nicht traute, ging zu Fuß. Die Mönche begleiteten uns bis zum Ende des Dorfes. Dort warfen sie sich alle gleichzeitig vor mir nieder, viele mit Tränen in den Augen. Innerlich faßte ich den festen Vorsatz, ihnen zu helfen, so gut ich konnte.

Wir rasteten kurz im nächsten Dorf und überquerten dann die Brücke, die zu Gesars Ebene führte. T'hrinley Wangmo hatte dafür gesorgt, daß dort drei weiße Zelte aufgeschlagen wurden. Wir lagerten unser Gepäck in der Mitte des größten Zeltes und sicherten es durch ein primitives Alarmsystem aus Geschirr, das herunterfallen und scheppern würde, falls in der Nacht Diebe kämen.

T'hrinlay Wangmo behielt mit ihrer Prophezeiung recht. Wir mußten tatsächlich drei Tage in den Zelten verbringen, bis ein Lastwagen kam. Es war Anfang September, und es war regnerisch und kalt. Nachts hörte man ununterbrochen das Gebell einer Meute von mindestens dreißig Hunden, die über die Ebene streifte. In jener Situation kam ich dem Tibet, das ich aus meiner Jugend kannte, am nächsten.

Die Hirten hatten wegen des näher rückenden Winters die Schafe bereits von höheren Weidegründen herabgetrieben, und unsere Zelte waren von dreißig bis vierzig anderen umgeben. Besuche und Gegenbesuche fanden statt, und es herrschte eine sehr freie und offene Atmosphäre, und das Essen schmeckte mir sehr gut. Vor allem jedoch spürte ich die machtvolle Präsenz des sagenhaften Kriegers Gesar, der hier als Kind auch zwischen Herden und Zelten gelebt hatte.

Der Morgen unseres Abschieds war sehr schwierig, obwohl T'hrinlay Wangmo sich alle Mühe gab, ihre Gefühle zurückzuhalten. Ich schlug ihr vor, mit uns zu reisen, doch sie weigerte sich, weil sie sagte, auf den schlechten Straßen würde ihr übel werden. Jigmed und Jane hatten eine tiefe Zuneigung zu ihr entwickelt, weil sich unter ihrem heftigen Zorn, den wir allerdings nie erlebten, von dem wir nur hörten, ein unwiderstehlicher Charme verbarg und weil sie uns gegenüber eine sehr großzügige Gastfreundschaft bewiesen hatte. Ihr und den übrigen Begleitern fiel der Abschied sichtlich schwer, und sie hantierten unnötig umständlich mit dem Gepäck herum und richteten ihre Aufmerksamkeit auf andere unwichtige Dinge.

Als die Lastwagen, die uns mitnahmen, nach erheblichen Verzögerungen schließlich losfuhren, schaute ich T'hrinlay Wangmo an und sah, daß ihr Gesicht abgesehen von ihren Augen völlig ausdruckslos war. In diesem Augenblick waren wir uns beide der Kräfte der Vergänglichkeit ebenso bewußt wie der der unauflösbaren Verbindung zwischen uns, einer Verbindung jenseits von Zeit, Raum und Umständen. Wir nickten uns zum Abschied höflich zu und sprachen beide schweigend Gebete.

UNSER NÄCHSTES REISEZIEL, Tromt'har, erreichten wir im Führerhaus eines leeren Holzlasters. Anzeichen dafür, daß in Tibet in unvorstellbaren Mengen Holz geschlagen wurde, gab es überall. Auf den Flüssen stauten sich die Baumstämme, die nach China geflößt werden sollten, und Berge, auf denen ich vor meiner Abreise dichten Wald gesehen hatte, waren praktisch kahlgeschlagen. Das Land wirkte auf mich ähnlich wie jene Chemotherapie-Patienten, die ich im Westen gesehen hatte und die bis auf ein paar wenige Haare völlig kahl waren. Als ich meine Schwester über das Abholzen befragte, sagte sie: »Die Leute hier haben immer geglaubt, die lokalen Gottheiten würden zornig werden, wenn die Bäume gefällt würden, doch dann sind die Chinesen gekommen und haben sie beruhigt, es werde nichts Böses geschehen, und dann haben sie mit dem Kahlschlag angefangen. Jetzt macht sich niemand mehr Sorgen wegen der lokalen Gottheiten, weil nichts passiert ist.« Jemand anders erzählte mir, die Chinesen würden versuchen, die Wälder wieder aufzuforsten, doch würden ihre Setzlinge nicht überleben.

Die erste Person, die mich in Tromt'har begrüßte, war jene Kusine, die ich während des kindlichen Gerangels vor mehr als fünf Jahrzehnten mit meinem Messer verletzt hatte. Als sie mich sah, strömten Freudentränen über ihr Gesicht. Wir gingen einen Hügel hinauf, an der wiederaufgebauten Tromge Gonpa vorbei, zum Haus meines Kindheitsfreundes Tulku Jigmed Namgyal. Das Haus war einfach und solide, und man hatte von dort einen wundervollen Ausblick über das Dach des Klosters hinweg auf die Berge. Ebenso wie in der Tenp'hel Gonpa vergingen auch hier viele Tage mit dem Austausch von Geschichten.

Tromt'har hatte während der ersten chinesischen Unterwerfungskampagne und dann noch einmal während der Kulturrevolution schrecklich gelitten. Die Chinesen hatten die Reichtümer und die Sakralobjekte der ganzen Region konfisziert und die Klöster und die umliegenden Gebäude zerstört. In der Hungersnot, die Anfang der sechziger Jahre folgte, waren viele Angehörige der Tromge-Familie gestorben, darunter meine wunderschöne, gütige Tante und jene bösartige, eifersüchtige Tante, die versucht hatte, meine Mutter auszustechen. Diejenigen, die diese schwierige Zeit überlebt hatten, waren sehr verarmt.

Tulku Jigmed Namgyal war nicht vor den Chinesen geflohen. Er hatte sich als Holzfäller, Straßenarbeiter und Diener durchgeschlagen. Und er hatte alles, was jeder normale Mensch getan hätte, besser gemacht und überall härter gearbeitet als alle anderen. Er war ein kleiner, stämmiger Mann und ziemlich stark und tüchtig. Durch seinen Fleiß war es ihm gelungen, zu überleben und auch seine Frau und seine vier Kinder zu ernähren. Doch als während der Kulturrevolution im Jahre 1966 eine zweite Welle der Gewalt die Region überrollte, vermochte ihn selbst seine Bereitschaft, sich den Gesetzen der Chinesen unterzuordnen, nicht vor ihrer Politik der Willkür zu schützen.

Eines Abends bellten plötzlich die Hunde der Familie ungewöhnlich heftig. Die Bewohner schauten vorsichtig aus ihrem Zelt und sahen, daß dieses von Chinesen umringt war. Tulku Jigmed Namgyal zog daraufhin seine Roben an und suchte schnell nach irgendeiner Art von Waffe. Da er jedoch keine fand, ging er mit leeren Händen in die Nacht hinaus. Genau in dem Moment, in dem ein Chinese ihn packen wollte, drückte ein Nachbar ihm eine Eisenstange in die Hand, so daß er den Angreifer durch einen Schlag gegen dessen Kopf abwehren konnte. Daraufhin mischten sich andere ein, die er jedoch alle mit übermenschlicher Kraft abwehrte. Als ihm jemand ein Beil gab, zögerten die Angreifer einen Augenblick. Diese Chance nutzte der *Tulku* zur Flucht.

Daraufhin warfen sich die Nachbarn den Chinesen zu Füßen, weinten und flehten sie an, den *Tulku* nicht festzunehmen, weil er ein guter Mensch, ein armer Mensch sei. Frustriert rammte einer der Chinesen den Kolben seines Gewehrs der Frau des *Tulku* in den Bauch. Von dieser Verletzung erholte sie sich nicht mehr. Sie verstarb und ließ ihre beiden Kinder, eine Tochter und einen Sohn, zurück. Das einzig Tröstliche an dieser Begebenheit war, daß Tulku Arig, als er davon hörte, sagte, es werde Tulku Jigmed Namgyal gelingen, sich in Sicherheit zu bringen.

Der *Tulku* floh in die Wälder von Golok und überlebte dort zwölf Jahre als Arbeiter, bis die Chinesen in den achtziger Jahren ihre Politik der Härte lockerten. Seine Kinder schlugen sich allein durchs

Leben, wobei sein Sohn, T'hrinlay Odzer, die Rolle des Vaters übernahm. Die beiden waren zur Zeit meines Besuchs in Tromt'har – T'hrinlay Odzer, ein junger Lama und einer der Dharma-Erben der Tromge Gonpa, und seine Schwester Kunlu, eine Nonne, die Essen kochte und uns mit großzügiger Gastfreundschaft bedachte. Beide schienen einen ungeheuer starken Charakter und ein Herz aus feinstem Gold zu haben.

Als der *Tulku* zurückkehrte, fing er, so schnell es die vorhandenen Mittel erlaubten, mit dem Wiederaufbau der Gonpa an. Er verwendete die Opfergaben, die er für Zeremonien und Gebete erhielt, um Baumaterial zu kaufen. Die Tromge Gonpa ist zwar noch nicht völlig fertiggestellt, aber sie ist doppelt so groß wie ursprünglich und wesentlich besser gebaut. Er ließ auch neue Holzblöcke für den Druck von Schriften anfertigen, geleitete zwei *Tulkus* in das Drei-Jahres-Retreat – wozu er sich um materielle Unterstützung und Retreat-Unterkünfte für sie bemühen mußte – und bildete die Mönche und Lamas des Klosters aus.

Vier junge Lamas, allesamt Mitglieder der Tromge-Familie, sind die Dharma-Erben der Tromge Gonpa. Einen von ihnen, Tsultrim Lodrö, hatte Tulku Arig als zukünftigen Abt des Klosters eingesetzt, doch betrachteten die vier einander als völlig gleichgestellt. Mein Sohn Jigmed Norbu freundete sich spontan mit diesen vier jungen Lamas an, denen er sich sehr wesensverwandt fühlte. Wir dachten darüber nach, Jigmed die Rückkehr an diesen Ort zu ermöglichen, so daß er mit ihnen zusammen an einem Retreat teilnehmen könnte. Doch dazu kam es nicht, weil Jigmeds Leben eine andere Wendung nahm und er in den Vereinigten Staaten ins Drei-Jahres-Retreat ging. Dennoch war eine starke und dauerhafte Verbindung zwischen ihm und den vier jungen Lamas entstanden.

Ich war während der ganzen Reise hocherfreut über Jigmed. Er war ein wundervoller Mitreisender, ein guter Beobachter, sehr aufmerksam, schnell in der Einschätzung von Situationen und in der Lage, Notwendiges sofort in die Tat umzusetzen. Zwar war er manchmal etwas aufbrausend, doch diese Eigenschaft wurde durch sein gutes Herz mehr als aufgewogen. Eines Tages versuchte ihn ein Dieb in einem Bus in Chengdu zu bestehlen. Jigmed trug den größten Teil seiner Mittel in einem Geldgurt bei sich, weshalb der Dieb nur eine Handvoll Münzen bekam und einen Schlag zwischen die Rippen, als Jigmed merkte, was da vor sich ging. Als jedoch Mitreisende versuchten, den Mann zu packen, verhinderte Jigmed dies. Später erklärte er: »Wer weiß, für wie lange die Polizei ihn ins Gefängnis geworfen hätte?«

EINES TAGES pilgerten wir zu Tulku Arig. Wir brachen an einem sehr warmen, wolkenlosen Morgen auf und ritten über hochgelegene Wiesen an dem Hügel vorbei, auf dem Tromge Trungpa bestattet worden war. Der Berg, auf dem Tulku Arig im Dauer-Retreat war, lag etwa fünf Kilometer von Tulku Jigmed Namgyals Haus entfernt hoch oben auf einem Berg. Am Fuß jenes Berges hatten Goldsucher an einem Flußbett etwa dreißig Zelte aufgeschlagen. Am Abend zuvor waren Chinesen gekommen und hatten geschossen, um die Goldsucher, die ohne Lizenz schürften, zu vertreiben. Bei dieser Gelegenheit hatten sie eine Frau mitgenommen. Im Jahr zuvor war ein Goldsucher, der keine Schürferlaubnis hatte, getötet worden, doch die Gier nach Gold wurde Menschen immer wieder zum Verhängnis. Ich sann über das Spiel der karmischen Kräfte nach, das die Goldsucher und die Dharma-Übenden so nah zusammengeführt hatte.

Als wir uns dem Retreat-Haus auf Sichtweite genähert hatten – eigentlich war es nur eine Hütte, die von sechs oder sieben weiteren Hütten und vielen Gebetsflaggen umgeben war –, forderte ich meine Begleiter auf, abzusitzen und aus Respekt vor Tulku Arig und zum Zweck der Reinigung den Rest des Weges zu Fuß zurückzulegen. Jane hatte Schwierigkeiten mit der Luft in Tromt'har, das über 4.500 Meter hoch liegt. Deshalb gingen wir beide erheblich langsamer als Jigmed, der mit den übrigen Tromge-Lamas vorausging. Ich konnte jeweils nur zwanzig Meter gehen, dann mußte ich mich hinsetzen und ausruhen.

Zweifellos sprach es für die Kraft von Tulku Arigs Meditation, daß er trotz aller Schwierigkeiten ununterbrochen in Tromt'har hatte meditieren können, obwohl die Chinesen mehrmals tibetische Kollaborateure schickten, um ihn zu belästigen. Beim ersten dieser Zwischenfälle tauchte eine Frau auf, setzte sich vor ihm hin und begann mit einer Schmährede. Tulku Arig zeigte keinerlei Reaktion und verblieb regungslos in Meditation. Schließlich hörte die Frau mit ihren Vorwürfen auf, weil sie zu erschöpft war, um noch etwas zu sagen. Am nächsten Tag kehrte sie zu ihm zurück und brachte ihm respektvoll ein Opfer dar.

»O nein!« protestierte Tulku Arig daraufhin. »Wenn du das tust, wirst du die Chinesen verärgern, und sie werden dir Schwierigkeiten machen. Du mußt mich wieder genauso behandeln wie gestern.«

»Ich habe keine Kraft mehr, das zu tun, was ich gestern getan habe«, antwortete sie daraufhin, und später wurde sie zu einer ehrerbietigen Anhängerin des Dharma. Auch andere kamen mit bösartigen Absichten zu Tulku Arig, doch wenn sie auch nur zweimal mit ihm zusammentrafen, veränderte sich ihr Geist auf tiefgreifende Weise. Tulku Arigs gewaltige spirituelle Kräfte manifestierten sich auch in anderer Hinsicht: Obgleich Tibeter und Chinesen in anderen Gegenden riesige Mengen von wildlebenden Tieren töteten – im Gebiet der Tenp'hel Gonpa verschwanden Tausende von Präriehunden und Murmeltieren –, wurde Tromt'har unter dem Einfluß von Tulku Arig zu einem inoffiziellen Schutzgebiet für Wildtiere, in dem niemand diese Tiere tötete.

Als wir nur noch das letzte, sehr steile Stück des Hügels vor uns hatten, kam Tulku Arigs Neffe aus dem Haus, bot mir einen *Katag* dar und begleitete uns in den kleinen, ziemlich vollen Raum, in dem er lebte. Er sagte, nur ich dürfe zu Tulku Arig. Ich fragte ihn, ob er nicht um eine Audienz für Jigme, Jane und Puge, einen Mönch, der mit uns von der Tenp'hel Gonpa gekommen war, bitten könne. Doch es blieb bei der Ablehnung. Also suchte ich Tulku Arig auf, während die anderen sich draußen niederwarfen und Gebete rezitierten.

Sobald ich seinen Raum betrat, schimpfte er los: »Warum bist du mit so vielen Leuten gekommen?« Dann sagte er: »Wer bist du?«

»Thubi«, antwortete ich, denn das war in meiner Kindheit mein Rufname gewesen.

»Warum bist du diesen Weg gegangen?« fragte er mit zorniger Stimme.

Einen Augenblick lang dachte ich, er habe gemeint, weshalb ich den Weg eines *Ngagpa* gegangen sei, statt meine Mönchsgelübde weiter zu halten, denn ich hatte diese Gelübde vor ihm abgelegt und sie ihm nicht direkt zurückgeben können, so wie es eigentlich üblich war, weil ich zu dieser Zeit schon auf jener Reise gewesen war, die mit meiner Flucht aus Tibet endete. Statt dessen hatte ich intensiv zu Guru Rinpoche gebetet und meine Gelübde in Padma Kod und später meinem Lehrer Khanpo Dorje zurückgegeben. Dann kam mir der Gedanke, daß seine Frage auch beinhalten könnte, warum ich das Leben als Praktizierender in Tibet aufgegeben hätte. Deshalb antwortete ich: »Ich bin weggegangen, um den Chinesen zu entfliehen.«

»Warum fliehen? Es wäre nicht so schlimm gewesen, wenn sie dich gefangen hätten.« Daraufhin sprach er ausgedehnte Langlebensgebete für mich. Schließlich sagte er: »Bitte, bestehe nicht darauf, daß ich mit den anderen rede. Du weißt, daß ich vorher in strengem Retreat war und niemanden empfangen habe. Nun ist es bald Zeit für mich zu gehen – dieses Jahr, nächstes Jahr. Ich muß soviel üben, wie ich kann. Geh jetzt. Sonst geht mir zuviel Zeit verloren, die ich für die Übung brauche.«

Nachdem mich die merkwürdig ungehaltene Begrüßung schon völlig verwirrt hatte und ich sehr unglücklich darüber war, daß er sich weigerte, mit Jigmed und Jane zusammenzutreffen, die von so weit her gekommen waren, um ihn zu sehen, war ich vollends schockiert, als er unser Gespräch so abrupt beendete. Mein Geist wurde von zahllosen Gedanken überflutet. »Er ist nun schon fast achtzig Jahre alt und war sein Leben lang im Retreat. Hofft er denn, in der kurzen Zeit, die ihm noch bleibt, irgendeine noch umfassendere Realisation zu erlangen?

Ist er immer noch nicht über Hoffnung und Angst hinausgelangt?« Doch dann fiel mir ein, daß Tulku Arig Gespräche immer auf diese Weise beendet hatte, um auf die Kostbarkeit jedes Augenblicks hinzuweisen, den wir in einem menschlichen Körper verbringen. Warum also sollte er in seinen letzten Augenblicken seine Gewohnheit ändern? Und plötzlich sah ich auch meine eigene Hoffnung und Angst, mein Haften an seiner physischen Präsenz als Lama, wo doch in Wahrheit, da er ein Meister der Lehren der Großen Vollkommenheit war, sein Geist und seine Dharma-Unterweisungen weder an Zeit noch an Raum gebunden waren. Als ich mir dies vergegenwärtigte, entspannte sich mein Geist in sein natürliches Gewahrsein.

Bevor ich Tulku Arig verließ, bat ich ihn, Jigmed und Jane zu segnen. Sie hörten draußen, wie er Langlebensgebete und den Segen des Avalokiteshvara sang, wobei seine hohe, dünne und doch sehr kräftige Stimme den mittäglichen Himmel durchschnitt.

Noch einige Tage lang hielt meine Verwirrung über die Begegnung mit Tulku Arig an. Wenn er schon nicht damit einverstanden war, daß ich nicht als Mönch in Tromt'har im Retreat geblieben war, um wieviel mehr mußte er dann meine Übersiedlung in den Westen, meine Ehe mit einer westlichen Frau und meine Versuche, meine Dharma-Aktivitäten in einen westlichen Kontext zu integrieren, ablehnen? Obwohl ich damals schon 57 Jahre alt und mein Selbstvertrauen in vielen verschiedenen Lebenssituationen gestärkt worden war, nahm ich das Mißfallen eines meiner spirituellen Väter keineswegs auf die leichte Schulter. Zusätzlich belastete mich, daß ich ständig Reibereien mit Jane hatte – jene Gereiztheiten, die Reisen so häufig mit sich bringen.

Eines Morgens stellte sie mich zur Rede: »Tut es dir leid, daß du deine Mönchsgelübde zurückgegeben, geheiratet und dich im Westen niedergelassen hast?«

Während ich in ihre ängstlichen Augen schaute, spürte ich die Gewißheit meiner Antwort und eine tiefe innere Ruhe. »Tulku Arig ist ein großer und heiliger Lama, aber ich stehe unerschütterlich zu dem, wofür ich mich entschieden habe.« Ebenso wie nach meiner Begegnung mit ihm fielen auch jetzt wieder meine Hoffnungen und Ängste von mir ab, und ich erlebte die unermeßliche Weite reinen Gewahrseins.

TULKU JIGMED NAMGYAL ging mit uns zum Bus, wobei er sich schwer auf einen Stock stützte, den er stets benutzte. Er weinte, als er sich von uns verabschiedete. »Du warst so lange fort, und nun gehst du schon wieder. Du mußt zurückkommen und lehren.« Seine Aufrichtigkeit und Güte bewegten mich zutiefst, und ich hoffte, ihn noch einmal wiederzusehen und ihm seine Bitte erfüllen zu können. Doch im folgenden Frühling schrieb mir T'hringlay Odzer, daß sein Vater unerwartet gestorben sei, ein paar Monate nach Tulku Arigs Tod, und er bat mich, nach Tromt'har zu kommen und die Ausbildung fortzusetzen, die unterbrochen worden war. Plötzlich war Tromt'har, durch die Gegenwart jener beiden großen Lamas einst so reich gesegnet, verwaist. Ich betete für die vier jungen Lamas, dafür, daß es ihnen gelingen möge, ihr überragendes spirituelles Erbe zu erhalten und zum Erblühen zu bringen.

UNSERE REISE VON TROMT'HAR zur Chagdud Gonpa folgte ungefähr der Route, die ich nach meinem ersten und meinem zweiten Drei-Jahres-Retreat gewählt hatte. Allerdings reiste ich diesmal nicht auf einem Pferd, sondern auf einem Holztransporter, der an einen Dinosaurier erinnerte, und auf einem offenen Anhänger, der von einem kleinen Traktor gezogen wurde, welcher uns in Abgase einhüllte. Ein paar Stunden vom Tromge-Kloster entfernt, verlief die Straße am tosenden Nyagchu entlang, durch Holzlager und an den vierstöckigen Häusern von Nyagrong vorbei. Im Untergeschoß dieser Häuser leben die Tiere, das erste Stockwerk wird als Getreide- und Futterspeicher benutzt, im zweiten wohnt die Familie, und im obersten Stockwerk befindet sich ein Altarraum, eine Terrasse und ein Speicher zum Trocknen von Getreide.

Wir wußten nicht, wie wir zur Chagdud Gonpa in Kontakt treten konnten, doch sobald wir Renub erreichten, die Hauptstadt von Nyagrong und die dem Kloster am nächsten gelegene Stadt, trafen wir Anjang, einen der drei Hauptlamas der Gonpa, einen äußerst praktisch veranlagten und fähigen Verwalter. Er hatte uns jeden Tag erwartet und traf sofort alle notwendigen Vorbereitungen, indem er einen Mönch zum Kloster vorausschickte, während wir in einem chinesischen Restaurant zu Mittag aßen. Dann fuhr er mit uns in dem Traktor-Anhänger fünfzehn oder zwanzig Kilometer weit bis zu der Stelle, wo der Pfad von der Straße zum Kloster abzweigte.

Die Chagdud Gonpa liegt ziemlich hoch über dem Fluß, und sie war nur über einen Pfad erreichbar, der so steil war, daß er von der Straße aus nicht zu sehen war. Jigmed und Jane machten sich zu Fuß auf den Weg, während ich auf das Eintreffen eines Pferdes wartete. Als am nachmittäglichen Himmel dunkle Wolken aufzogen, machte ich mir Sorgen, ob wir wohl alle sicher unser Ziel erreichen würden, bevor eines jener plötzlichen gewaltigen Unwetter losbräche, die für die Region Nyagrong typisch sind. Schließlich trafen mehrere Männer mit einem Pferd ein, und nachdem sie mir geholfen hatten, aufzusitzen, führten sie mich in ziemlich schnellem Tempo den Pfad hinauf. Am Ziel angekommen, stellte ich erleichtert fest, daß Jigmed und Jane kurz vor mir eingetroffen waren und bereits entspannt dasaßen und Tee tranken.

Wir fanden in dem Haus Unterkunft, in dem ich in meinem vorherigen Leben als Chagdud Tanpai Gyaltsan geboren worden war. Das Haus, das inmitten von Gerstenfeldern lag und einen wundervollen Ausblick auf die Berge bot, wurde nun von Gyurmed Dorje bewohnt, einem stets freundlichen und sehr gutherzigen Mann, der einer der drei Haupt-Lamas der Chagdud Gonpa war. Gyurmed war bekannt als überragender Gelehrter, Anjang zeichnete sich durch seine besonderen praktischen Fähigkeiten aus, und ein dritter Lama mit Namen Ado verfügte über besondere Qualitäten als Meditierender. Seit vielen Generationen war die Chagdud Gonpa von den Familien dieser drei

Lamas betreut worden, wobei die Verwaltung alle drei Jahre auf eine andere Familie überging. Gewöhnlich wurde der Chagdud Tulku in einer dieser drei Familien wiedergeboren und empfing die höchsten Ehren als Haupt-Lama des Klosters, obwohl die Verwaltung trotzdem weiterhin zwischen den drei Familien wechselte. In meiner vorherigen Inkarnation als Chagdud Tulku Tanpai Gyaltsan war ich in Gyurmed Dorjes Familie wiedergeboren worden, und zwar als Bruder seines Vaters. Somit war Gyurmed mein Neffe, und weil Blutsverwandtschaften über mehrer Leben Bestand haben, betrachteten wir uns immer noch als Onkel und Neffe, obwohl ich in diesem Leben in der Tromge-Familie wiedergeboren worden war. Wegen dieser Kombination von Familienverbindung und *Tulku*-Linie war die Chagdud Gonpa besonders stark und stabil. Während meiner langen Abwesenheit hatten Gyurmed Dorje, Anjang und Ado intensiv zusammengearbeitet, und es war ihnen mit Hilfe der Mönche und Dorfbewohner gelungen, die Chagdud Gonpa und alle ihre Besitztümer durch die Jahre der chinesischen Unterdrückung hindurch zu retten. Die Schriften, die Ritualgegenstände, Seiden und Statuen waren unter den Mönchen und Dorfbewohnern verteilt worden, die sie trotz des damit verbundenen großen persönlichen Risikos versteckt hielten, bis die Situation sich besserte. Am wichtigsten war jedoch, daß sich niemand dazu hatte überreden lassen, das Kloster oder seine Lamas zu denunzieren. Nur Anjang hatte wegen seiner Tätigkeit für das Dharma sieben Jahre im Gefängnis verbracht. Der Chagdud Gonpa war im Gegensatz zu vielen anderen Klöstern die völlige Zerstörung erspart geblieben.

Allerdings hatte ein Tibeter aus einer anderen Gegend versucht, die großen Tonstatuen zu zerstören, die hinter dem Kloster verblieben waren. Insbesondere betraf dies eine alte und sehr heilige Statue von Guru Rinpoche, die im Altarraum der Dharma-Beschützer stand. Der Fremde hatte bei seinem Eintreffen das schwere Holztor verschlossen vorgefunden. Deshalb kletterte er zu einem der kleinen Fenster unter dem Dach empor, und als er gerade durch das Fenster in den Innenraum eindringen wollte, sah er vor der Statue einen riesigen Tiger, der gerade zum Sprung ansetzte. Dies war zwar nur eine Vision, jedoch eine völlig lebensechte. Daraufhin floh der Eindringling voller Panik. Später wurde er sehr krank und spukte Blut.

Da er aber offenbar immer noch nicht von der Macht der Dharma-Beschützer überzeugt war, kehrte er noch einmal zurück und befahl aufgrund der Autorität, mit der die Chinesen ihn ausgestattet hatten, das Tor zu öffnen. Im Inneren des Raums sah er einen glänzenden schwarzen Gesteinsbrocken, etwas größer als der Kopf eines Menschen. »Was ist das?« wollte er wissen.

»Das ist der Lebenskraft-Stein der Dharma-Beschützer«, antwortete ihm jemand.

»Erzählt mir keine dummen Lügen«, entgegnete der Möchtegern-Saboteur schroff. »Was für Dharma-Beschützer? Was für eine Lebenskraft? Das ist ein Stein, nichts weiter als ein Stein, den ich jetzt nach draußen befördern und wegwerfen werde.« Dann bückte er sich, um den Stein aufzuheben, konnte ihn aber nicht von der Stelle bewegen. Daraufhin befahl er den Umstehenden, ihm zu helfen, doch als auch vier Männer den Stein nicht bewegen konnten, gab er sein Vorhaben auf und fing an, unzusammenhängend vor sich hin zu murmeln. In diesem Moment fiel an einer weit entfernten Stelle am Flußufer sein Sohn ins Wasser und ertrank. Daraufhin verlor der Mann den Verstand und kam nie mehr zurück. Die Chinesen und ihre Gefolgsleute machten sich über die Vorstellung, daß diese Ereignisse in einem Zusammenhang stünden, lustig, doch hatte danach offenbar niemand von ihnen mehr besondere Lust, die Chagdud Gonpa zu zerstören.

WIR BLIEBEN UNGEFÄHR EINE WOCHE in Gyurmed Dorjes Haus, während die Mönche im Kloster weiter oben auf dem Berg Vorbereitungen für Feierlichkeiten trafen. Ursprünglich wollten sie sowohl in Kanze als auch in Renub große Zeremonien veranstalten, doch lehnte ich dies ab, weil ich die Chinesen nicht verärgern wollte. Nun planten sie eine Prozession von Gyurmed Dorjes Haus zur Chagdud Gonpa und Zeremonien innerhalb des Klosters.

Am Morgen des Festtages wachten wir früh auf und kleideten uns an. Das war keineswegs einfach. Jane, die nur westliche Reisekleidung mitgenommen hatte, lieh sich von Jigmed tibetische Kleidungsstücke, und Jigmed zog auf die Bitte von Anjang und Gyurmed Dorje Mönchskleidung an. Auch ich erhielt andere Kleider, als ich gewöhnlich zu tragen pflege – eine vollständige *Chuba* statt der informellen Halb-*Chuba* (einem Wickelrock), die ich meist trage.

Wir bestiegen vor Gyurmed Dorjes Haus die Pferde und machten uns auf den Weg zur Chagdud Gonpa, die etwa anderthalb Kilometer entfernt auf einem der höchsten Bergkämme lag. Eine große Gruppe von Laien folgte schweigend den Mönchen und Lamas, die unsere Pferde führten und unser Gepäck trugen. Außerhalb des Dorfes passierten wir das erste von mehreren Feuern, in denen duftendes Zedernholz verbrannte. Für kurze Augenblicke verbanden sich der graue Nebel des frühen Morgens, der an den Berghängen emporstieg, und der Rauch der Zedernfeuer zu alles einhüllenden schemenhaften Gestalten. In der Ferne wurde unsere Ankunft durch lange Hörner angekündigt. Zu deren an- und abschwellenden Klängen gesellten sich die von Zymbeln und tiefen Trommeln, Muschelhörnern und Oboen, deren hohe, feine Melodien die Bergluft messerscharf durchschnitten.

In meinen früheren Inkarnationen hatte ich viele Male an solchen Prozessionen teilgenommen, die nicht nur mir zu Ehren veranstaltet worden waren, sondern auch um meiner gewaltigen Dharma-Verpflichtungen gegenüber den Lamas und Mönchen der Chagdud Gonpa willen, die mich zwangen, Leben um Leben zu ihnen zurückzukehren, in diesem Leben sogar aus einem fernen Land und einer fremden Kultur. Das Kloster war seit seiner Gründung durch Chagdud Sherab Gyaltsan zweimal zerstört worden; und die Zeit, die ich in meinem derzeitigen Leben darin verbracht hatte, war nicht immer leicht gewesen. Doch die reine spirituelle Intention jenes ersten Chagdud, der die Chagdud Gonpa erbaute, hatte die Jahrhunderte überdauert und sich durch die Verbindung der Blutsverwandtschaft und der Traditionslinie manifestiert, und das Kloster selbst hatte auf wundersame Weise die Versuche der Chinesen, ganz Tibet seiner Heiligtümer zu berauben, nahezu unbeschadet überstanden. Als wir uns dem Kloster näherten, durchfluteten gläubiges Vertrauen und Freude meinen Geist.

Wir ritten an einer Reihe von hundert Mönchen vorbei zum Hof des Klosters, wo wir von unseren Pferden stiegen. Da eilte ein Mönch herbei und hielt einen großen goldenen Schirm über Jigmed. Zuerst dachte ich, dies sei ein unabsichtlicher Fehler, da der Schirm gewöhnlich über den höchstgestellten anwesenden Lama gehalten wird. Als wir dann das Tor zum Altarraum durchschritten, fragte einer der Lamas, ob Jigmed heute auf dem höchsten Thron sitzen könne. Ich sagte nichts, und während mein Sohn zu dem Thron geführt wurde und ich zu dem etwas niedrigeren unmittelbar daneben, wurde mir klar, daß die drei Lamas beschlossen hatten, Jigmed im Laufe dieser Zeremonie als nächsten Thronhalter der Chagdud Gonpa anzuerkennen. Jigmed war ziemlich schockiert, und auch meine eigene Reaktion war sehr zwiespältig. Ich war nicht glücklich darüber, daß die Lamas ihre Pläne nicht mit mir abgesprochen hatten. Ich machte mir auch Sorgen wegen möglicher negativer Reaktionen der Chinesen, da sie speziell Inthronisierungszeremonien ausdrücklich verboten hatten. Andererseits war ich natürlich auch erfreut darüber, daß Jigmed diese Ehre zuteil wurde. Und tief im Innern fragte ich mich, ob diese Zeremonie tatsächlich jene Verbundenheit schaffen könne, die sie sich erhofften, ob Jigmed wirklich in Zukunft die Chagdud Gonpa in Tibet betreuen würde oder ob seine karmische Bestimmung anderswo lag.

Die Lamas opferten Jigmed ein Mandala – eine symbolische Repräsentation aller Reichtümer des gesamten Universums –, eine Glocke und einen *Dorje* (ein Szepter, das die absolute Natur des Geistes symbolisiert). Dann wurden Reden gehalten. Anjang wandte sich zuerst an mich: »Du bist so lange fort gewesen, daß das Wiedersehen mit dir so ist, als würden Lebende die Toten treffen.« In ähnlicher Weise fuhr er fort und schloß mit der formellen Bitte, Jigmed als mein Sohn und Repräsentant möge als Thronhalter zur Chagdud Gonpa kommen.

Zwei oder drei Tage nach dieser Zeremonie leitete ich auf die beharrlichen Bitten der Lamas hin eine Langlebens-Initiation. Die Chinesen hatten wiederholt Initiationen jeglicher Art verboten, doch ich konnte diese Bitte einfach nicht ablehnen. Ich bestand nur darauf, daß die Zeremonie im geheimen stattfinden müsse und daß nur Mönche daran teilnehmen dürften. Mit diesen Bedingungen waren sie einverstanden.

Doch am Tage der Initiation sah ich, daß sich auf dem Hof vor dem Kloster eine riesige Menschenmenge versammelte. Viele Mönche hatten ihrer engsten Familie von dem bevorstehenden Ereignis erzählt, und diese informierten wiederum andere Verwandte. Auf diese Weise hatten sich etwa vierhundert Menschen eingefunden, die an der Initiation teilnehmen wollten. Als wir das Kloster betraten, flehte Jane, die äußerst ängstlich war, mich an, die Initiation nicht zu geben. Doch ich beschloß, die Gefahr zu ignorieren und einfach anzunehmen, daß genau dies hatte geschehen sollen. Ich nahm meinen Platz auf dem Thron ein und begann mit der Vorbereitungsphase, während sich die Mönche der Chagdud Gonpa schweigend auf ihre Plätze setzten. Doch dieser Moment der Stille endete kurz darauf mit einem Tumult, als das riesige Holztor des Altarraums sich plötzlich öffnete und die vor dem Kloster versammelte Menge hereindrängte. Die Mönche sprangen von ihren Plätzen auf und versuchten, die Eindringlinge zurückzudrängen. Die *Gekös* (die für die Aufrechterhaltung der Disziplin im Kloster verantwortlich sind) schwangen ihre großen Stöcke und schlugen damit gegen die Stützsäulen des Altarraums. Da ich fürchtete, sie könnten die Leute tatsächlich schlagen, rief ich ihnen zu, sie sollten damit aufhören. Doch dann merkte ich, daß das Ganze ohnehin nur zum Schein inszeniert wurde, damit ich nicht denken würde, sie hätten diese Menschen – ihre Familienangehörigen – zur Teilnahme an der Initiation eingeladen. Dann setzten sich alle hin, und ich fuhr ohne jeden weiteren Kommentar mit der Zeremonie fort.

Während der nächsten Tage schaute ich mich in der Chagdud Gonpa um und war sehr erfreut, daß fast alles noch so war, wie ich es in Erinnerung hatte. Natürlich war nicht alles perfekt. Das Dach mußte dringend repariert werden. Es wäre eine ungeheure Ironie, wenn es den Elementen gelänge, das zu zerstören, was die Chinesen noch übrig gelassen hatten. Und was noch wichtiger war: Obwohl die Ausbildung der Mönche und Lamas in den Jahren der Unterdrückung im geheimen fortgesetzt worden war, mußte sie nun ausgeweitet werden. Es galt die neue Generation in ausreichendem Maße auf ihre Aufgabe vorzubereiten, bevor die älteren Lamas wie Gyurmed Dorje, die noch über großes Wissen verfügten, starben. Ich beschloß, die Errichtung einer *Shedra*, einer Schule zu ermöglichen, in der die Lehren des Buddha in ihrem ganzen Umfang gelehrt werden konnten. Bevor wir von der Chagdud Gonpa wieder abreisten, versammelten wir uns mit allen Mönchen und Lamas zu einer langen Besprechung. Dabei standen alle Anwesenden nacheinander auf und sagten im Prinzip das gleiche: Ich sei zu viele Jahre in der Fremde gewesen, und da ich nun zurückgekommen sei, müsse ich bleiben und lehren, und wenn ich dieses Mal nicht bleiben könne, müsse ich bald zurückkommen und länger bleiben, um zu lehren. Irgendwann stand der älteste Mönch der Gonpa auf – derjenige, der mit Chagdud Tanpai Gyaltsan nach Trom-t'har gereist war – und begann seine Ansprache mit dem Satz: »Ich habe nie daran gezweifelt, daß dieser Chagdud Tulku ist, wer er ist, denn ich war in seinem vorigen Leben bei ihm, als er Delog Dawa Drolma, derjenigen, die seine Mutter wurde, dieses *Gau* aus Gold und Silber gab.« Dann bat auch er mich, zu bleiben oder wiederzukommen und zu lehren, obwohl er sicherlich bald seine Reise über die Schwelle des Todes antreten würde.

Auch Jane hielt eine kurze Ansprache, die ich übersetzte. Sie sagte, die Chagdud Gonpa in Tibet sei die Inspiration zur Gründung der Chagdud Gonpa im Westen gewesen, und jene Inspiration sei für sie noch tiefer geworden, seit sie das Kloster gesehen und von der Loyalität der Mönche und Laien während der Jahre der chinesischen Unterdrückung gehört habe. Zum Schluß sagte sie, nach dieser Begegnung hoffe sie, daß die Verbindung zwischen den beiden Gonpas im Osten und im Westen zu beider Wohl stärker und enger werde.

Dann hielt auch Jigmed eine Ansprache, in der er versprach, der Chagdud Gonpa zu helfen und dortzubleiben, sobald Zeit und Umstände dies ermöglichen würden. Nach ihm bekräftigte ich in meiner Ansprache meine Absicht, so viel wie möglich für das Wohl des Klosters zu tun.

Schließlich brachen wir mit einer Gruppe junger Mönche zu einer Pilgerreise um Shangnang Dragkar auf, einem nahegelegenen Berg, den Guru Rinpoche als ein Heiligtum bezeichnet hatte. Als wir über die steile Rückseite des Berges, auf dem die Chagdud Gonpa liegt, hinabstiegen, trugen mich die Mönche auf einer Plattform. In einem Dorf am Fuß des Berges versammelte sich eine große Menschenmenge, darunter Gyurmed Dorjes Vater, mein Bruder in meiner vorherigen Inkarnation, der mich so beiläufig begrüßte, als wäre ich von einer Tagereise nach Renug zurückgekommen. Ich leitete dort eine weitere Langlebens-Initiation. Mittlerweile verschwendete ich keinen Gedanken mehr auf die Gefährlichkeit derartiger Aktivitäten. Die Teilnehmer brachten nach Abschluß der Zeremonie ein äußerst großzügiges Opfer zur Sicherung meines eigenen langen Lebens dar.

In Nyagrong gibt es keine großen Viehherden, und eine Familie, die ein Yak oder ein paar Schafe besitzt, gilt als vom Schicksal besonders begünstigt. Um meine Lebensspanne zu verlängern, erboten sich viele Menschen, ihre Tiere nicht zu töten und das Verdienst, das sie durch dieses tugendhafte Verhalten ansammeln würden, meinem langen Leben zu widmen. Mich bewegte diese Geste zutiefst, beinhaltete sie doch, daß die Menschen auf das wenige Fleisch, das sie besaßen, ebenso verzichten mußten wie auf die Felle der Tiere, die sie nicht zu schlachten gelobten.

Während der nächsten beiden Tage pilgerten wir um den heiligen Berg, wobei wir völlig zerstörte und ausgeplünderte Klöster sahen. Wir übernachteten in einem kleinen Kloster, das tief im Wald lag und in dem sieben alte Mönche und Nonnen sich im Dauer-Retreat befanden, bevor wir zuletzt den Gipfel des Berges umschritten. Das Pilgern war für Jigmed, Jane und mich sehr anstrengend, und auch für die

Mönche, die unser Gepäck tragen und kochen mußten, war das ganze Unternehmen ungeheuer erschöpfend. Doch waren sie noch sehr jung und die ganze Zeit über guter Dinge, und nach Abschluß unserer Umschreitung war jene herzliche Verbindung zwischen ihnen und uns entstanden, die sich zwischen den Teilnehmenden derartiger spiritueller Reisen oft entwickelt. Wir schlossen die Pilgerreise mit Gebeten ab und nahmen ein Gruppenfoto auf, bevor wir wieder zur Straße zurückkehrten, von wo aus uns ein Jeep nach Renub brachte.

In Renub wurden wir zu einem Treffen mit dem tibetischen Empfangskomitee und chinesischen Beamten eingeladen. Ich sah diesem Anlaß mit einigem Unbehagen entgegen, sowohl wegen Jigmeds Inthronisierung als auch wegen der Initiationen, die ich gegeben hatte. Doch ging es den Repräsentanten nur darum, daß wir die Freiheit des tibetischen Volkes bestätigten, und sie wiederholten unablässig, die schlechten Zeiten seien nun vorüber und das Volk sei zufrieden. Mit ihrer Beharrlichkeit bedrängten sie uns ziemlich, als hofften sie, uns auf diese Weise eine ihnen genehme Meinung eintrichtern zu können.

Da es jedoch sinnlos gewesen wäre, mit ihnen zu diskutieren, versuchten wir dies erst gar nicht, sondern sagten einfach, wie glücklich wir darüber seien, daß die Klöster wiederaufgebaut würden und daß die Menschen ihre Religion offen praktizieren könnten. Diese Repräsentanten der chinesischen Regierung hatten keinerlei Kenntnis von wahrer Freiheit, von der höchsten Freiheit des Geistes, einer Freiheit, die niemand einem spirituell Übenden nehmen kann, der sie einmal erlangt hat, ganz gleich, wie schwierig die äußeren Umstände, unter denen er lebt, auch sein mögen. Ihre Vorstellung von Freiheit beinhaltete eine etwas weniger restriktive Politik hier, ein kleines Zugeständnis da. Natürlich waren wir insofern froh über diese neue politische Linie, als sie zweifellos weniger schädlich war als die vorherige und weil in dieser neuen Situation die Tugend stärker erblühen konnte. Doch war uns klar, daß dies alles nichts mit echter Freiheit zu tun hat.

Von Renub aus kehrten wir nach Kanze zurück, und von dort traten wir die viertägige Reise nach Chengdu an, wo wir ein Zimmer im komfortablen Jin Jiang Hotel erhielten. Dort wimmelte es nur so von Reportern aus aller Welt, da es in Lhasa zu einem Aufstand gekommen war, dessen Schockwellen ganz China erschütterten. Wir wurden gefragt, was wir darüber wüßten. Doch wußten wir natürlich nichts über Lhasa, da diese Stadt so weit von Kham entfernt liegt. Und selbst über Kham wußten wir nicht sonderlich viel zu berichten, und das, was wir selbst erlebt und mit eigenen Augen gesehen hatten, verblaßte bereits wieder wie ein Traum am Morgen. Wir ruhten uns ein paar Tage aus und brachen dann auf, um eine Gruppe meiner amerikanischen Schüler zu treffen, die nach China gekommen waren. Mit ihnen zusammen wollten wir zu den heiligen fünf Gipfeln des Wu Tai Shan pilgern, wo viele Jahrhunderte zuvor eine der tiefgründigsten Praxis-Linien des Buddha von Meister zu Meister weitergegeben worden war, bevor sie nach Indien, Tibet und schließlich nach Amerika gelangte.

Glossar

Absolute Wirklichkeit Die reine, unveränderliche, unzerstörbare, unteilbare Essenz des Seins, die jenseits jeder Vorstellung und Verwirrung liegt.

Arak (tibet.: *a-rag*) Whiskey.

Avalokiteshvara (Sanskrit; tibet.: Chenrezig / *spyan-ras-gzigs*) Bodhisattva des Mitgefühls, der das Mitgefühl aller Buddhas und Bodhisattvas verkörpert.

Bardo (tibet.) Zwischenzustand; Bezeichnung für verschiedene Übergangszustände, die das Bewußtsein im Kreislauf der Existenz durchläuft. Unterschieden werden der Bardo des Lebens, der Traum-Bardo, der Bardo des Todesaugenblicks, der Bardo der wahren Natur der Wirklichkeit, der Bardo des Werdens und der Bardo der Meditation.

Bep (tibet.: *'bebs*) Im tibetischen Yoga ein kontrollierter Fall, der die feinstofflichen Energien des Körpers in den subtilen Kanälen konzentriert, um höhere Gewahrseinszustände zu fördern.

Bodhisattva (Sanskrit) Ein Praktizierender des Mahayana-Buddhismus, dessen Verhalten und Verwirklichung sich im Einklang mit der altruistischen Intention befinden, so lange für das Wohl aller fühlenden Wesen zu wirken, bis alle ohne Ausnahme Erleuchtung erlangt haben.

Bön, Bönpo (tibet.) Eine alte schamanistische Tradition, die dem Buddhismus in Tibet vorausgegangen ist. Ein Bönpo ist ein aktiver Anhänger des Bön.

Buddhismus Siehe **Hinayana-, Mahayana-** und **Vajrayana- Buddhismus.**

Butterlampe Eine geweihte Lampe aus Metall, in der geschmolzene Butter oder Öl verbrannt wird.

Chang (tibet.) Bier, das aus fermentiertem Getreide hergestellt wird, oft aus Gerste.

Chöd (tibet.: *gcod*; wörtl.: »schneiden«) Die Praxis der höchsten Großzügigkeit, bei der Übende alles opfern, sogar ihren eigenen Körper, und zwar jedem, der dieses Opfer annehmen will, jedoch insbesondere den Dämonen der bedingten Existenz.

Chödpa, Chödma (tibet.: *gcod-pa, gcod-ma*) Ein männlicher bzw. weiblicher *Chöd*-Praktizierender.

Chuba (tibet.: *chu-pa*) Die verschiedenen äußeren Kleidungsstücke, die in Tibet sowohl Männer als auch Frauen tragen.

Dakini (Sankrit; tibet.: *Khandro* / *mkha'-'gro*; wörtl.: »Himmelsgängerin«, »Himmelstänzerin«) Der weibliche Aspekt des ursprünglichen Gewahrseins.

Delog (tibet.: *'das-log*) Ein Mensch, der für eine längere Zeitspanne physisch stirbt, dessen Bewußtsein jedoch, nachdem er andere Seinsbereiche erlebt hat, in den physischen Körper zurückkehrt und diesen wieder mit Leben erfüllt.

Dharma-Beschützer (Sanskrit: *Dharmapala*) Eine Gottheit, die dazu verpflichtet wird, Übende auf dem Pfad vor Hindernissen zu beschützen.

Dharma-König Ein König, der seine weltliche Macht nutzt, um im Einklang mit den Lehren des heiligen Dharma spirituelles Verdienst anzusammeln.

Drei Juwelen *Buddha, Dharma* und *Sangha* Die zentralen Konzepte des Buddhismus. Dabei repräsentiert der *Buddha* einen vollständig erleuchteten Geisteszustand, das *Dharma* die Lehren, die den Pfad zur Erleuchtung beschreiben, und die *Sangha* die Gemeinschaft der Dharma-Übenden auf dem Pfad.

Drei Wurzeln *Lama, Yidam* und *Dakini* Die zentralen Konzepte des Vajrayana-Buddhismus. Dabei ist der *Lama* die Wurzel des Segens, der *Yidam* die Wurzel der Realisation und die *Dakini* die Wurzel erleuchteter Aktivität.

Dri (tibet.: *'bri*) Das »weibliche Yak«. Ein Yak ist ein großes, kuhähnliches Tier mit langem Haar. Bei den Tibetern bezeichnet das Wort »Yak« nur das männliche Tier.

Dualismus Beinhaltet im tibetischen Buddhismus den Irrtum, die Realität als in Subjekt (»ich« oder »selbst«) und Objekt (»anderes«) geteilt wahrzunehmen.

Dur (tibet.) Eine Zeremonie, die dazu dient, negative Wesenheiten zu vertreiben. Sie wird gewöhnlich an dem Tag ausgeführt, an dem ein Leichnam zum Begräbnisplatz gebracht wird.

Dutzi (tibet.: *bdud-rtsi*) Heilige Substanzen, die geweiht werden, um sie mit der Kraft auszustatten, jeden, der davon kostet, vom Leiden zu befreien.

Dzogchen (»Große Vollkommenheit«, auch *Ati-Yoga* genannt) Die höchsten Lehren über die Natur des Geistes gemäß der Nyingma- und Kagyü-Tradition.

Emanation (tibet.: *tulpa* / *sprul-pa*) Ein Wesen, das eine unmittelbare Manifestation der erleuchteten Intention eines Buddha oder Bodhisattva ist.

Gau (tibet.: *ga'u*) Reliquiar. Ein medaillonartiger Behälter, der geweihte Substanzen und heilige Reliquien enthält.

Gebetsmühle Ein mit Mantras gefüllter Zylinder; ihn zu drehen ist eine religiöse Praxis.

Gegan (tibet.: *dge-rgan*) Jemand, der Lesen, Schreiben, Handwerkskünste und andere weltliche Fähigkeiten unterrichtet. In einem Kloster kann ein *Gegan* auch verschiedene Aspekte des Rituals und der Liturgie lehren.

Geistesstrom (tibet.: *semgyud* / *sems-rgyud*; wörtl.: »Faden des Bewußtseins«) Das Kontinuum des eigenen Bewußtseins durch die Zyklen von Geburt und Tod hindurch.

Gelug (tibet.: *dge-lugs*) Eine der vier wichtigsten Traditionen / Schulen des tibetischen Buddhismus.

Gonla (tibet.: *mgon-bla*) Ein Übender in tibetischen Klöstern, dessen offizielle Funktion es ist, täglich ausgiebige Gebete an die Dharma-Beschützer zu richten und ihnen Opfer darzubringen.

Große Vollkommenheit Siehe **Dzogchen**.

Guru Rinpoche Siehe **Padmasambhava**.

Halter der Verwirklichung (tibet.: *rigdzin* / *rig-'dzin*; wörtl.: »jemand, der über wesenseigenes Gewahrsein verfügt«) Übende, die die Vajrayana-Praxis so gründlich in ihren Geist integriert haben, daß sie die Natur des Geistes und der Wirklichkeit selbst erkennen.

Hinayana-Buddhismus (Sanskrit, wörtl.: »kleines Fahrzeug«) Der Praxis-Pfad der persönlichen Erlösung, auf dem der Übende versucht, dem Leiden der Existenzkreisläufe zu entkommen, indem er Entsagung übt und jede Anhaftung an weltliche Erscheinungen aufgibt.

Initiation Siehe **Machterweckung.**

Kagyü (tibet.: *bka'-brgyud*) Eine der vier großen Traditionen / Schulen des tibetischen Buddhismus.

Kangling (tibet.: *rkang-gling*) Trompete, die aus einem menschlichen Oberschenkelknochen hergestellt ist. Sie wird von Übenden, die sich der *Chöd*-Praxis widmen, benutzt, um alle Wesen zum Opfer eines Festmahls herbeizurufen; auch: Metallhorn, das in Vajrayana-Ritualen benutzt wird.

Karma (Sanskrit) Die Unvermeidlichkeit von Ursache und Wirkung, die bewirkt, daß Tugend Glück und Untugend Leiden verursacht.

Katag (tibet.: *kha-btags*) Ein langer weißer oder manchmal blauer Zeremonialschal und ein Symbol der Reinheit; wird Lamas als Geschenk dargeboten oder manchmal auch zwischen Lamas ausgetauscht.

Keimsilbe Eine Sanskrit-Silbe, die in der Meditation das ursprüngliche Gewahrsein des Meditierenden symbolisiert und die in der Übung der sogenannten Entwicklungsphase als Basis für die Visualisation einer Gottheit dient.

Khampa (tibet.: *khams-pa*) Ein Mensch aus Kham, der östlichen Region Tibets, die an China grenzt.

Khanpo (tibet.: *mkhan-po*) Der höchste offizielle Grad, den ein Religionsgelehrter in Tibet erreichen kann.

Linie (auch **Traditionslinie / Übermittlungslinie**), **Linienhalter** Die ununterbrochene Linie der Dharma-Übermittlung vom Lehrer an den Schüler seit der Zeit des historischen Buddha Shakyamuni bis in die Gegenwart. Ein Linienhalter ist jemand, der die Übermittlung der Linie von seinem Lehrer erhalten hat, dann in der Praxis einen hohen Grad der Verwirklichung / Realisation erreicht hat und dadurch in der Lage ist, die Lehren selbst anderen weiterzugeben.

Losar (tibet.: *lo-gsar*) Tibetisches Neujahrsfest.

Machterweckung (tibet.: *wang/dbang*), auch **Initiation** Eine Zeremonie, in deren Verlauf ein verwirklichter Lama einen Übenden dazu autorisiert, über eine bestimmte Gottheit zu meditieren. Dies geschieht, indem der Segen der betreffenden Traditionslinie übermittelt wird und die Körper-, Sprach- und Geist-Qualitäten einer bestimmten Gottheit invoziert werden.

Madhyamaka (Sanskrit) Die Schule des »Mittleren Wegs«, eine wichtige philosophische Strömung des Mahayana-Buddhismus, die sich damit beschäftigt, daß die Natur der Wirklichkeit jenseits von Existenz und Nicht-Existenz liegt. Die Anhänger dieser Schule werden *Madhyamika* genannt.

Mahamudra (»Großes Siegel«) Äquivalent zu Dzogchen, der »Großen Vollkommenheit«.

Mahayana-Buddhismus (Sanskrit; wörtl.: »großes Fahrzeug«) Der Praxis-Pfad für diejenigen, die nicht nur für sich selbst, sondern für alle fühlenden Wesen die Befreiung vom Leiden anstreben. Das Mahayana-Ideal ist der heroische Übende, der aus dem vollkommenen Frieden des Nirvana zurückkehrt, bis alle Wesen Erleuchtung erlangt haben.

Mala (Sanskrit) Eine Perlenkette, gewöhnlich mit 108 oder 111 Perlen, die bei der Mantra-Rezitation zum Zählen der Wiederholungen benutzt wird.

Mandala (Sanskrit) Eine heilige Struktur, die mit Hilfe verschiedener graphischer Elemente wie Farben und den Formen von Gottheiten den erleuchteten Geisteszustand darstellt. Eine weitere Bedeutung des Begriffs Mandala ist die eines Arrangements von Opfergaben, die in der Vorstellung des Übenden das ganze Universum und alles, was sich darin befindet, repräsentieren und von ihm als grenzenlose sinnliche Genüsse erfahren werden.

Mani-Mauer Eine Steinmauer, die mit dem Mantra der Gottheit Avalokiteshvara, *Om Mani Padme Hung*, beschriftet ist.

Manjushri (Sanskrit) Der Bodhisattva der transzendenten Weisheit, der die Weisheit aller Buddhas und Bodhisattvas verkörpert.

Mantra (Sanskrit) Eine spezifische Silbenfolge, mit deren Hilfe erleuchtete Wesen invoziert werden oder die benutzt wird, um die transformierenden Aktivitäten des erleuchteten Geistes zu vollenden.

Naga (Sanskrit) Übernatürliches, schlangenartiges Wesen, das mit der Harmonie der natürlichen Umgebung in Verbindung gebracht wird.

Ngagpa, Ngagma (tibet.: *sngags-pa, sngags-ma*) Ein männlicher / eine weibliche Praktizierende/r des Vajrayana, der oder die den sehr schnellen und leichten Pfad des Mantra (*ngag*) beschreitet. Gleichzeitig die populäre Bezeichnung für Praktizierende, die eine Ehefrau oder einen Ehemann oder eine Gefährtin / einen Gefährten haben.

Nirvana (Sanskrit) Ein Zustand jenseits der Zyklen der bedingten Existenz, der mit Frieden und nie endender Glückseligkeit assoziiert wird.

Nyam (tibet.: *nyams*) Ein außergewöhnlicher, zeitweiliger Geisteszustand, beispielsweise das Auftreten einer Vision. Der Nyam-Zustand ist ein Resultat der Meditation, aber nicht mit der vollständigen, stabilen Realisation identisch.

Nyingma (tibet.: *rnying-ma*) Die älteste der vier großen Traditionen des tibetischen Buddhismus, die sich hauptsächlich auf die Lehren Padmasambhavas beruft.

Padmasambhava (Sanskrit), auch unter dem Namen Guru Rinpoche bekannt, brachte die Lehren des Vajrayana-Buddhismus im 8. Jahrhundert von Indien nach Tibet und verbreitete sie dort.

P'howa (tibet.: *'pho-ba*) Die Übertragung des Bewußtseins, insbesondere im Augenblick des Todes, in ein Reines Land oder in andere Zustände höheren Gewahrseins.

P'hurba (tibet.: *phur-pa*) Ein Ritual-Dolch mit einer dreiseitigen Klinge, die die Befreiung von den drei Geistesgiften Gier, Haß und Dummheit repräsentiert.

Puja (Sanskrit) Andacht, Verehrungszeremonie; gewöhnlich eine religiöse Gruppenzeremonie.

Regenbogenkörper Ein Begriff, der sich auf die beiden Arten der Auflösung des physischen Körpers eines sehr weit fortgeschrittenen Meditierenden bezieht: zum einen im Augenblick des Todes, in dem der Körper sich bis auf die Finger- und Zehennägel und die Haare vollständig auflöst, und zum anderen dann, wenn der betreffende Übende die Macht erlangt, sich als Lichtkörper zu manifestieren.

Reine Vision Eine andere Bezeichnung für Geist-Terma (siehe **Terma**).

Reines Land Ein Bereich erleuchteten Seins, in dem das heilige Dharma in jeder Facette der betreffenden Umgebung vollkommen zum Ausdruck kommt.

Relative Wirklichkeit Die veränderlichen, instabilen, zusammengesetzten Erscheinungen, die sich manifestieren, wenn ein Mensch die scheinbare Dualität von Subjekt und Objekt für wahr hält.

Retreat Eine Zeitspanne, in der sich Praktizierende des (tibetischen) Buddhismus zurückziehen, um sich besonders intensiv der Meditation zu widmen. Dabei kann die Zeitspanne von ein paar Tagen bis zu Monaten oder Jahren reichen (zum Beispiel bei den sogenannten Drei-Jahres-Retreats) oder gar das ganze weitere Leben umfassen. Es gibt im tibetischen Buddhismus allerdings auch den Begriff des Lehr-Retreats, in dem die Vermittlung der Lehren durch Vorträge eines Lehrers im Vordergrund steht.

Rimé (tibet.: *ris-med*) Die ökumenische Tradition des tibetischen Buddhismus.

Sadhu (Sanskrit) Ein wandernder und bettelnder Yogi in Indien.

Sakya (tibet.: *sa-skya*) Eine der vier großen Traditionen des tibetischen Buddhismus.

Samaya Mönchsgelübde.

Samsara (Sanskrit) Der Zyklus der bedingten Existenz, der mit endlosem Leiden aufgrund von Täuschung verbunden ist.

Sangyum (tibet.: *gsang-yum*; wörtl.: »geheime Mutter«) Die Gefährtin eines männlichen Übenden, der einen sehr hohen Grad der Realisation erreicht hat; wird häufig verwendet als Bezeichnung für die Frau eines hohen Lama.

Satsa (tibet.: *satstsha*) Ton oder andere geschmeidige Stoffe, die benutzt werden, um eine *Stupa* zu formen.

Sich-Niederwerfen Eine ehrerbietige Verbeugung vor den Drei Juwelen und den Drei Wurzeln. Dabei wird der Körper entweder vollständig auf dem Boden ausgestreckt (das vollständige Sich-Niederwerfen), oder der Übende kniet bereits und berührt aus dieser Haltung mit dem Kopf, den Knien und den Händen den Boden (kurzes Sich-Niederwerfen).

Siddha (Sanskrit) Jemand, der durch meditative Realisation übernatürliche Kräfte erlangt hat.

Siddhi (Sanskrit) Die Kräfte, die Menschen durch meditative Realisation erlangen können. Gewöhnlich wird zwischen gewöhnlichen *Siddhis* (paranormalen Kräften und verschiedenen übernatürlichen Fähigkeiten in der Veränderung von Phänomenen) und der höchsten *Siddhi* (der Erleuchtung) unterschieden.

Spiegel-Puja Eine Vorhersage-Zeremonie, in der die natürlichen geistigen Fähigkeiten des Gewahrseins und der Hellsichtigkeit und die Macht eines Rituals, das von einem verwirklichten Lama ausgeführt wird, sowie dessen Gebete es dem betreffenden Seher ermöglichen, Ereignisse vorherzusagen, indem er auf die Oberfläche eines Spiegels schaut.

Stupa (Sanskrit) Ein Monument, dessen architektonische Elemente die 37 Faktoren repräsentieren, die zur Erleuchtung führen.

Sutras (Sanskrit) Lehrreden von Buddha Shakyamuni.

Tantras (Sanskrit) Die esoterischen Texte, die die Grundlage der *Vajrayana*-Lehre und -Praxis bilden.

Terma (tibet.: *gter-ma*) Schatz; Lehren, die verborgen bleiben, bis der Zeitpunkt ihrer Offenbarung gekommen ist, so daß sie sinnvoll praktiziert werden können. Die wichtigsten Arten von Termas sind die sogenannten »Erd-Schätze« und die »Geist-Schätze« (auch »Terma der Reinen Vision«).

Tertön (tibet: *gter-ston*) Schatz-Offenbarer; ein Übender, der durch die Kraft seiner Realisation ein Terma entdeckt und offenbart.

T'hangka (tibet.: *thang-ka*) Rollbild.

Tsampa (tibet.: *rtsam-pa*) Gerste, geröstet und zu Mehl vermahlen, die mit gesalzenem Tee und mit Butter zu einem Teig verknetet wird; in Tibet ein wichtiges, haltbares Nahrungsmittel.

Tsog (tibet.: *tshogs*) Eine Versammlung, gewöhnlich eine Opferzeremonie, bei der Eßbares zusammengetragen, geweiht und den Buddhas und Bodhisattvas dargeboten wird, wobei letztere die Erleuchtung verkörpern. Anschließend wird das Dargebotene von den Teilnehmern der Zeremonie gegessen.

Tulku (tibet.: *sprul-sku*) Die erkannte Inkarnation eines hochentwickelten Lama.

Tummo (tibet.: *gtum-mo*) Im tibetischen Yoga die Übung des Erzeugens innerer Hitze.

Umzé (tibet.: *dbu-mdzad*) Vorsänger.

Vajra-Meister Der Lama, der ein Vajrayana-Ritual leitet.

Vajrapani Der Bodhisattva der spirituellen Macht, der die Tantras in den menschlichen Bereich brachte.

Vajrasattva Die Gottheit, die die angeborene Reinheit des absoluten Geistes verkörpert; die vorbereitende Übung, bei der auf Vajrasattva meditiert wird, dient dazu, die Unreinheiten des gewöhnlichen Geistes zu beseitigen.

Vajrayana-Buddhismus (Sanskrit, wörtl.: »das Fahrzeug der unzerstörbaren Natur des Seins«) Ein Zweig des Mahayana-Buddhismus, dem diejenigen folgen, die die absolute Natur des Seins mit Hilfe sehr direkter Methoden suchen, welche durch die Übermittlungslinien der Vajrayana-Lehrer vermittelt werden. Oft wird dieser Pfad auch der »kurze Pfad« genannt.

Vorbereitende Übungen (tibet.: *ngöndro / sngon-'gro*) Die Meditationsübungen, die am Anfang der Vajrayana-Praxis ausgeführt werden: 100.000maliges vollständiges Sich-Niederwerfen und gleichzeitiges Rezitieren eines Zufluchtsgebets; 100.000maliges Rezitieren eines Gebets, das die altruistische Intention bekräftigt, so lange zu üben, bis alle Wesen Erleuchtung erlangt haben; 100.000maliges Rezitieren des Vajrasattva-Reinigungs-Mantras; 100.000maliges Opfern eines Mandala; 100.000maliges Rezitieren des Guru-Yoga-Mantras.

Wang (tibet.: *dbang*) Siehe **Machterweckung**.

Wurzel-Guru, auch **Wurzel-Lama** Der Lehrer, der den Übenden mit der Natur seines eigenen Geistes bekannt macht.

Yaksha (Sanskrit) Mitglied einer Klasse Schaden verursachender Geister.

Yeti (nepalesisch) Ein geheimnisvolles, nur selten gesehenes Tier, das in Tibet leben soll.

Yidam (tibet.) Meditationsgottheit; die Gottheit, über die ein Übender meditiert, um seine vollkommenen Qualitäten als jene Gottheit zu realisieren.

Zen (tibet.: *gzan*) Ein langes Stück Stoff, das sich buddhistische Übende um den Oberkörper wickeln.

Zornige Gottheit Ein Aspekt der Erleuchtung, der Qualitäten verkörpert, welche für die direkte Intervention bei der Überwindung der Geistesgifte des Hasses, der Gier, der Dummheit, der Eifersucht und des Stolzes erforderlich sind.